中国政务公开发展报告

2023

田 禾 吕艳滨 主编

中国社会科学出版社

图书在版编目（CIP）数据

中国政务公开发展报告.2023 / 田禾，吕艳滨主编.—北京：中国社会科学出版社，2023.10

（中社智库年度报告）

ISBN 978 - 7 - 5227 - 2708 - 0

Ⅰ.①中… Ⅱ.①田…②吕… Ⅲ.①国家行政机关—信息管理—评估—中国—2023 Ⅳ.①D630.1

中国国家版本馆 CIP 数据核字（2023）第 203734 号

出 版 人	赵剑英	
责任编辑	张 潜	
责任校对	王 龙	
责任印制	王 超	

出　　　版	中国社会科学出版社	
社　　　址	北京鼓楼西大街甲 158 号	
邮　　　编	100720	
网　　　址	http://www.csspw.cn	
发 行 部	010 - 84083685	
门 市 部	010 - 84029450	
经　　　销	新华书店及其他书店	

印　　　刷	北京君升印刷有限公司	
装　　　订	廊坊市广阳区广增装订厂	
版　　　次	2023 年 10 月第 1 版	
印　　　次	2023 年 10 月第 1 次印刷	

开　　　本	710×1000　1/16	
印　　　张	22.75	
字　　　数	373 千字	
定　　　价	118.00 元	

凡购买中国社会科学出版社图书，如有质量问题请与本社营销中心联系调换
电话：010 - 84083683
版权所有　侵权必究

《中国政务公开发展报告(2023)》
编　委　会

主　编　田　禾　吕艳滨

成　员（按照姓氏汉字笔画排序）

　　　　王小梅　王祎茗　刘雁鹏　栗燕杰

学术助理（按照姓氏汉字笔画排序）

　　　　丁晨妤　车宇婷　刘海啸　杜文杰　李　玥
　　　　李自旺　曾小玲　詹雨青

撰稿人（按照姓氏汉字笔画排序）

　　　　丁盼盼　丁晨妤　于建楠　马铭泽　马甜莉
　　　　王　巧　王小梅　王祎茗　王真越　王淑敏
　　　　车宇婷　艾卓成　田　蒙　田长志　田巍巍
　　　　代玲玲　邢静欣　朱薪安　伍南希　伦恒越
　　　　刘　定　刘　琳　刘　潇　刘延平　刘欣雨
　　　　刘欣欣　刘烨宁　刘海啸　刘雁鹏　刘静怡
　　　　齐志伟　许　奎　孙　鹏　牟璐宁　纪姝瑞
　　　　李　卫　李　扬　李　杨　李　玥　李　玲
　　　　李　科　李　璐　李少东　李兆阁　李旭翠
　　　　李亦辰　李志勇　李莫愁　李梦婷　杨　博
　　　　杨　婷　杨维宇　杨舒琪　吴俊杰　汪　玮
　　　　汪　震　汪玉池　张　君　张玉洁　张雨晴
　　　　张国宁　张睿君　张懿鸣　陆麒元　陈　浩
　　　　苗光彬　周　丹　周远平　周芥宇　周晓辉

宓保芹	赵　迎	荆秀丽	胡　洋	胡　勇
姜　灿	洪甜甜	秦圆圆	袁　晴	栗燕杰
贾景峰	夏国栋	徐　进	徐　颖	徐　霁
徐玉涛	梅　鹤	曹世昕	常　丽	崔力健
彭　飞	彭馨宇	葛鑫鑫	蒋学飞	韩佳恒
程继红	鲁俊伟	曾小玲	詹雨青	廖娅杰

摘 要

《中国政务公开发展报告（2023）》以量化研究和实证研究的方法，对中国 2022 年政务公开情况进行了客观分析、评估和总结。

本书收录了 2022 年政务公开第三方评估报告以及自由贸易试验区政务公开、公共企事业单位信息公开、基层政务公开、就业服务信息公开以及规范性文件集中公开平台建设情况的法治指数评估和相关调研报告。部分地方的调研报告围绕依申请公开规范化，政务公开与政务服务的融合进行了总结分析。

Abstract

Report on the Development of Transparency in China's Government Affairs (2023) objectively analyzes, evaluates and summarizes the situation of transparency in China's government affairs in 2022 by means of quantitative research and empirical research.

This book includes the third-party evaluation report on transparency in government affairs in 2022, and the rule of law index evaluation and related research reports of constructing the centralized platform of transparency in government affairs of pilot free trade zones, transparency in information of public enterprises and institutions, transparency in grass-roots government affairs, transparency in employment service information and transparency in normative documents. The research reports in some places summarize and analyze the standardization of transparency based on application, and the integration of transparency in government affairs and government services.

目 录

第一编 总报告

中国政务公开第三方评估报告（2022）
……………… 中国社会科学院国家法治指数研究中心项目组（3）

第二编 公开助力优化政务服务

宜宾市推进政务公开与政务服务深度融合的探索与实践
……………… 李志勇 李 玲 胡 勇 周芥宇（61）
山东省临清市探索融合"公开+服务"拓展基层政务公开新渠道
……………… 山东省临清市人民政府办公室课题组（74）
安徽省亳州市谯城区以政务公开助力"放管服"改革的实践与探索
……………… 杨舒琪 梅 鹤（86）

第三编 公开助力创新社会治理

深化政务公开促进基层政府治理能力提升的成都实践
……………… 刘延平 田 蒙 徐 霁（101）
山东省聊城市以"公开议事"助推共建共治共享
……………… 姜 灿 邢静欣 赵 迎（114）
关于常态化举办政府开放日的实践与思考
……………… 山东省潍坊市寒亭区人民政府办公室课题组（124）

基于群众生活需求的基层政务公开探索与思考
　　——以山东省青岛市西海岸新区珠海街道为样本
　　………………………… 李旭翠　周晓辉　徐玉涛　程继红（135）

第四编　基层政务公开

推进基层政务公开打通信息服务"最后一公里"
　　………………………… 江西省九江市人民政府办公室（151）
四川省广元市推进新时代基层政务公开的探索与实践
　　………………………… 四川省广元市人民政府办公室课题组（165）

第五编　公共企事业单位信息公开

山东省推进公共企事业单位公开调研报告
　　………… 中国社会科学院国家法治指数研究中心项目组（183）
山东省威海市交通运输领域政务公开的探索与实践
　　………………………… 山东省威海市人民政府课题组（197）

第六编　依申请公开规范化建设

四川省内江市依申请公开政府信息难点及对策建议
　　………………… 蒋学飞　齐志伟　杨维宇　李　科（211）
从自然资源角度浅析政府信息依申请公开受理与答复的实践与探索
　　——以山东省济宁市兖州区为研究样本
　　………………………… 李兆阁　杨　婷　宓保芹（226）

第七编　政务公开调研报告

自由贸易试验区政务透明度指数报告（2022）
　　——以自贸区政府网站信息公开为视角
　　………… 中国社会科学院国家法治指数研究中心项目组（241）
政府信息公开社会评议的现状与展望
　　………… 中国社会科学院国家法治指数研究中心项目组（266）

2022年度中国地方政府债务信息公开情况研究报告
　　……………安徽观知天下数字科技发展有限公司评估研究组（279）
政务公开视野下的就业服务水平调研报告
　　……………中国社会科学院国家法治指数研究中心项目组（295）
法规、规章、规范性文件集中公开平台建设情况调研报告
　　……………中国社会科学院国家法治指数研究中心项目组（316）
政务网站智能问答系统建设情况调研报告
　　……………中国社会科学院国家法治指数研究中心项目组（331）

后　记 ……………………………………………………………（347）

Content

Part Ⅰ General Report

Third-party Evaluation Report on Transparency in Government Affairs (2022)
　　Research Center Team on National Rule of Law Index, CASS Law Institute (3)

Part Ⅱ Transparency Helps Optimize Government Services

Exploration and Practice of Promoting the Deep Integration of Transparency in Government Affairs and Government Services in Yibin City
　　Li Zhiyong, Li Ling, Hu Yong & Zhou Jieyu (61)

Exploration of the Integration of "Transparency + Services" to Expand New Channels for Transparency in Grassroots Government Affairs in Linqing City, Shandong Province
　　Research Group of the Office of the People's Government of Linqing City, Shandong Province (74)

Practice and Exploration of Assisting the Reform of "Stremlining the Government, Delegating Power and Improving Government Services" with the Help of Transparency in Government Affairs in Qiaocheng District, Bozhou City, Anhui Province
　　Yang Shuqi & Mei He (86)

Party Ⅲ Transparency Helps Innovate Social Governance

Chengdu Practice of Deepening the Transparency in Government Affairs to Improve Governance Capacity of Grassroots Government
Liu Yanping, Tian Meng & Xu Ji (101)

Promoting Co-Construction, Co-governance and Sharing with "Public Deliberation" in Liaocheng City, Shandong Province
Jiang Can, Xing Jingxin & Zhao Ying (114)

Practice and Thinking on the Normalization of Government Opening Day
Research Group of the Office of the People's Government of Hanting District, Weifang City, Shandong Province (124)

Exploration and Thinking of Transparency in Grass-roots Government Affairs Based on the Needs of People's Life——Taking Zhuhai Street, West Coast New District, Qingdao City, Shandong Province as a sample
Li Xucui, Zhou Xiaohui, Xu Yutao & Cheng Jihong (135)

Part Ⅳ Transparency in Grass-roots Government Affairs

Promoting Transparency in Grass-roots Government Affairs, Connecting the "Last Kilometer" of Information Services
Research Group of the Office of the People's Government of Jiujiang City, Jiangxi Province (151)

Exploration and Practice of Promoting Transparency in Grass-roots Government Affairs in the New Era in Guangyuan City, Sichuan Province
Research Group of the Office of the People's Government of Guangyuan City, Sichuan Province (165)

Part V Transparency in Information of Public Enterprises and Institutions

Research Report on Promoting Transparency in Information of Public Enterprises and Institutions
  Research Center Team on National Rule of Law Index, CASS Law Institute (183)

Exploration and Practice of Transparency in Government Affairs in the Field of Transportation in Weihai City, Shandong Province
  Research Group of the Office of the People's Government of Weihai City, Shandong Province (197)

Part VI Construction of Transparency Standardization Based on Application

Difficulties and Countermeasures of Transparency in Government Affairs Based on Application in Neijiang City, Sichuan Province
  Jiang Xuefei, Qi Zhiwei, Yang Weiyu & Li Ke (211)

Analysis of Practice and Exploration of Acceptance and Reply of Transparency in Government Information Based on Application from the Perspective of Natural Resources——Taking Yanzhou District, Shandong Province as a Sample
  Li Zhaoge, Yang Ting & Fu Baoqin (226)

Part VII Research Report on Transparency in Government Affairs

Index Report on Transparency in Government Affairs in the Free Trade Zone (2022) ——From the Perspective of Transparency in Information of Government Websites in the Free Trade Zone
  Research Center Team on National Rule of Law Index, CASS Law Institute (241)

Current Situation and Prospect of Social Evaluation of Transparency in Government Affairs

Research Center Team on National Rule of Law Index, CASS Law Institute (266)

Research Report on Transparency of Debt Information of the Local Governments in China in 2022

Evaluation Research Group of Anhui Learn the World by Observing Digital Technology Development Co., Ltd. (279)

Research Report on the Empolyment Service Level from the Perspective of Transparency in Government Affairs

Research Center Team on National Rule of Law Index, CASS Law Institute (295)

Research Report on Construction of Centralized Platform of Transparency in Laws, Regulations and Normative Documents

Research Center Team on National Rule of Law Index, CASS Law Institute (316)

Research Report on Construction of Intelligent Q &A System of Government Affairs Websites

Research Center Team on National Rule of Law Index, CASS Law Institute (331)

Afterword (347)

第一编

总报告

中国政务公开第三方评估报告（2022）

中国社会科学院国家法治指数研究中心项目组[*]

摘　要：2022年，中国社会科学院国家法治指数研究中心、法学研究所法治指数创新工程项目组围绕民主科学决策、优化营商环境、规范政府管理、加强民生保障、平台机制建设等方面，对48家国务院部门、31家省级政府、49家较大的市政府、120家县（市、区）政府的政务公开情况进行了第三方评估。评估显示，2022年各级政府继续推进民主科学决策信息公开，重视利用政务公开助推优化营商环境、规范政府管理、加强民生保障，政务公开平台机制建设总体较好。未来仍需进一步提升各级政府公开意识，细化落实政务公开各项要求，不断满足人民群众日益增长的公开需求。

关键词：政务公开　政府信息公开　政府透明度　法治指数　政府网站

---

[*] 项目组负责人：田禾，中国社会科学院国家法治指数研究中心主任、法学研究所研究员，中国社会科学院大学法学院特聘教授；吕艳滨，中国社会科学院法学研究所法治国情调研室主任、研究员，中国社会科学院大学法学院行政法教研室主任、教授。项目组成员：马铭泽、王巧、王小梅、王祎茗、车宇婷、艾卓成、刘定、刘潇、刘欣雨、刘烨宁、刘雁鹏、刘静怡、许奎、牟璐宁、纪姝瑞、李卫、李扬、李玥、李亦辰、李梦婷、杨博、汪玉池、张玉洁、张国宁、张睿君、陆麒元、陈浩、周丹、胡洋、洪甜甜、秦圆圆、袁晴、栗燕杰、徐颖、曹世昕、常丽、彭馨宇、葛鑫鑫、韩佳恒、曾小玲、詹雨青、廖娅杰，中国社会科学院国家法治指数研究中心学术助理（按姓氏笔画排序）。主要执笔及统稿：吕艳滨、田禾。

2022 年，中国社会科学院国家法治指数研究中心、法学研究所法治指数创新工程项目组（以下简称"项目组"）继续对各级政府政务公开情况进行调研和评估，本报告对此次调研和评估情况进行总结分析。

一 评估对象、指标及方法

（一）评估对象

2022 年的评估对象包括 48 家对外有行政管理权限的国务院部门、31 家省级政府（不包括港澳台地区）、49 家较大的市政府、120 家县（市、区）政府。

项目组在上一年度评估的 120 家县（市、区）政府中剔除了排名靠后的 20 家，分别从最新的百强县、百强区[①]中按照排名由高到低依次选取了部分县（市、区）。对于无其他百强县、百强区可选取替换的省份，则依据被替换对象所在省的统计局发布的统计年鉴选取了 GDP 省内排名靠前的县（市、区）政府。

（二）评估指标

参照党和国家近年来对政务公开的新要求和新定位，结合当前政务公开在经济社会发展和政府管理中的功能与作用，项目组 2022 年对指标体系进行了优化整合。首先，依照党和国家贯彻全过程人民民主和推进治理体系与治理能力现代化的要求，突出依法、民主、科学决策及保障公众获知决策信息的权利，尤其是在国务院部门的评估中，加大了决策公开的权重。其次，结合地方政府近年来工作重点，将优化营商环境、规范政府管理、加强民生保障作为其主要评估指标。

调整后，国务院部门的一级指标包括民主科学决策、管理服务公开、公开平台建设、公开机制建设（详见表 1-1）。其中，民主科学决策包括决策预公开、行政规范性文件公开、政策解读、建议提案办理结

---

① 参见《2021 年中国中小城市高质量发展指数研究成果发布》，《光明日报》2021 年 9 月 28 日第 16 版。

果公开；管理服务公开包括权力清单、政务服务信息公开、行政执法信息公开、法治政府建设年度报告；公开平台建设包括网站平台建设和新媒体运维；公开机制建设包括依申请公开、政府信息公开工作年度报告、基层政务公开工作规范化标准化指引。地方政府的一级指标包括民主科学决策、优化营商环境、规范政府管理、民生保障信息公开、平台与机制建设（详见表1-2）。其中，民主科学决策包括决策预公开、行政规范性文件公开、政策解读公开、建议提案办理结果公开；优化营商环境包括政务服务信息公开、反垄断与反不正当竞争执法信息公开；规范政府管理包括权力清单、规划公开、行政执法信息公开、财政信息公开、审计信息公开、政府债务、法治政府建设年度报告；民生保障信息公开包括义务教育信息公开、公共企事业单位信息公开、新冠疫情防控信息公开；平台与机制建设包括网站平台建设、新媒体运维、政府公报（仅考察省级政府）、依申请公开、政府信息公开工作年度报告等。

（三）评估方法

评估采取观察各级政府网站公开平台公开情况和对依申请公开进行验证的方法，评估时间截至2022年12月31日。依申请公开通过在线申请或信函渠道提出，在线申请优先采用政府门户网站依申请公开平台，无平台的选择政府信息公开指南中公布的电子邮箱发送申请。

表1-1　　　　　政府透明度指数指标体系（国务院部门）

一级指标	二级指标
民主科学决策	决策预公开
	行政规范性文件公开
	政策解读
	建议提案办理结果公开
管理服务公开	权力清单
	政务服务信息公开
	行政执法信息公开
	法治政府建设年度报告

续表

一级指标	二级指标
公开平台建设	网站平台建设
	新媒体运维
公开机制建设	依申请公开
	政府信息公开工作年度报告
	基层政务公开工作规范化标准化指引

表 1-2　政府透明度指数指标体系（地方政府）

一级指标	二级指标
民主科学决策	决策预公开
	行政规范性文件公开
	政策解读
	建议提案办理结果公开
优化营商环境	政务服务信息公开
	反垄断与反不正当竞争执法信息公开
规范政府管理	权力清单
	规划公开
	行政执法信息公开
	财政信息公开
	审计信息公开
	政府债务
	法治政府建设年度报告
民生保障信息公开	义务教育信息公开
	公共企事业单位信息公开
	新冠疫情防控信息公开
平台与机制建设	网站平台建设
	新媒体运维
	政府公报
	依申请公开
	政府信息公开工作年度报告

二 评估总体情况概述

（一）政务公开取得显著成效

2022年是党的二十大胜利召开之年，也是实施"十四五"规划承上启下的关键之年。这一年，《法治政府建设实施纲要（2021—2025年）》深入实施，法治观念不断深入人心，人民群众对于政务公开的要求也相应提高，同时为应对新冠疫情对我国经济社会的持续冲击，中央及各地方政府出台了一系列惠企利民的政策措施，各地方各部门日益注重以公开促进相关政策有效落地。国务院办公厅印发的《2022年政务公开工作要点》在要求做好政策文件集中公开、政策咨询服务、公开平台建设、基层政务公开等工作的同时，也强调要加强涉及市场主体、减税降费、扩大有效投资、疫情防控等方面的信息公开，持续做好决策、执行、管理、服务和结果全过程公开，不断加强公开制度和公开平台建设，深入推进基层政务公开标准化规范化建设，优化政策文件公开方式，提升政务公开质量与效果。评估显示，2022年各地方各部门政务公开工作成效显著。

1. 推进民主科学决策信息公开

党的二十大提出，发展全过程人民民主，保障人民当家作主。加强民主科学决策信息公开，让广大人民群众参与重大决策的各个环节，有助于保障人民当家作主，也有助于推进治理体系和治理能力现代化。评估显示，各级政府在民主科学决策信息公开方面积极探索、不断推动，成效明显。

首先，决策预公开情况逐步向好。有16家省级政府、39家较大的市政府、93家县（市、区）政府门户网站主动公开了2022年重大决策事项目录，分别占51.61%、79.59%和77.50%，均较上年有所提升。部分评估对象公开意见反馈信息情况较好，有17家国务院部门、22家省级政府、29家较大的市政府、104家县（市、区）政府公开了意见采纳情况，分别占35.42%、70.97%、59.18%、86.67%；有8家国务院部门、21家省级政府、28家较大的市政府、98家县（市、区）政府公开了不采纳相关意见的理由，分别占16.67%、67.74%、57.14%、81.67%（见图1-1）。

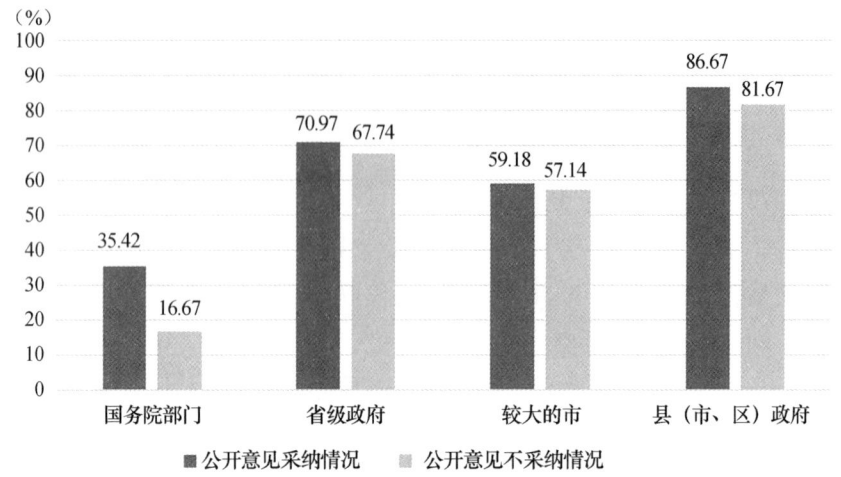

图1-1 决策预公开披露意见采纳情况示意图

其次,规范性文件清理及备案公开增速较快,41家国务院部门、29家省级政府、47家较大的市级政府、118家县(市、区)政府门户网站或其政府法制部门网站发布了近3年规范性文件清理信息,分别占85.42%、90.63%、95.92%、98.33%。其中,发布了2022年规范性文件清理信息的有21家国务院部门、22家省级政府、35家较大的市政府、69家县(市、区)政府,分别占43.75%、70.97%、71.43%、57.50%。相比2020年,增加了10家国务院部门和26家县(市、区)政府。公开2022年规范性文件备案审查信息的省级政府有15家,占48.39%,其中按年发布的有1家、按季度发布的有6家、按月发布的有3家,不定期发布的有5家;公开备案审查信息的较大的市政府有26家,占53.06%,其中按年发布的有5家,按季度发布的有13家,按月发布的有1家,不定期发布的有7家;公开备案审查信息的县(市、区)政府有22家,占18.33%,其中按年发布的有6家,按季度发布的有10家,按月发布的有1家,不定期发布的有5家。相比2020年,省级政府,较大的市、县(市、区)政府均有所提升,其中县(市、区)政府增加11家,增速较快。

再次,政策解读质量有所提升。评估发现,全国各级政府政策解读的形式呈现多样化态势，有文字解读、图片、音频、视频解读、新闻发布解读、在线访谈等形式，还有的地方运用了 H5 解读、漫画、动漫解读、数字人解读、电子书解读等方式，增加了政策解读的趣味性和可读性，让公众看得懂、易接受。有 32 家国务院部门、29 家省级政府、48 家较大的市政府以及 116 家县（市、区）政府采用了多种形式进行政策解读，分别占 66.67%、93.55%、97.96%、96.67%。政策解读内容完整规范，有 45 家国务院部门、29 省级政府、49 家较大的市政府以及 117 家县（市、区）政府注重对政策出台的背景进行解读，分别占 93.75%、93.55%、100%、97.50%；46 家国务院部门、30 家省级政府、49 家较大的市政府以及 120 家县（市、区）政府对政策的主要条款进行了解读，分别占 95.83%、96.77%、100%、100%。

2. 重视优化营商环境信息公开

法治是最好的营商环境。其中，政务服务信息公开是"放管服"改革的关键点，是优化营商环境的重中之重。此类信息公开得越准确、越到位，才越能确保企业群众办事有预期、少跑腿。而加强反垄断和反不正当竞争执法信息公开，有助于保护经营者公平有序竞争，营造良好的市场环境。

首先，各评估对象重视政务服务信息公开。一是政务服务目录全面公开，除部分国务院部门无政务服务事项外，有 42 家国务院部门、31 家省级政府、49 家较大的市政府、120 家县（市、区）政府政务服务网中公开了政务服务事项目录，总体公开率为 98.78%。二是办事服务全面具体，有 25 家省级政府、41 家较大的市政府、117 家县（市、区）政府在政务服务网中开设了个人"全生命周期"办事服务专栏，分别占 80.65%、83.67%、97.50%；有 27 家省级政府、41 家较大的市政府、120 家县（市、区）政府开设了企业（市场主体）"全生命周期"办事服务专栏，分别占 87.10%、83.67%、100%，有效实现政务服务事项集成式、一站式公开（见图 1-2）。

其次，反垄断与反不正当竞争执法信息的公开形式逐渐多元。有 2 家省级政府和 1 家较大的市政府公开了开展反垄断、反不正当竞争专项行动的信息，其中 4 家评估对象以反垄断、反不正当竞争工作汇报形式多元公开，11 家评估对象以典型案例形式播报反垄断、反不正当竞争执法。

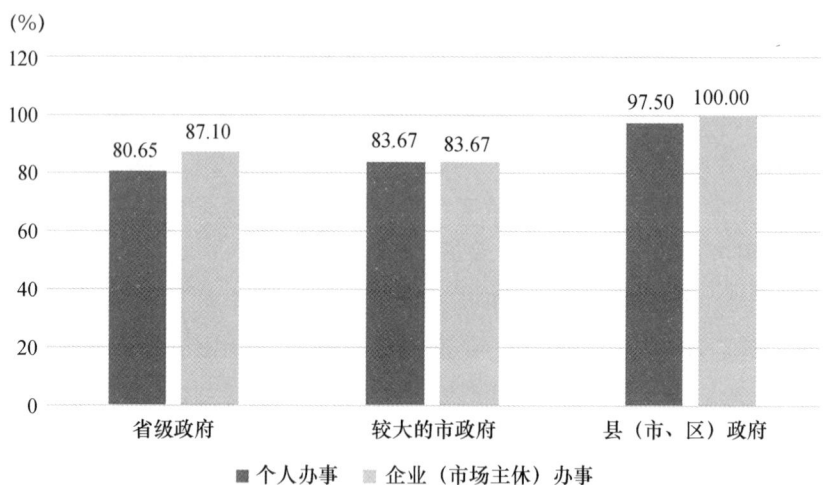

图1-2 "全生命周期"办事服务公开情况示意图

3. 加大规范政府权力信息公开

权力要在阳光下运行。政府权力的规范运行既要依靠各级政府自我约束、内部监督，也要依靠监察、司法等外部监督，更要依靠来自公众的监督。多年的政务公开实践表明，将政府权力"晒"给公众，是规范政府权力最为行之有效的手段。评估显示，各级政府从晾晒权力清单、公开行政执法、公示资金使用等多个方面入手，以公开规范权力运行。

首先，各级政府权力清单全面公开。31家省级政府、49家较大的市政府、120家县（市、区）政府均公开了本级政府工作部门权力清单，其中87.50%的评估对象的权力清单已更新至2022年版本。

其次，国务院部门普遍发布了监管规则和标准。85.42%的监管部门公开了全国统一、简明易行的监管规则和标准。

再次，随机抽查事项清单发布情况较好。具有监管职能的41家国务院部门中，有25家评估对象公开了本部门随机抽查事项清单，占60.98%；有18家省级政府、34家较大的市政府、98家县（市、区）政府集中公开了所属部门随机抽查事项清单，分别占58.06%、69.39%、81.67%。随机抽查事项清单整体公开比例达72.61%。

从次,行政处罚结果公开比例较高、内容较完整。具有行政处罚权的37家国务院部门以及各级地方政府的市场监管部门中,有9家国务院部门以及23家省级、44家市级、114家县(市、区)级市场监管部门公开了2022年作出的行政处罚决定信息,分别占18.75%、74.19%、89.80%、95.00%;其中90.53%的评估对象公开行政处罚信息要素完整,包含被处罚者信息、主要违法事实、处罚依据、处罚结果。

复次,财务、审计信息公开相对较好。以教育主管部门所属单位财政预决算信息公开为例,其公开比例有所提升。省、较大的市、县(市、区)教育主管部门所属单位财政预决算信息公开程度显著提高。仅5.50%的评估对象(11家)未公开教育主管部门所属单位2022年预算及相关报表,同比下降了22.5个百分点;有16.50%的评估对象(33家)未公开2021年教育主管部门所属单位决算及相关报表,同比下降了9.5个百分点。同时,省级政府审计结果信息公开情况较好。29家省级政府公开了2021年度本级预算执行情况和其他财政收支审计结果报告,同步公开2021年度重大政策措施落实情况跟踪审计信息,占比达93.55%,其中19家评估对象报告内容完整,情况表述翔实。

最后,地方政府债务信息公开整体情况良好。政府债务信息集中公开,31家省级政府、47家较大的市政府、117家县(市、区)政府均公开了2021年度政府债务信息,公开比例达到约100%;其中,26家省级政府、42家较大的市政府、117家县(市、区)政府将政府债务信息集中在一个平台(专栏)公开,且大部分评估对象2021年政府债务决算信息与财政决算信息保持同步发布。政府债务限额、余额决算情况公开较为全面,27家省级政府公开了2021年全省、省本级以及所属地区的地方政府债务限额、余额决算数,占87.10%;41家较大的市政府公开了2021年全市、市本级以及所属地区的地方政府债务限额、余额决算数,公开率达83.67%;114家县(市、区)政府公开了2021年政府债务限额、余额决算数,占95.00%。政府债券发行、还本付息决算情况公开较为全面,28家省级政府公开了2021年年末全省、省本级的政府债券发行、还本、付息决算数,占90.32%;42家较大的市政府公开了2021年年末全市、市本级的政府债券还本、付息决算数,占85.71%;114家县(市、区)政府公开了2021年年末政府债券还本、付息决算数,占95.00%。省级政府债务基本信息公开情况较好，31家省级政府均完整公开了2021年政府债务品种、期限、利率、偿还计划、偿债资金来源等信息。

4. 普遍重视民生保障信息公开

党的二十大指出，要增进民生福祉，提高人民生活品质。保障民生要求各级政府在发展中切实解决人民群众的急难愁盼，不断提升公众福祉。政府各项保障民生的措施既要让公众知晓，又要接受公众的监督。本次选取的评估事项的公开情况表明，各级政府普遍重视民生保障信息公开，努力做到服务群众、满足群众需求、依法保障群众权益。

首先，重视新冠疫情防控信息发布。31家省级政府、49家市政府、120家县（市、区）政府2022年均持续发布新冠疫情防控进展信息，其中21家省级政府、41家较大的市政府、84家县（市、区）政府全面发布散发疫情、隔离管控、流调溯源、精准防控、冷链物流、假期人员流动等各方面信息，分别占67.74%、83.67%、70.00%。同时做到个人隐私防护到位，27家省级政府、47家较大的市政府、106家县（市、区）政府公开的流调溯源信息均未出现泄露个人身份证件号码、手机号码、详细住址的情况，分别占87.10%、95.92%、88.33%。

其次，义务教育阶段招生入学政策公开逐步完善。112家县（市、区）教育部门按时部署招生工作，并公开了2022年度招生工作实施方案，其中除10%的地区招生政策只涉及部分区域公办小学或初中外，其他地区均完整公开了辖区范围内义务教育学校招生工作实施方案。分别有108家、106家、94家、89家县（市、区）政府公开了义务教育普通学生入学条件、随迁子女入学条件、公办小学学区划分情况、公办初中学区划分情况，占90.00%、88.33%、78.33%、74.17%。各地区均开设"义务教育"领域信息公开专栏，其中部分地区根据公开信息类型进一步细化栏目设置，实现了精准分类公开。

5. 公开平台机制建设总体较好

政务公开必须依靠有力的平台机制保障。评估显示，各级政府政务公开平台机制建设情况总体较好。

政府网站建设健全。有46家国务院部门、31家省级政府、47家较大的市政府、118家县（市、区）政府网站栏目布局清晰合理，无栏目重叠情况，页面简洁且信息发布普遍规范，分别占95.83%、100%、

95.92%、98.33%；37家国务院部门网站、28家省级政府网站、45家较大的市政府网站、107家县（市、区）政府网站检索功能较为完善，基本实现高级搜索、结果筛选、搜索结果规则排序、在线服务可搜索，分别占77.08%、90.32%、91.84%、89.71%。除一家国务院部门外，其他国务院部门及省、市、县（市、区）政府均开设网站互动平台。

政府公报是刊登行政法规和规章标准文本的法定载体，是政府机关发布政令的权威渠道。省、较大的市政府开设政府公报专栏比例达97.50%，仅2家较大的市未开设该专栏，部分评估对象电子版政府公报提供公报目录导航和内容检索服务。

政务新媒体运营维护情况良好。有47家国务院部门、31家省级政府、49家较大的市政府、119家县（市、区）政府开设了政务新媒体，分别占97.92%、100%、100%、99.17%。其中，有45家国务院部门、30家省级政府、49家较大的市政府、116家县（市、区）政府开放的政务新媒体平台能按周更新内容，占比分别为93.75%、96.77%、100%、96.67%。多地通过政务新媒体积极打造实现"掌上公报"，如北京市通过"北京发布"微信公众号公布政府公报。

（二）政务公开工作仍面临的问题

1. 决策预公开仍需大力推动落实

决策草案征集意见时间过短，易导致听取群众意见不充分的问题，且会给人缺乏诚意、走过场的印象。评估发现，有22家国务院部门、14家省级政府、36家较大的市政府、83家县（市、区）政府征集意见少于30天且没有说明理由，分别占45.83%、45.16%、73.47%、69.17%。部分评估对象未公开对所征集意见不予采纳的理由。有7家国务院部门、2家省级政府、9家较大的市政府和10家县（市、区）政府虽然公开了意见征集的整体情况，但是却并没有公开对征集意见不予采纳的理由，有的反馈情况描述较为笼统，不利于社会公众对重大行政决策制定程序过程的监督。决策预公开是推进民主科学决策的关键环节，也是转变决策方式和推进治理模式现代化的重要路径，对各级政府提出的要求较高。评估结果表明，今后仍需进一步转变治理理念、探索畅通有序的公众参与机制和政民互动模式。

2. 建议提案办理结果公开机制待完善

公开各级政府办理的人大代表建议和政协委员提案，是积极回应代表委员和人民群众关切的重要环节，也是落实全过程人民民主的重要举措。但评估显示，此类信息公开仍然有提升空间。截至2022年12月底，有14家国务院部门、6省级政府、4家较大的市政府、22家县（市、区）政府未公开2022年人大代表建议办理复文，分别占比29.17%、19.35%、8.16%和18.33%，总体公开率为81.45%，较上一年度下降5.24个百分点；17家国务院部门、5省级政府、6家较大的市政府、26家县（市、区）政府未公开2022年政协委员提案办理复文，分别占比35.42%、16.13%、12.24%、21.67%，总体公开率为78.33%，较上一年度下降5.24个百分点；45家国务院部门、25家省级政府、43家较大的市政府、105家县（市、区）政府未公开2022年人大代表建议办理总体情况，分别占比93.75%、80.65%、87.76%、87.50%，总体公开率为12.10%，较上一年度下降5.65个百分点；45家国务院部门、25家省级政府、44家较大的市政府、106家县（市、区）政府未公开2022年政协委员提案办理总体情况，分别占比93.75%、80.65%、89.80%、88.33%，总体公开率为11.67%，较上一年度下降6.05个百分点。上述结果表明，各级政府对此类信息公开的重视程度仍待提升，个别地方和部门也有必要协调处理好与人大、政协在公开此类信息上的关系，此类信息公开机制有待完善。

3. 政务服务信息公开仍须补齐短板

公开政务服务信息是优化营商环境的需要，也是满足企业群众高效便捷办事的需要。评估显示，加强政务服务信息公开标准化程度仍显得十分必要。一是办事指南规范性有待提高，32家国务院部门、12家省级政府、19家较大的市政府、66家县（市、区）政府办事指南中办理依据、申报条件、申报材料、办理地点、办理流程、办理期限、收费标准、联系方式（咨询渠道）等要素不明确、不完整，分别占66.67%、38.71%、38.78%、55.00%。二是不动产登记办理集成度不高，120家县（市、区）政府中，有43家评估对象的政务服务网中未开设不动产登记集成办理栏目，占35.83%，且开设栏目的评估对象中，半数以上未明确集成办理时间。三是证明事项清单公开情况较差，23家国务院部门、9家省级政府、7家较大的市政府、61家县（市、区）政府未公开保留的证明事项清单，分别占47.92%、29.03%、14.29%、50.83%，公开率仅为59.68%；公开证明事项清单的评估对象中，有3家国务院部门、8家省级政府、15家较大的市政府、31家县（市、区）政府清单中未完整列明设定依据、索要单位、开具单位等要素，分别占6.25%、25.81%、30.61%、25.83%。四是外商投资企业投诉和拖延农民工工资投诉渠道不明确，2家省级政府、17家较大的市政府、95家县（市、区）政府未公开外商投资企业投诉工作规则、投诉方式、处理期限，分别占6.45%、34.69%、79.17%，总体公开率仅为43.00%；79家县（市、区）政府未公开拖延农民工工资的举报投诉电话、网站，总体公开率仅为34.17%。这表明，"放管服"改革方面的信息公开情况还有待提升。

4. 权力清单公开仍须更新完善

公开权力清单是近年来政务公开的重点内容，需要根据法律法规、部门职能等适时进行更新完善，确保内容准确。然而，评估显示，权力清单的公开质量有待提升。国务院部门权力清单公开比例、内容完整性仍不理想。40家国务院部门未公开近两年版本的权力清单，占83.33%；大部分评估对象发布的权力清单中仅包含少数类型权力事项，各级政府权力清单动态调整不到位。一是对失效文件依据的清理、替换不到位，有19家省级政府、33家较大的市政府、93家县（市、区）政府权力清单中仍存在已经废止的《疫苗流通和预防接种管理条例》，分别占61.29%、67.35%、77.50%；仅11家省级政府、10家较大的市政府、18家县（市、区）政府权力清单全面清理了因《民法典》出台而同步废止的《婚姻法》《继承法》《民法通则》《收养法》《担保法》《合同法》《物权法》《侵权责任法》《民法总则》等文件依据，分别占35.48%、20.41%、15.00%。二是权力事项更新不到位，有7家省级政府、24家较大的市政府、45家县（市、区）政府权力清单中未依据修订后的《生猪屠宰管理条例》更新对生猪屠宰违法行为的处罚标准，分别占22.58%、48.98%、37.50%；有22家省级政府、37家较大的市政府、59家县（市、区）政府权力清单中未依据修订后的《种子法》更新对"生产经营劣种子"违法行为的处罚裁量标准，分别占70.97%、75.51%、49.17%；有40家县（市、区）政府权力清单中仍未删改对生育第三个子女征收社会抚养费的有关内容,占33.33%;除2家评估对象未公开住建部门权力清单、1家住建局未设定处罚权外,其余31家省级政府、47家较大的市政府、119家县(市、区)政府权力清单均未依据《噪声污染防治法》新增"对建设单位建设噪声敏感建筑物不符合民用建筑隔声设计相关标准要求的行政处罚"事项;除18家评估对象未公开生态环境部门权力清单外,有28家省级政府、44家较大的市政府、89家县(市、区)政府权力清单中未依据《噪声污染防治法》新增"对无排污许可证或者超过噪声排放标准排放工业噪声的行政处罚"事项。

5. 行政处罚决定公开质量有待提升

行政处罚决定不及时、信息不同源问题突出。公开行政处罚决定的190家评估对象中,有2家国务院部门以及6家省级、4家市级、20家县(市、区)级市场监管部门的行政处罚信息未在作出行政决定之日起7个工作日内及时公开;半数以上评估对象存在门户网站与"信用中国""国家企业信用信息公示平台"公开信息不一致的情况。

6. 地方审计信息公开力度仍须加大

公开审计信息是接受社会监督的重要要求,但审计计划公开比例较低。61.29%的省级政府(19家)、75.51%的较大的市政府(37家)、67.50%的县(市、区)政府(81家)未发布2022年审计计划。49家较大的市政府和120家县(市、区)政府中,有17家较大的市政府、71家县(市、区)政府未公开2021年本级预算执行情况和其他财政收支审计结果报告,占比分别为34.69%和59.17%;有19家较大的市政府、79家县(市、区)政府未公开2021年重大政策措施落实情况跟踪审计信息,占比分别为38.78%和65.83%。

7. "双随机、一公开"工作有待规范

"双随机、一公开"是推进执法规范化建设的创新举措。近年来各地方各部门公开此类信息情况逐步向好,但仍有需要规范的地方。一是公开形式有待规范,41家具有监管职能的国务院部门、31家省级政府、49家较大的市政府以及120家县(市、区)政府中,有29家国务院部门、15家省级政府、16家较大的市政府、39家县(市、区)政府未设置"双随机、一公开"专栏,分别占70.73%、48.39%、32.65%、32.50%;部分政府未集中公开所有部门的随机抽查事项清单。二是随机抽查事项清单有待规范，公开随机抽查事项清单的 25 家国务院部门以及 23 家省级、36 家市级、96 家县（市、区）级生态环境部门中，有 8 家国务院部门以及 4 家省级、12 家市级、47 家县（市、区）级生态环境部门清单中未完整包含抽查依据、主体、内容和方式，分别占 32.00%、17.39%、33.33% 和 48.96%。三是抽查结果未全面公开，36 家国务院部门以及 20 家省级、9 家市级、36 家县（市、区）级生态环境部门未公开 2022 年随机抽查结果及查处情况，分别占 75.00%、64.52%、18.37%、30.00%；少数评估对象仅公开了随机抽查结果，未公开查处情况。

8. 各类规划信息公开应予逐步规范

公开各类规划信息，有助于加强民主科学决策、监督各级政府依法落实规划、满足人民群众知情权。但目前看，各地政府规划公开的规范化程度还有待提升。

一是国土空间规划、区域规划公开情况较差；29 家省级政府、48 家较大的市政府、102 家县（市、区）政府门户网站、自然资源和规划部门网站中未发布正式的地方国土空间规划，占比分别达 93.55%、97.96%、85.00%，3 家省级政府、11 家较大的市政府、71 家县（市、区）政府未公开区域规划文件，占比分别为 9.68%、22.45%、59.17%。

二是国民经济和社会发展规划纲要完成情况有待提升。48.39% 的省级政府（15 家）、79.59% 的较大的市政府（39 家）和 86.67% 的县（市、区）政府（104 家）未在政府网站全面归集并公开"十三五"及以前的国民经济和社会发展规划纲要的完成情况。

9. 地方政府债务信息公开仍应细化

公开地方政府债务信息有助于加强地方政府债务管理，但评估显示，此类信息公开仍需加强。一是省、市两级政府债券资金使用情况公开较差。分别有 4 家、6 家省级政府未公开 2021 年全省、省本级政府债券资金使用安排决算情况；分别有 12 家、10 家市政府未公开 2021 年全市、市本级政府债券资金使用安排决算情况；部分评估对象公开资金使用安排决算情况仅披露了使用方式，未明确到具体项目。二是市、县政府债务基本信息公开有待加强，3 家较大的市政府、4 家县（市、区）政府未公开 2021 年政府债务品种；21 家较大的市政府、42 家县（市、区）政府未公开 2021 年政府债务期限；22 家较大的市政府、44 家县（市、区）政府未公开 2021 年政府债务利率；45 家较大的市政府、111 家县（市、区）政府未公开 2021 年政府债务偿还计划；41 家较大的市政府、112 家县（市、区）政府未公开 2021 年政府债务偿债资金来源。

10. 义务教育信息公开应加大落实力度

教育事业关系民生福祉，也深受社会关注。评估显示，义务教育招生计划人数、招生结果名单、学校基本情况等信息公开水平较上一年度略有提升，但仍有较大的改进空间。

招生计划人数方面，仅 52 家县（市、区）政府发布有 2022 年公办小学计划招生人数、班级数或学位数，占比为 43.33%；仅 55 家县（市、区）政府发布了 2022 年公办初中计划招生人数、班级数或学位数，占比为 45.83%；公开信息多数未实现涵盖辖区内所有公办小学、初中招生情况。

招生结果方面，仅有 14 家、16 家县（市、区）政府发布了 2022 年公办小学、公办初中招生学生名单（含民转公），占比均低于 15.00%。

学校基本情况方面，抽查的 120 所义务教育阶段公办学校中，仅有 33 所学校完整公开了办学性质、办学地点、办学规模、办学基本条件、联系方式等学校基本情况信息，占 27.50%；仅有 3 所学校发布了 2022 年招生简章，较上一年度抽查情况无明显改善。

11. 公共企事业单位信息公开仍需加强

公共企事业单位信息公开关系人民群众基本民生，加大公开有助于加强和优化管理、促进企事业单位提升服务质量；但目前相应的制度机制还不健全，对已有制度的落实情况也还不够理想。评估显示，公共企事业单位信息公开制度亟须完善。仅 7 家国务院部门制定、公开了主管领域公共企事业单位信息公开规定，其中 6 家评估对象的规定中未完整列出信息公开内容、时限要求；2 家评估对象的规定中未要求公共企事业单位开设信息公开咨询窗口。此外，公共企事业单位信息公开制度落实情况不理想，49 家市政府中，仅 17 家评估对象开设了公共企事业单位信息公开专栏，占 34.69%；仅 20 家评估对象设置了线上信息公开咨询窗口，占 40.82%。

12. 基层政务公开标准化、规范化指引有待拓展

基层政府是做好政务公开的关键，加强上级政府的规范指引，推动基层政务公开标准化规范化有助于切实满足人民群众的满意度和获得感。但在考察的 48 家国务院部门中，仅 21 家评估对象公开了共计 28 个主管领

域的基层政务公开标准指引，仍须进一步拓展其他领域的基层政务公开标准指引。

13. 公开平台建设质量水平仍须加强

信息化时代，政务公开必须依靠网站、自媒体等信息化平台，以提升政务公开效率、满足人民群众对高效便捷获取信息的实际需求。但评估显示，各级政府政务公开平台建设还存在不少短板。

公开平台内容方面，评估组主要考察网站中是否存在错误内容的情况，主要包括错别字、病词句等。整体而言，评估结果显示四类评估对象中绝大多数政府网站存在的内容错误处于中间水平，有71.77%的政府网站（178家）内容错误数量处于十位数量级，8.06%的政府网站（20家）内容保持严谨恰当，仅发现小于10处的内容错误。

在国务院部门中，7家政府网站内容错误数量小于10处，占14.58%，在四类调研对象中占比最多，表现最佳。国务院部门各评估对象间的差距相比省、市、县级评估对象也较大，有22.92%的评估对象（11家）错误数量大于100处。在省、市、县级政府中，内容错误数量小于10处的政府网站数量较少，各有1家、2家、10家，占比分别为3.23%、4.08%、8.33%。相比较而言，省级政府网站建设在内容方面较为稳定，仅有6.45%的政府网站（2家）存在百位数量级的内容错误，占比最少，市级、县级政府网站则次之，存在相同量级错误的政府网站各有9家、28家，分别占比18.37%、23.33%（见图1-3）。

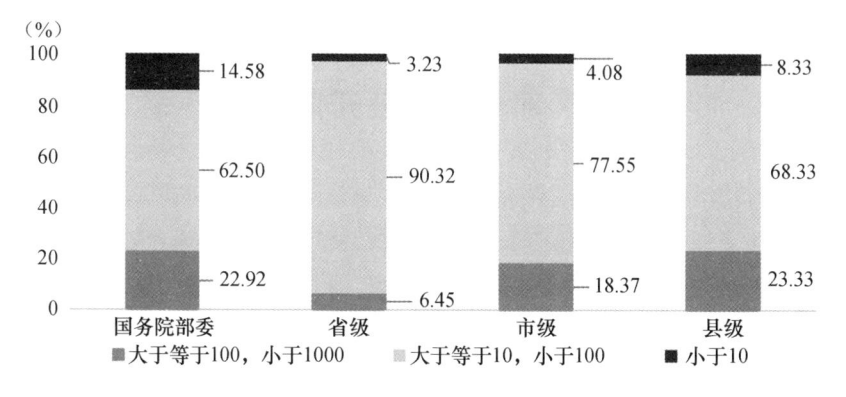

图1-3 各级政府错误内容数量量级百分比

平台建设方面，各级政府网站均存在不同程度的链接错误问题。如错误链接数量小于10条的分别有19家国务院部门、13家省级政府、21家较大的市政府和62家县（市、区）政府，分别占39.58%、41.94%、42.86%、51.67%。换言之，一半甚至更多的政府网站错误链接数超过10条。其中，大于等于1000条的有5家国务院部门（占10.42%）、1家较大的市政府（占2.04%）、1家县（市、区）政府（占0.83%），见图1-4。此外，截至2022年11月20日，省、市、县（市、区）政府建设完成行政执法统一公示平台的评估对象较上年度同比增长5.00%，但仍有53家评估对象未建设行政执法统一公示平台。运营维护方面，部分行政执法平台存在链接失效、跳转不佳、信息长期未更新、执法信息发布不齐全或整体信息类型单一等问题。

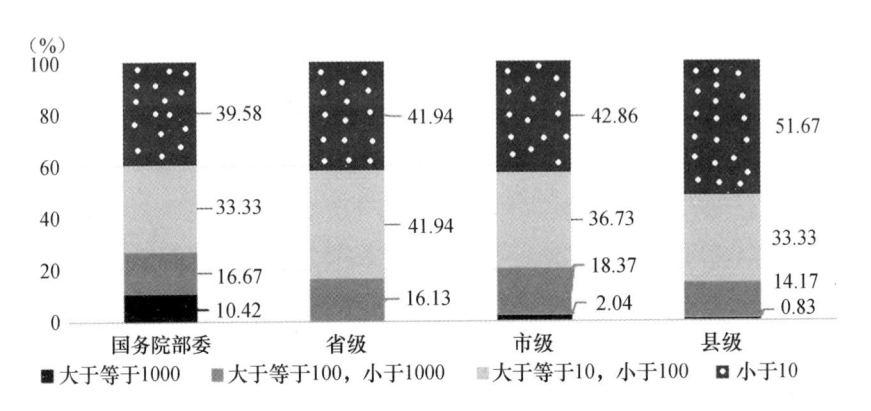

图1-4 各级政府错误链接数量量级百分比

三 部分领域公开情况

（一）权力清单公开

权力清单，就是把各级政府及其所属工作部门掌握的各项公共权力进行全面统计，并将权力的列表清单公之于众，主动接受社会监督。政府晒出权力清单，有利于促进政府规范行政权力，防范行政权力滥用，维护广大人民群众的合法权益，提高政府公信力，从而促进民主法治建设进程。

中共中央办公厅、国务院办公厅印发的《关于推行地方各级政府工作部门权力清单制度的指导意见》中要求，各省（自治区、直辖市）政府可参照行政许可、行政处罚、行政强制、行政征收、行政给付、行政检查、行政确认、行政奖励、行政裁决和其他类别的分类方式，结合本地实际，制定统一规范的分类标准，明确梳理的政策要求，汇总形成部门行政职权目录；地方各级政府对其工作部门经过确认保留的行政职权，除保密事项外，要以清单形式将每项职权的名称、编码、类型、依据、行使主体、流程图和监督方式等，及时在政府网站等载体公布。

项目组考察了权力清单不涉密的47家国务院部门、31家省级政府、49家较大的市政府、120家县（市、区）政府2022年权力清单的发布及更新情况。其中，对国务院部门主要考察权力清单及监管规则标准的发布情况；对省、市、县（市、区）政府主要考察权力清单的发布及内容的更新情况。

1. 评估发现的亮点

（1）各级政府权力清单全面公开

31家省级政府、49家较大的市政府、120家县（市、区）政府均公开了本级政府权力清单。其中，有13家省级政府、16家较大的市政府、41家县（市、区）政府在门户网站直接发布了近两年的权力清单；17家省级政府、32家较大的市政府、77家县（市、区）政府在政务服务网公开了近两年权力清单；甘肃省、甘肃省兰州市、贵州省黔西南布依族苗族自治州贞丰县、湖南省长沙市雨花区发布了2021年以前版本权力清单。省、市、县（市、区）三级政府近两年权力清单的公开比例达98.00%。

（2）监管规则和标准公开比例较高

在48家国务院部门中，有41家评估对象制定并公开了全国统一、简明易行的监管规则和标准，占85.42%。例如，中国民用航空局发布了《通用航空市场监管手册》；国家金融监督管理总局发布了《意外伤害保险业务监管办法》《银行保险机构大股东行为监管办法（试行）》；国家税务总局发布了《涉税专业服务监管办法（试行）》。

（3）部分权力清单公开形式值得推广

北京市权力清单主体划分明确，市人民政府门户网站"阳光政务"板块中开设"行政权力清单"专栏，按照权力主体分别设置"市级独有权力清单""市区共有权力清单""区级独有权力清单"栏目。

福建省权力清单集成化公开,"福建省网上办事大厅"设置"清单公开—权责清单"栏目下集中公开了省、市、县区、乡镇四级权力清单。

湖南省权力清单要素完整,省政务服务平台中公开的各部门权力清单明确了"职权名称""职权类型""职权依据""基本编码",并将各权力事项主体明确到相关处室。

2. 评估发现的问题

(1) 国务院部门权力清单发布情况仍不理想

一是近两年权力清单公开比例较低。权力清单不涉密的 47 家国务院部门中,有 36 家评估对象未发布权力清单,占 76.60%;5 家评估对象公开的权力清单为 2021 年以前版本;1 家评估对象"权力清单"栏目无法访问。

二是权力清单有待规范。1 家评估对象"权力清单"栏目下仅公开了行政许可事项;1 家评估对象"行政权力事项总目录""部门行政权力事项目录"中仅发布了具体行政审批事项、行政处罚决定书,未公开完整、规范的权力清单。

(2) 权力清单动态调整不及时

中共中央办公厅、国务院办公厅印发的《关于推行地方各级政府工作部门权力清单制度的指导意见》中要求,建立健全权力清单动态管理机制,权力清单公布后,要根据法律法规立改废释情况、机构和职能调整情况等,及时调整权力清单,并向社会公布。据此,在《疫苗管理法》《中共中央 国务院关于优化生育政策促进人口长期均衡发展的决定》《民法典》《生猪屠宰管理条例》《种子法》《噪声污染防治法》出台或修订后,项目组考察了省、市、县(市、区)政府相关权力事项的调整情况,其中,对于《中共中央 国务院关于优化生育政策促进人口长期均衡发展的决定》中"取消生育第三个子女的社会抚养费征收"的调整情况仅考察县(市、区)政府。

根据《国务院关于修改和废止部分行政法规的决定》(中华人民共和国国务院令第 726 号),《疫苗流通和预防接种管理条例》已于 2020 年 3 月 27 日废止。19 家省级政府、33 家较大的市政府、93 家县(市、区)政府的卫生健康部门权力清单中仍然存在《疫苗流通和预防接种管理条例》,未及时调整为《疫苗管理法》。

自《民法典》2021年1月1日施行起，《婚姻法》《继承法》《民法通则》《收养法》《担保法》《合同法》《物权法》《侵权责任法》《民法总则》同时废止。16家省级政府、31家较大的市政府、64家县（市、区）政府的民政部门权力清单中仍存在部分权力事项的文件依据为《收养法》《民法通则》《民法总则》或《继承法》；13家省级政府、28家较大的市政府、77家县（市、区）政府的自然资源部门或市场监督管理部门权力清单中仍存在部分权力事项的文件依据为《物权法》或《担保法》。

《生猪屠宰管理条例》第四次修订后于2021年8月1日实施，加大了对部分生猪屠宰违法行为的处罚力度。7家省级政府、24家较大的市政府、45家县（市、区）政府的农业农村部门权力清单中未更新对"未经定点从事生猪屠宰活动"和"生猪定点屠宰厂（场）出厂（场）未经肉品品质检验或者经肉品品质检验不合格的生猪产品"违法行为的处罚力度。

新修订的《种子法》于2022年3月1日起施行，对"生产经营劣种子"违法行为的执法单位名称、行政处罚裁量标准进行了调整，调整为"生产经营劣种子的，由县级以上人民政府农业农村、林业草原主管部门责令停止生产经营，没收违法所得和种子；违法生产经营的货值金额不足二万元的，并处一万元以上十万元以下罚款；货值金额二万元以上的，并处货值金额五倍以上十倍以下罚款；情节严重的，吊销种子生产经营许可证"。31家省级政府、49家较大的市政府、120家县（市、区）政府中，仅4家较大的市政府、15家县（市、区）政府的农业农村部门或林业草原部门权力清单中更新了相关内容。

2022年6月5日起施行的《噪声污染防治法》中规定了对超标排放工业噪音、建筑物隔声设计不达标的行政处罚。31家省级政府、49家较大的市政府、120家县（市、区）政府中，除个别地方住房和城乡建设部门未公开权力清单或无处罚权外，其余评估对象均未在权力清单中增加"对建设单位建设噪声敏感建筑物不符合民用建筑隔声设计相关标准要求的行政处罚"；仅1家省级政府、5家较大的市政府、15家县（市、区）政府的生态环境部门在权力清单中增加"对无排污许可证或者超过噪声排放标准排放工业噪声的行政处罚"。

2021年6月26日公布的《中共中央 国务院关于优化生育政策促进人口长期均衡发展的决定》中取消征收生育第三个子女的社会抚养费。120家县（市、区）政府的卫生健康主管部门中，仍有40家评估对象权力清单中尚未取消对"生育第三个子女社会抚养费征收"。

（二）政务服务信息公开

《国务院关于加快推进"互联网+政务服务"工作的指导意见》指出，推进"互联网+政务服务"，是贯彻落实党中央、国务院决策部署，把简政放权、放管结合、优化服务改革推向纵深的关键环节，对加快转变政府职能，提高政府服务效率和透明度，便利群众办事创业，进一步激发市场活力和社会创造力具有重要意义。

项目组考察了对外有政务服务事项的45家国务院部门、31家省级政府、49家较大的市政府和120家县（市、区）政府的政务服务信息公开情况。主要考察政务服务事项目录、政务服务事项办事指南、保留的证明事项清单，对省级、市级、县（市、区）政府还考察了"全生命周期"办事服务事项集中展示、外商投资企业投诉信息公开，对县（市、区）政府还考察了不动产登记的集成办理时间和拖延农民工工资的举报投诉渠道。

1. 评估发现的亮点

（1）政务服务事项目录公开情况较好

42家国务院部门、31省省级政府、49家较大的市政府和120家县（市、区）政府公开了政务服务事项目录，公开比例达98.78%。

（2）"全生命周期"办事服务专栏开设情况良好

国务院办公厅关于印发的《2019年政务公开工作要点》中指出，要推行市场主体和个人"全生命周期"的办事服务事项集成式、一站式公开。

一是专栏开设比例较高。27家省级政府、41家市级政府、120家县（市、区）政府政务服务网中开设了市场主体（企业）"全生命周期"办事服务专栏，开设比例达94.00%；25家省级政府、41家市级政府、117家县（市、区）政府政务服务网中开设了个人"全生命周期"办事服务专栏，开设比例达91.50%。

二是部分评估对象专栏分类清晰、事项涵盖广泛。例如北京市政务服务网"个人服务—生命周期分类"专栏下设置"升学""工作""购房""结婚""生育""失业""创业""迁居""退休""后事""其他"共11个栏目,涵盖545个服务事项;"法人服务—生命周期分类"专栏下设置"开办企业""申请资质""投资立项""扩大生产""引进人才""办理社保""申请专利""纳税缴费""申请贷款""申请破产""其他"11个栏目,共涵盖1298个服务事项。

(3)省级外商投资企业投诉渠道畅通

公开外商投资企业投诉相关信息,对于保护外商投资合法权益、持续优化外商投资环境具有重要作用。《外商投资企业投诉工作办法》要求,各级投诉工作机构应当公布其地址、电话和传真号码、电子邮箱、网站等信息,便利投诉人提出投诉事项。

31家省级政府中,有29家评估对象公开了外商投资企业投诉服务信息,其中28家评估对象信息公开完整,包含外商投资企业投诉的工作规则、投诉方式、处理期限。

2. 评估发现的问题

(1)国务院部门政务服务指南有待完善

一是政务服务指南未全面公开。在国务院部门中,有3家评估对象未公开政务服务事项办事指南。

二是政务服务指南内容不完整。公开政务服务指南的42家国务院部门中,1家评估对象的办事指南中仅列示了依据的法律法规名称,未明确具体条款;1家评估对象的办事指南中未明确特定审批事项的申报条件;6家评估对象的办事指南中申报条件不明确(存在"等""其他"此类模糊表述);9家评估对象申报材料不明确,存在"其他材料""相关材料";分别有16家、17家评估对象申请表/书类材料未提供空白表格(或格式文本)、填报说明(或填写参照文本),2家评估对象提供的空白表格(或格式文本)、填报说明(或填写参照文本)无法显示;4家评估对象未明确办理地点;2家评估对象未明确办理流程;2家评估对象未提供联系方式。

三是多渠道公开的政务服务指南不一致。31家评估对象在国家政务服务网"直通国务院部门""国务院部门服务窗口"或部门网站中公开政务服务事项办事指南内容不一致。例如,某部门户网站与国家政务服务网站公布的特定事项办事指南中办理依据、办理流程不一致，国家政务服务网中办理流程显示"暂不提供"。

（2）省级政府政务服务指南公开不完善

《中华人民共和国税收征收管理法》规定，增值税专用发票由国务院税务主管部门指定的企业印制；其他发票，按照国务院税务主管部门的规定，分别由省、自治区、直辖市国家税务局、地方税务局指定企业印制。本次针对31家省级政府，统一考察"企业印制发票审批"事项的办事指南，主要存在两方面问题。

一是公开比例不高，31家省级政府中，有7家评估对象未公开"企业印制发票审批"事项的办事指南，公开比例仅为77.42%。二是指南内容有待完善，5家评估对象申报材料存在兜底性表述；4家评估对象申请表/书类材料未提供空白表格或格式文本；5家评估对象申请表/书类材料未提供填报说明或填写参照文本；3家评估对象办事指南中未包含办理地点，1家评估对象未明确具体办事地址；分别有2家、1家、2家、3家评估对象未明确办理流程、办理期限、收费标准、联系方式。

（3）市、县（市、区）政府政务服务指南公开情况不理想

对于49家较大的市政府、120家县（市、区）政府，统一考察"离退休老人投靠子女进本地入非农业户口"事项的办事指南。其中30家较大的市政府和43家县（市、区）政府服务网站中未发布该办事指南，整体公开比例仅为56.80%。

公开"离退休老人投靠子女进本地入非农业户口"事项办事指南的19家较大的市政府和77家县（市、区）政府中，有7家评估对象未列示该事项的办理依据；6家评估对象的办理依据不明确，未列示所依据法律法规的条款数或具体内容；1家评估对象办事指南中申报材料不明确，存在兜底性表述（"相关准迁证明材料"）；13家评估对象申请表/书类材料未提供空白表格或格式文本；24家评估对象申请表/书类材料未提供填报说明或填写参照文本；5家评估对象办事指南中未包含办理地点，15家评估对象办理地点不明确；分别有2家、5家、5家、7家、12家评估对象办事指南中缺少申报条件、办理流程、办理期限、收费标准、联系方式。

（4）保留的证明事项清单有待进一步完善、公开

《国务院办公厅关于做好证明事项清理工作的通知》要求，根据各地

区、各部门的建议,对确需保留的证明事项,组织各地区、各部门公布清单,逐项列明设定依据、开具单位、办理指南等,清单之外,政府部门、公用事业单位和服务机构不得索要证明。

一是证明公开情况不理想。对外有政务服务事项的45家国务院部门、31家省级政府、49家较大的市政府和120家县(市、区)政府中,仅145家评估对象公开了保留的证明事项,其中22家国务院部门保留的证明事项清单均为征求意见稿,未发布正式版本;大部分评估对象保留的证明事项清单为2021年及以前年份版本,未及时更新。

二是清单要素不完整。公开保留的证明事项清单的145家评估对象中,有3家国务院部门、8家省级政府、15家较大的市政府、31家县(市、区)政府的清单中缺少设定依据、索要单位或开具单位。

(5) 市、县(市、区)政府外商投资企业投诉渠道公开较差

17家较大的市政府、95家县(市、区)政府未发布外商投资企业投诉相关信息;24家评估对象公开外商投资企业投诉信息内容不全面,例如有1家评估对象仅发布了外商投资企业投诉方式,未发布投诉工作规则和处理期限;有1家评估对象仅在政务服务网"外来投资企业咨询和投诉"事项办事指南中公开了投诉方式、处理期限,未明确具体工作规则。

(6) 不动产登记集成办理时间公开较差

国务院办公厅印发的《关于压缩不动产登记办理时间的通知》要求,2020年年底前,不动产登记数据完善,所有市县不动产登记需要使用有关部门信息的全部共享到位,"互联网+不动产登记"在地级及以上城市全面实施,全国所有市县一般登记、抵押登记业务办理时间力争全部压缩至5个工作日以内。

120家县(市、区)政府中,有43家评估对象未在政务服务网中开设不动产登记集成办理栏目;42家评估对象未公开单项环节的办理时间;2家评估对象仅公开单项环节办理时间,未明确集成办理时间。

(7) 拖延农民工工资投诉渠道有待进一步畅通

《保障农民工工资支付条例》规定,被拖欠工资的农民工有权依法投诉,或者申请劳动争议调解仲裁和提起诉讼;任何单位和个人对拖欠农民工工资的行为,有权向人力资源社会保障行政部门或者其他有关部门举报;人力资源社会保障行政部门和其他有关部门应当公开举报投诉电话、

网站等渠道，依法接受对拖欠农民工工资行为的举报、投诉；对于举报、投诉的处理实行首问负责制，属于本部门受理的，应当依法及时处理；不属于本部门受理的，应当及时转送相关部门，相关部门应当依法及时处理，并将处理结果告知举报、投诉人。

120家县（市、区）政府中，有79家评估对象未公开对于拖延农民工工资行为的投诉渠道，占比达65.83%，农民工维权途径不够透明。

（三）"双随机、一公开"监管信息公开

"双随机、一公开"监管是监管方式改革创新的重要举措，对于优化营商环境具有重要意义。将监管事项全部纳入随机抽查事项清单，"进一次门，查多项事"，减少对企业正常生产经营活动的过多检查，有利于营造公平竞争的市场环境。

《国务院关于在市场监管领域全面推行部门联合"双随机、一公开"监管的意见》要求，各省（区、市）人民政府要以国家企业信用信息公示系统和全国信用信息共享平台等为依托，建设本辖区统一的"双随机、一公开"监管工作平台（以下称"省级平台"），为抽查检查、结果集中统一公示和综合运用提供技术支撑；各有关部门要依照法律、法规、规章规定，建立本部门随机抽查事项清单，明确抽查依据、主体、内容、方式等；随机抽查事项清单应根据法律、法规、规章立改废释和工作实际情况等进行动态调整，并及时通过相关网站和平台向社会公开；按照"谁检查、谁录入、谁公开"的原则，将抽查检查结果通过国家企业信用信息公示系统和全国信用信息共享平台等进行公示，接受社会监督。

项目组考察了41家具有"双随机"监管职能的国务院部门、31家省级政府、49家较大的市政府、120家县（市、区）政府"双随机"监管信息的公开情况，考察内容为："双随机"信息公开栏目设置情况、随机抽查事项清单发布和质量情况、2022年随机抽查结果和查处信息公开情况。其中，项目组对省、市、县（市、区）政府考察随机抽查事项清单、随机抽查结果和查处信息公开情况时，统一抽取其所属生态环境部门进行评估。

1. 评估发现的亮点

（1）部分省级平台建设完备

《国务院关于在市场监管领域全面推行部门联合"双随机、一公开"

监管的意见》还要求，在建设省级平台过程中，将各地已经建设并使用的工作平台要与省级平台整合融合，避免数据重复录入、多头报送；部门相关监管信息通过省级平台实现互联互通，满足部门联合双随机抽查需求。

部分省级政府已基本实现全省监管信息的互联互通。例如，江西省行政执法服务网"信息公开"专栏设置"检查事项清单""检查人员""检查计划""检查任务""检查结果"栏目，并提供地区筛选功能，全面归集了省、市、县级相关部门双随机监管信息，集约化程度较高；浙江省政务服务网"双随机检查公开"专栏下集中公开了省、市、县级相关部门抽查事项、实施细则、抽查计划、抽查任务、抽查结果等信息，将单部门、跨部门检查信息分类，同时实现监管信息的分领域筛选。

（2）随机抽查事项清单公开情况良好

41家具有双随机监管职能的国务院部门中，有25家评估对象公开了本部门随机抽查事项清单；31家省级政府、49家较大的市政府、120家县（市、区）政府中，有150家评估对象集中发布了本级政府监管部门的随机抽查事项清单，占75.00%，其中80.67%的评估对象详细公布了所属各个部门的随机抽查事项清单。

2. 评估发现的问题

（1）"双随机"专栏开设比例不高

41家国务院部门、31家省级政府、49家较大的市政府、120家县（市、区）政府中，有99家评估对象未在门户网站中开设专栏集中公开双随机监管信息，占41.08%。

（2）随机抽查事项清单内容有待完善

公开随机抽查事项清单的25家国务院部门以及23家省级政府、36家较大的市政府、96家县（市、区）政府的生态环境部门中，分别有8家、4家、12家、47家评估对象未在随机抽查事项清单中明确抽查依据、抽查主体、抽查方式。

（3）监管结果公开情况不理想

36家国务院部门和20家省级政府、9家较大的市政府、36家县（市、区）政府的生态环境部门未在部门网站、政府网站或国家企业信用信息公示系统中发布2022年开展"双随机"监管的抽查结果和查处情况；1家省级政府、3家较大的市政府和4家县（市、区）政府的生态环境部门仅公开了2022年度随机抽查结果，未发布查处情况。

（四）行政处罚信息公开

行政处罚信息公开，就是将行政机关的行政行为置于"阳光"之下，一方面可以促使行政机关依法办事，另一方面可以起到警示与教育的作用，既可以对违法者进行威慑，也可以对社会大众进行教育，预防类似违法行为的发生。

国务院办公厅印发的《关于全面推行行政执法公示制度执法全过程记录制度重大执法决定法制审核制度的指导意见》要求，行政许可、行政处罚的执法决定信息要在执法决定作出之日起7个工作日内公开，但法律、行政法规另有规定的除外。《国家发展改革委办公厅 国家市场监管总局办公厅关于更新调整行政许可和行政处罚等信用信息数据归集公示标准的通知》中规定了行政处罚信息公示内容的标准，包含处罚者信息、主要违法事实、处罚依据、处罚结果等要素。

据此，项目组对37家有行政处罚权的国务院部门、31家省级政府、49家较大的市政府、120家县（市、区）政府行政处罚信息公开情况进行了考察，考察内容包括：2022年行政处罚信息公开是否及时（自作出行政决定之日起7个工作日内上网）、2022年行政处罚信息公开要素是否完整（包括被处罚者信息、主要违法事实、处罚依据、处罚结果）。其中，对各级地方政府，统一考察本级市场监督管理部门的行政处罚信息。

1. 评估发现的亮点

（1）地方市场监督管理部门行政处罚信息公开比例较高

31家省级政府、49家较大的市政府、120家县（市、区）政府的市场监督管理部门中，有181家评估对象公开了2022年作出的行政处罚决定信息，占比达90.50%。

（2）部分行政处罚信息公开专栏建设优异

部分地区行政处罚信息集成公开、查询便捷。例如，浙江省政务服务网开设"行政处罚结果信息公开"专栏，归集公开省、市、县级各部门行政处罚信息，专栏中提供处罚决定书文号、案件名称、被处罚对象名称三种查询方式，且可以按处罚部门、处罚日期、处罚对象类别（个人、法人、其他 3 种）进行筛选，集成化、便捷化程度较高。

（3）个人信息保护工作到位

公开 2022 年行政处罚结果的 9 家国务院部门以及 23 家省级政府、44 家较大的市政府、114 家县（市、区）政府的市场监督管理部门中，99.47% 的评估对象对处罚结果中的个人隐私信息进行了技术处理。

2. 评估发现的问题

（1）国务院部门行政处罚信息公开情况不理想

37 家有行政处罚权的国务院部门中，有 28 家评估对象未公示 2022 年作出的行政处罚结果信息，占比达 75.68%。

（2）行政处罚信息公开不规范

一是部分评估对象存在处罚决定日期不明确、公示日期不明确、公开不及时的问题。公开 2022 年行政处罚结果的 9 家国务院部门以及 23 家省级政府、44 家较大的市政府、114 家县（市、区）政府的市场监督管理部门中，有 52 家评估对象未明确处罚结果的公示日期；3 家评估对象未明确行政处罚决定作出日期；32 家评估对象的行政处罚结果未在作出行政决定后 7 个工作日内及时公开。

二是少数评估对象处罚信息要素公示不完整。如有 1 家评估对象的市场监督管理局 2022 年行政处罚信息中缺少被处罚者信息；3 家较大的市政府、2 家县（市、区）政府的市场监督管理部门行政处罚信息中未明确主要违法事实；3 家省级政府、1 家较大的市政府、6 家县（市、区）政府的市场监督管理部门行政处罚信息中未明确处罚依据；4 家县（市、区）政府的市场监督管理部门行政处罚信息中未明确处罚结果，如有 1 家评估对象的市场监督管理局行政处罚信息中未明确具体罚款金额。

三是部分评估对象多平台处罚信息公开不一致。例如，有 1 家评估对象相同文号的处罚决定在不同平台显示的处罚决定日期不一致；有 1 家评估对象在"信用信息（双公示）"栏目下发布的"对某花生油坊的处罚"信息未在该地的信用平台中同步发布。

（五）反垄断与反不正当竞争执法信息

反垄断和反不正当竞争执法是规范市场行为、维护市场秩序的重要保证，有助于保护经营者、消费者的合法权益和国家利益。加大反垄断与反不正当竞争执法信息公开力度，有利于震慑、预防、制止垄断与不正当竞争行为，鼓励和保护公平竞争，充分发挥竞争机制的积极作用，促进社会主义市场经济的健康发展。

《法治政府建设实施纲要（2021—2025年）》要求，加强和改进反垄断与反不正当竞争执法。《国务院办公厅关于印发2022年政务公开工作要点的通知》要求，持续推进反垄断和反不正当竞争执法信息公开工作，为各类市场主体规范健康发展营造诚信守法、公平竞争的市场环境。

因此，项目组对31家省级政府、49家较大的市政府以及120家县（市、区）政府反不正当竞争执法信息公开情况进行了考察，对31家省级政府反垄断执法信息公开情况进行了考察。

1. 评估发现的亮点

部分政府开展专项行动，助力反垄断反不正当竞争贯彻到底。如河北省发布"重点排查11类线索 河北开展重点领域反垄断专项行动"信息，广西壮族自治区发布"广西开展反不正当竞争专项执法行动"信息。

部分政府总结反垄断反不正当竞争案例，开展以案释法相关工作。如海南省公开2022年反不正当竞争执法典型案例，福建省公布2022年第一批反不正当竞争执法典型案例等。

部分政府定期总结反不正当竞争执法工作。如贵阳市发布市场监管系统反不正当竞争与直销监管工作2022年2月工作情况，宿州市灵璧县公布市场监督管理局2022年反垄断和不正当竞争第一季度工作小结。

2. 评估发现的问题

（1）反垄断执法情况公开不佳

31家省级政府中，有20家评估对象未公开2022年本级开展的反垄断执法活动信息，占比达64.52%。

（2）反不正当竞争执法开展仍不够广泛

31家省级政府中，有22家评估对象未公开本级开展的反不正当竞争执法信息；49家较大的市政府中，有13家评估对象未公开本级开展的反不正当竞争执法信息；120家县（市、区）政府中，有45家评估对象未公开本级开展的反不正当竞争执法活动。

（六）行政执法统一公示平台建设

行政执法公示制度作为行政执法"三项制度"之一，重在打造阳光政府，通过及时主动公开执法信息，让行政执法在阳光下运行，自觉接受群众监督。行政执法统一公示平台是有力贯彻行政执法公示制度的重要媒介。规范建立起省、市、县各级各地区行政执法公示平台，已成为提高政府治理效能的重要抓手，也是加强执法监督管理的不二法门。

国务院办公厅印发的《关于全面推行行政执法公示制度执法全过程记录制度重大执法决定法制审核制度的指导意见》提出，要大力推进行政执法综合管理监督信息系统建设，充分利用已有信息系统和数据资源，逐步构建操作信息化、文书数据化、过程痕迹化、责任明晰化、监督严密化、分析可量化的行政执法信息化体系，做到执法信息网上录入、执法程序网上流转、执法活动网上监督、执法决定实时推送、执法信息统一公示、执法信息网上查询，实现对行政执法活动的即时性、过程性、系统性管理；认真梳理涉及各类行政执法的基础数据，建立以行政执法主体信息、权责清单信息、办案信息、监督信息和统计分析信息等为主要内容的全国行政执法信息资源库，逐步形成集数据储存、共享功能于一体的行政执法数据中心。

因此，项目组对31家省级政府、49家较大的市政府、120家县（市、区）政府网站的行政执法统一公示平台建设情况进行了考察。

1. 评估发现亮点

（1）个别省份行政执法统一公示平台建设愈发健全

地方信息归集完备，执法基本信息公开全面。如河北省行政执法公示平台，公示内容包含从省级至县级所有政府单位的执法主体、执法流程等事前公开信息，以及行政处罚、行政许可、行政强制结果等事后公开信息，且公开时间较及时；广东省行政执法信息公示平台，增加清单信息公开将"随机抽查事项清单""行政执法全过程记录清单""重大行政执法决定法制审核清单""权力与责任清单"一并纳入平台公示。

（2）平台公开的行政执法监督信息类型更加丰富

部分评估对象在政府门户网站、司法行政部门网站或政务服务平台设置的行政执法信息公开类专栏专题，信息归集完备，执法情况以"执法监督栏目"命名，如乐清县人民政府的"执法监督领域基层政务公开专栏"、昆山市人民政府开设的"行政执法监督"栏目。部分评估对象行政执法统一公示平台中执法监督信息种类更加丰富，如广东省行政执法信息公示平台公开了"复议监督""投诉举报"两类监督信息，浙江省宁波市余姚市"行政执法"栏目下公开了行政复议决定书等信息。

2. 评估发现问题

（1）行政执法统一公示平台建设推进缓慢

在 31 家省级政府、49 家较大的市政府和 120 家县（市、区）政府中，分别有 19 家、38 家和 90 家评估对象在政府门户网站、司法行政部门网站或政务服务平台设置了行政执法信息公开专栏专题，与此同时，仍有多达 12 家省级政府、11 家较大的市政府、30 家县（市、区）政府未建设相关平台。

（2）部分行政执法平台功能不完善、维护不及时

多地政府门户网站、司法行政部门网站虽开设有本地区执法部门行政执法信息公开平台或栏目，但依然存在公开内容不全面、数据更新不及时的情况，如有 1 家评估对象的政府门户网站"市场监管"栏目内虽公开了各部门双随机一公开"一单两库一细则"、负面清单、随机抽查事项清单，但 2022 年以来未更新检查结果信息。

（七）行政执法统计年报

行政执法统计年报是对地区年度执法情况的总结性汇报，对于厘清各行政执法机关年度执法情况具有重要意义，对严格规范公正文明执法、阳光执法将起到重要推动作用。

国务院办公厅印发的《关于全面推行行政执法公示制度执法全过程记录制度重大执法决定法制审核制度的指导意见》要求加强行政执法事后公开，建立行政执法统计年报制度，地方各级行政执法机关应当于每年 1 月 31 日前公开本机关上年度行政执法总体情况有关数据，并报本级人民政府和上级主管部门。

因此，项目组对 31 家省级政府、49 家较大的市政府、120 家县（市、区）政府生态环境部门的行政执法统计年报公开情况进行了考察。考察内容主要为是否在 1 月 31 日前公开 2021 年度行政执法统计年报，行政执

法统计年报内容是否完整。

1. 评估发现亮点

部分地区基本建立起统一的行政执法统计年报格式，例如，北京市及其辖区从"机关的执法主体名称和数量情况""执法主体的执法岗位设置情况""执法力量投入情况""政务服务事项的办理情况""执法检查计划执行情况""行政处罚、行政强制等案件的办理情况""投诉、举报案件的受理和分类办理情况"七个方面进行了系统全面的统计。

2. 评估发现问题

（1）行政执法统计年报公开比例较低

在200家评估对象中，仅有10家省政府、19家较大的市政府、48家县（市、区）政府的生态环境部门在政府门户网站或者部门网站公开了2021年行政执法统计年报，总体公开比例仅占35.29%，比上年度抽查的应急管理部门行政执法统计年报总体公开比例有所降低。

（2）行政执法统计年报公开时效性不佳

77家公开了行政执法统计年报的生态环境部门中，有8家未在2022年1月31日前公开，18家未明确发布时间，存在公开时效性不佳的问题。

（八）各类规划信息

制定各类规划是促进社会经济发展的重要手段，可以最大限度地平衡地区产业发展，释放积极信号，以规划携政策、促发展；从产业布局、生态布局、业务布局等多方面引导群众参与地区建设。多渠道公开各类规划，接续迈步社会主义道路，让人民成为真正的知情者、获益者。

《中华人民共和国政府信息公开条例》要求行政机关应当主动公开国民经济和社会发展规划、专项规划、区域规划及相关政策。国务院办公厅印发《2021年政务公开工作要点》要求，做好各类规划主动公开，县级以上各级人民政府要主动公开国民经济和社会发展第十四个五年规划纲要、国土空间规划、专项规划和区域规划等，做好历史规划（计划）的归集整理和主动公开工作，充分展示"一张蓝图绘到底"的接续奋斗历程；加强数据互联互通工作，中国政府网以适当方式归集整理省级政府网站主动公开的规划，全面展示定位准确、边界清晰、功能互补、统一衔接的国家规划体系，更好引导全社会关心支持规划实施工作。

因此，项目组对31家省级政府、49家较大的市政府、120家县（市、区）政府现行有效的各类规划（国民经济和社会发展第十四个五年规划纲要、国土空间规划、专项规划和区域规划）、历史规划（国民经济和社会发展第十个到第十三个五年规划及完成情况）的发布情况进行考察；对31家省级政府还考察了国民经济和社会发展第十四个五年规划、国土空间规划推送至中国政府网归集展示情况。

1. 评估发现的亮点

（1）多地国土空间总体规划制发持续推进中

2019年自然资源部发布《自然资源部关于全面开展国土空间规划工作的通知》，2020年出台《市级国土空间总体规划编制指南（试行）》昭示着国土空间规划已提上地区发展进程，2021年自然资源部办公厅关于印发《省级国土空间规划成果数据汇交要求（试行）》的通知，督促省级政府国土空间规划开展落实；四川省和北京市、湖南省长沙市、上海市金山区、山东省威海市荣成市、北京市海淀区等12家评估对象已率先公开国土空间规划，甘肃省、云南省、贵州省、山西省、吉林省长春市、广东省惠州市博罗县、广东省佛山市顺德区、浙江嘉兴市海宁市等地已公开国土空间规划草案征求意见稿，待进一步完善和定稿。

（2）国民经济和社会发展第十四个五年规划纲要公开全面

31家省（自治区、直辖市）政府均已发布国民经济和社会发展第十四个五年规划，并推送至中国政府网进行归集展示，整体公开比例达100%；49家较大的市政府全部公开了"十四五"规划文本；120家县（市、区）政府中，广西壮族自治区百色市平果市、江苏省扬州市江都区两地暂未公布国民经济和社会发展"十四五"规划文本，其他地区都已明确发布；整体公开比例为98.50%。

2. 评估发现的问题

（1）区域规划整体公开比例不高

在31家省级政府、49家较大的市政府、120家县（市、区）政府中，有28家省级政府、38家较大的市政府、49家县（市、区）政府公开了本地区区域规划文本，总体公开比例为57.50%，仍有较大提升空间。

（2）历史规划信息归集公开情况较差

15家省级政府"十三五"及以前的国民经济和社会发展规划未在政府网站归集公开，历史规划的完成情况不明，占比达到48.39%；79.59%的较大的市政府国民经济和社会发展第十个到第十三个五年规划及完成情况未主动全面公开，其中有1家评估对象未公开任何历史规划信息；102家县（市、区）政府网站中缺少"第十个五年规划"文本，57家县（市、区）政府未公开"十一五"规划纲要及"十五"规划的完成情况，35家县（市、区）政府缺少"十二五"规划文本和"十一五"规划完成情况，18家县（市、区）政府未发布"十三五"规划文本和"十二五"规划完成情况。

（九）财政预决算信息

财政预决算公开是政府管理的内在要求。新型财政管理倡导建立以公众为中心的政府管理理念，鼓励财政决策为公众提供更大的透明度、更全面的信息和更多的参与渠道。只有坚持公众对财政决策的最终评判权，公开财政预决算信息，才能有效灵活运用财政预决算，带动中央到地方经济发展。

《中华人民共和国预算法实施条例》要求，各部门所属单位的预算、决算及报表，应当在部门批复后20日内由单位向社会公开；单位预算、决算应当公开基本支出和项目支出；单位预算、决算支出按其功能分类应当公开到项；按其经济性质分类，基本支出应当公开到款。

据此，项目组考察了31家省级政府、49家较大的市政府、120家县（市、区）政府教育主管部门所属单位的2022年财政预算、2021年财政决算信息及相关报表的公开情况。

1. 评估发现的亮点

（1）财政预算信息公开情况较好

30家省级政府、49家较大的市政府、112家县（市、区）政府教育主管部门所属单位2022年财政预算均做到及时有效公开，占比分别为96.77%、100.00%、93.33%。

（2）财政预决算公开平台建设完备

各省级政府财政预决算公开栏目均已建设完备，实现不同程度的归集展示。如北京市教育委员会所属单位2022年预算公开专栏、2021年决算公开专栏，完整归集了"北京市教育委员会本级""市属高校""中等职业学校""直属事业单位"信息，一年度一网页一归集，内容全面，查询便捷。上海市财政公开平台、湖北省省级预决算信息公开平台、湖南财政预算公开平台、江苏省预决算公开统一平台等推动财政预决算信息更加透明化、集中化。

2. 评估发现的问题

（1）财政预决算公开形式未实现直观统一

通过对比200家教育主管部门所属单位预决算信息发现，预决算信息在公开形式、内容上良莠不齐。15家省级政府、21家较大的市政府、43家县（市、区）政府教育主管部门所属单位预决算信息仅以附件形式公开，信息展示不直观，总占比达到39.50%；其中部分财政预决算仅提供压缩包、Word文档、Excel表格等下载方式，无PDF格式和网页文字展示，不便于查询浏览。

（2）财政决算信息不够透明

有3家省级政府教育主管部门所属单位2021年财政决算报告截至2022年12月31日仍未公开；49家较大的市中，有7家评估对象的教育主管部门所属单位未公开2021年财政决算信息；120家县（市、区）中，有18家教育主管部门所属单位未发布2021年决算说明及报表信息。

（十）地方政府债务

地方政府债务信息公开，有利于中央政府、纳税人和债券投资者对地方政府融资和投资行为的监督，从而促使地方政府更好地提高资金使用效率，在投融资上更加谨慎，以促进地方财政健康可持续发展。

财政部印发的《地方政府债务信息公开办法（试行）》指出，地方政府债务信息公开应当坚持以公开为常态、不公开为例外，坚持谁制作、谁负责、谁公开，坚持突出重点，真实、准确、完整、及时公开，坚持以公开促改革、以公开促规范，推进国家治理体系和治理能力现代化等原则；县级以上地方各级财政部门应当随同预决算公开地方政府债务限额、余额、使用安排及还本付息等信息；预决算公开范围的地方政府债务限额、余额、使用安排及还本付息等信息应当在地方政府及财政部门门户网站公开，财政部门未设立门户网站的，应当在本级政府门户网站设立专栏公开。

项目组对31家省级政府、49家较大的市政府、120家县（市、区）政府的政府债务领域信息公开情况进行了评估，主要考察专栏设置情况，政府债务限额、余额决算数，政府债券还本、付息、使用安排决算数，政府债务品种、期限、利率、偿还计划、偿债资金来源，以及省级政府关于政府债券发行信息的公开情况。

1. 评估发现的亮点

（1）政府债务公开总体情况良好

31家省级政府、49家较大的市政府、120家县（市、区）政府均公开了2021年地方政府债务信息，公开比例达100%。其中，26家省级政府、44家较大的市政府和119家县（市、区）政府2021年地方政府债务信息在同一个平台或栏目中集中公开。

（2）政府债务限额、余额决算公开较规范

政府债务限额方面，28家省级政府、44家较大的市政府、115家县（市、区）政府规范公开了本地区政府债务限额决算数，占比分别为90.32%、89.80%、95.83%；27家省级政府、43家较大的市政府规范公开了本级政府债务限额决算数，占比分别为87.10%、87.76%；24家省级政府、34家较大的市政府规范公开了所属地区地方政府债务限额决算数，占比分别为77.42%、69.39%。

政府债务余额方面，28家省级政府、45家较大的市政府、115家县（市、区）政府规范公开了本地区政府债务余额决算数，占比分别为90.32%、91.84%、95.83%；28家省级政府、45家较大的市政府规范公开了本级政府债务余额决算数，占比分别为90.32%、91.84%；24家省级政府、33家较大的市政府规范公开了所属地区地方政府债务余额决算数，占比分别为77.42%、67.35%。

政府债务限额、余额决算数随决算公开比例提高。29家省级政府、45家较大的市政府、115家县（市、区）政府的政府债务限额、余额决算数随2021年财政决算一同（同一链接、同一文件或同一天）公开，占比达93.55%、91.84%、95.83%。

（3）省级政府债券发行决算数公开情况较好

31家省级政府中，分别有27家、25家评估对象规范公开了全省、省本级2021年地方政府债券发行决算数，包括债券发行决算总数、一般债券发行决算数和专项债券发行决算数。

（4）政府债券还本、付息决算公开较规范

政府债券还本方面，26家省级政府、42家较大的市政府、105家县（市、区）政府规范公开了本地区政府债务还本决算数，包括债务还本决算总数、一般债务还本决算数和专项债务还本决算数，占比分别为83.87%、85.71%、87.50%；26家省级政府、40家较大的市政府规范公开了本级地方政府债务还本决算数，占比分别为83.87%、81.63%。

政府债券付息方面，25家省级政府、36家较大的市政府、103家县（市、区）政府规范公开了本地区政府债务付息决算数，包括政府债务付息决算总数、一般债务付息决算数和专项债务付息决算数，占比分别为80.65%、73.47%、85.83%；26家省级政府、34家较大的市政府规范公开了本级地方政府债务付息决算数，占比分别为83.87%、69.39%。

政府债务还本、付息决算数随决算公开比例高。28家省级政府、44家较大的市政府、113家县（市、区）政府的政府债务还本付息决算数随2021年财政决算一同（同一链接、同一文件或同一天）公开，占比达90.32%、89.80%、94.17%。

（5）省级政府债务基本信息公开全面

31家省级政府均完整公开了2021年政府债务品种、期限、利率、偿还计划、偿债资金来源等信息。

2. 评估发现的问题

（1）政府债券资金使用情况公开有待加强

一是债券资金使用情况公开比例有待提高。4家省级政府、10家较大的市政府、6家县（市、区）政府未公开本地区2021年政府债券资金使用安排决算情况。例如，有1家县（市、区）政府决算信息统计不完整，仅公开2021年1—11月政府债券资金使用安排决算情况。6家省级政府、9家较大的市政府未公开本级政府2021年政府债券资金使用安排决算情况。

二是部分评估对象债券资金使用情况未与财政决算同步公开。1家省级政府、4家较大的市政府、8家县（市、区）政府2021年政府债券资金使用安排决算未与财政决算一同（同一链接、同一文件或同一天）公开。

三是债券资金使用情况有待细化。16家省级政府、11家较大的市政府、6家县（市、区）政府公开的本地区2021年政府债券资金使用安排决算仅披露了使用方向，未明确具体使用项目；9家省级政府、14家较大的市政府公开的2021年本级政府债券资金使用安排决算仅披露了使用方向，未明确具体使用项目。

（2）市级、县（市、区）政府债务基本信息公开情况不理想

49家较大的市政府中，分别有1家、20家、22家、45家、41家评估对象未发布2021年政府债务的品种、期限、利率、偿还计划、偿债资金来源，占比分别为2.04%、40.82%、44.90%、91.84%、83.67%。

120家县（市、区）政府中，分别有2家、42家、44家、111家、112家评估对象未发布2021年政府债务的品种、期限、利率、偿还计划、偿债资金来源，占比分别为1.67%、35.00%、36.67%、92.50%、93.33%。

（十一）审计结果

随着审计工作的推进，屡查屡犯事项逐年减少，效率效能明显提升，对于促进政府工作高效透明、经济健康发展，发挥了积极的作用。同时，审计机关向被审计单位提出合理可行的整改建议，有助于政府机关加强自身能力建设。

国务院《关于加强审计工作的意见》指出，加强审计机关审计计划的统筹协调，优化审计资源配置，开展好涉及全局的重大项目审计，探索预算执行项目分阶段组织实施审计的办法，对重大政策措施、重大投资项目、重点专项资金和重大突发事件等可以开展全过程跟踪审计；把绩效理念贯穿审计工作始终，加强预算执行和其他财政收支审计，密切关注财政资金的存量和增量。

项目组对31家省级政府、49家较大的市政府、120家县（市、区）政府的审计结果公开情况进行了评估，主要考察2022年审计计划、2021年本级预算执行情况和其他财政收支审计报告、2021年政府重大政策措施落实情况跟踪审计报告。

1. 评估发现的亮点

（1）部分评估对象审计专栏信息公开有序

部分评估对象审计栏目设置层次分明，公开要素齐全，栏目内信息更新及时。例如，安徽省淮南市本级人民政府信息公开平台，建设有"审计公开"栏目，下设"制度和计划""审计结果""审计整改情况""重大政策落实跟踪审计"四个子栏目，2022年累计发布审计结果公告7件，发文标题中以"审计结果公告 2022 年第 X 号"为前缀，标识化管理程度较高。

（2）省级政府本级预算执行和其他财政收支审计报告公开较好

评估发现，29家省级政府公开了2021年度本级预算执行情况和其他财政收支审计结果报告，占比达93.55%，其中贵州省等19家评估对象审计结果报告中公开内容完善，包含审计基本情况、发现的主要问题、审计意见建议和问题整改情况。

2. 评估发现的问题

（1）年度审计计划公开情况不佳

19家省级政府、37家较大的市政府、81家县（市、区）政府未发布2022年审计计划，占比分别达61.29%、75.51%、67.50%；12家省级政府、12家较大的市政府、38家县（市、区）政府审计计划内容不全面，仅包含对部分事项审计安排，例如有1家较大的市在2022年审计计划中缺少对"重大突发事件""重大投资项目"的审计工作部署。

（2）市、县（市、区）政府本级预算执行情况和其他财政收支审计报告公开力度有待加强

17家较大的市政府未发布2021年本级预算执行情况和其他财政收支审计报告，占比达34.69%；公开2021年本级预算执行情况和其他财政收支审计报告的37家较大的市政府中，超过半数报告内容不全，如有1家较大的2021年本级预算执行情况和其他财政收支审计报告中未包含审计意见建议信息，有18家评估对象未公开2021年本级预算执行情况和其他财政收支审计发现问题整改情况。

71家县（市、区）政府未发布2021年本级预算执行情况和其他财政收支审计结果报告，占比达59.17%；公开2021年本级预算执行情况和其他财政收支审计报告的67家县（市、区）政府中，超过半数评估对象

报告内容不全，如有 3 家评估对象 2021 年本级预算执行情况和其他财政收支审计报告中未公开意见建议和问题整改情况，还有 35 家评估对象 2021 年本级预算执行情况和其他财政收支审计报告中未公开审计发现问题的整改情况，也未单独发布审计发现问题的整改情况。

（3）重大政策措施落实情况跟踪审计报告公开不佳

重大政策措施落实情况跟踪审计信息公开质量有待提高。2 家省级政府、19 家较大的市政府、79 家县（市、区）政府未发布 2021 年政府重大政策措施落实情况跟踪审计信息，占比分别为 6.45%、38.78%、65.83%；仅 2 家省级政府、2 家较大的市政府、10 家县（市、区）政府按季度公开 2022 年政府重大政策措施落实情况跟踪审计报告；27 家省级政府、33 家较大的市政府、38 家县（市、区）政府未按季度发布 2021 年重大政策措施落实情况跟踪审计信息，仅在"2021 年本级预算执行情况和其他财政收支审计结果报告"中公开相关信息，占比分别为 87.10%、67.35%、31.67%。

2021 年重大政策措施落实情况跟踪审计内容不完善。有 22 家评估对象 2021 年重大政策措施落实情况跟踪审计信息中未披露审计基本情况。

（十二）义务教育领域信息公开

义务教育领域信息公开是保障学生教育机会均等、教师与学校发展机会均等的前提之一，也是保障师生和社会公众的知情权、参与权、表达权和监督权，努力构建和谐校园，办好人民满意教育的重要内容，有助于进一步规范办学秩序，使教育行政从封闭走向开放、公开、透明。

《教育部办公厅关于全面推进政务公开工作的实施意见》提出，推进义务教育招生入学信息公开，重点要求各区县公布划片工作程序、内容、结果和随迁子女入学等事项。教育部印发《义务教育领域基层政务公开标准指引》对招生管理信息公开进行了规定，内容应包括学校介绍、招生政策、招生计划、招生范围、招生结果公开；并要求发布教育概况，包括教育事业发展主要情况、教育统计数据和义务教育学校名录公开。

据此，项目组考察了 120 家县（市、区）政府义务教育领域的信息公开情况，考察内容包括当地义务教育招生入学政策、入学政策咨询电话、2022 年义务教育招生范围（学区划分）、招生计划、招生条件、招生结果、义务教育公办学校基本信息及2022年招生简章。

1. 评估发现的亮点

（1）义务教育招生入学政策公开较好

120家县（市、区）政府中，有100家评估对象在门户网站、教育主管部门网站、教育考试院网站或义务教育相关平台公开了适用于行政区内的2022年义务教育招生工作实施方案，另有12家评估对象公开有部分区域的2022年义务教育招生入学工作文件，公开对象总占比高达93.33%，同比增长5个百分点；有92家评估对象公开有义务教育招生入学咨询电话，占76.67%，同比增长7.5个百分点。

（2）义务教育招生范围公开更加明确

120家县（市、区）政府中，有85家评估对象在门户网站、教育主管部门网站、教育考试院网站或义务教育相关平台公开了2022年本地区每所公办小学的招生范围，8家评估对象公开部分公办小学的招生范围情况；有86家在门户网站、教育主管部门网站、教育考试院网站或义务教育相关平台公开了2022年本地区每所公办初中的招生范围，3家评估对象公开了部分公办初中的招生范围情况；另有部分地区公开有详细的学区划片图。

（3）义务教育入学条件信息普遍公开

120家县（市、区）政府中，有103家评估对象公开了义务教育适龄儿童入学条件和普通公办初中入学条件，有101家评估对象公开了公办小学和初中针对随迁子女（含非本市常住人口、非本市户籍、新市民、借读生）的入学条件，明确户口、住房等具体入学问题，并同步开展网上咨询答疑。

2. 评估发现的问题

（1）义务教育招生计划公开不佳

仅有53家县（市、区）政府在门户网站、教育主管部门网站、教育考试院网站或义务教育相关平台公开2022年公办小学招生计划，其中32家评估对象公开了地区每所公办小学计划招生具体人数，4家评估对象公布了地区部分公办小学计划招生具体人数，17家评估对象公开了地区所有小学计划招生班级数或学位数；55家县（市、区）政府在门户网站、教育主管部门网站、教育考试院网站或义务教育相关平台公开了2022年公办初中招生计划，其中35家评估对象公开了地区每所公办初中计划招生具体人数，6家评估对象公开了地区部分初中计划招生具体人数，14家评估对象仅公开了地区所有初中计划招生班级数或学位数。

（2）义务教育招生结果公开不够透明

120家县（市、区）政府中，仅14家评估对象公开了义务教育公办小学入学的招生名单，16家评估对象公开了义务教育公办初中入学的招生名单，占比分别为11.67%、13.33%。有15家评估对象仅公开义务教育公办小学入学总人数，16家评估对象仅公开义务教育公办初中入学总人数，招生结果信息公开不够透明。

（3）义务教育学校基本情况介绍不理想

抽查的120所义务教育公办学校中，仅有33所学校完整公开了办学性质、办学地点、办学规模、办学基本条件、学校联系方式等基本情况信息，占比27.50%；35所学校未在官方网站公开相关办学信息。另外，仅有3所学校发布了2022年招生简章，较上一年度评估情况无任何改善。

(十三) 建议提案办理结果公开

做好建议和提案办理结果公开工作，对于政府及其各部门接受人大依法监督和政协民主监督，密切政府与人民群众的联系，提高政府工作透明度，加强法治政府、创新政府、廉洁政府建设具有重要意义。

《国务院办公厅关于做好全国人大代表建议和全国政协委员提案办理结果公开工作的通知》要求，进一步推动建议和提案办理复文全文公开，对于涉及公共利益、公众权益、社会关切及需要社会广泛知晓的建议和提案办理复文，原则上都应全文公开；要充分发挥政府网站信息公开平台的重要作用，集中展示公开的建议和提案办理结果信息，方便公众查阅。

项目组对48家国务院部门、31家省级部门、49家较大的市政府、120家县（市、区）政府的人大代表建议、政协委员提案办理结果公开情况进行考察，考察内容包括：专栏设置情况、2022年建议提案复文全文公开情况、2022年建议提案办理总体情况。

1. 评估发现的亮点

（1）建议提案办理专栏建设情况良好

一是专栏开设比例高。46家国务院部门、31家省级政府、48家较大的市政府、110家县（市、区）政府在门户网站设置了专门栏目集中发布人大代表建议和政协委员提案办理结果，总体开设比例达94.76%。

二是部分专栏信息分类条理性强。例如，山东省济南市历下区人民政府"建议提案办理"专栏下设有"人大建议办理情况""政协委员提案办理情况""建议和提案总体情况"栏目，人大代表建议、政协委员提案办理复文均按照省级、市级、区级分类公开；安徽省淮南市"建议提案办理"专栏下设置"办理制度与推进情况""人大代表建议办理""政协委员提案办理""省人大代表建议办理"和"省政协委员提案办理"栏目，其中"办理制度与推进情况"栏目下公开了建议提案办理制度、任务分解表、办理总体情况等信息，内容全面具体。

（2）建议提案办理复文内容规范

一是复文公开完整。202家评估对象公开的2022年人大代表建议办理复文均为全文公开；公开2022年政协委员提案办理复文的194家评估对象中，有193家评估对象的办理复文全文公开。

二是部分评估对象办理工作实现事中事后联系群众。例如北京市西城区政协委员提案办理复文内容翔实，同步公开了提案内容，并在复文下方提供了"我要评议"功能，可以从选题的公共性、问题的知情度、建议的参考性、格式的规范性等方面进行打分并提出建议；上海市普陀区根据办理进展，对人大代表建议给予多次答复。

2. 评估发现的问题

（1）办理复文未全面公开

248家评估对象中，分别有46家、54家评估对象未公开2022年度人大代表建议、政协委员提案办理复文，占比为18.55%、21.77%。

（2）建议提案办理总体情况公开较差

248家评估对象中，分别仅30家、28家评估对象公开了2022年人大代表建议办理总体情况、政协委员提案办理总体情况。

（十四）新冠疫情防控信息

依法依规做好涉疫信息披露，及时发出新冠疫情防控权威信息，回应社会关切和舆论关注，不仅是一项严肃的"规定工作"，更是一项关乎人民健康、关乎群众期盼、关乎社会治理的"基本功"。

国务院办公厅印发的《2021年政务公开工作要点》要求，切实增强新冠疫情防控信息发布的及时性、针对性，准确把握常态化新冠疫情防控的阶段性特征和要求，重点围绕散发疫情、隔离管控、流调溯源、精准防控、冷链物流、假期人员流动等发布权威信息，扎实做好疫苗接种信息公开和舆论引导工作。国务院办公厅印发的《2022年政务公开工作要点的通知》指出，要持续做好新冠疫情防控信息公开，严格执行新冠疫情防控信息发布各项制度，统筹用好各类信息发布平台，持续发布新冠疫情防控进展信息，及时充分回应社会关切，防止引发疑虑和不实炒作。

项目组对31家省级政府、49家较大的市政府、120家县（市、区）政府关于疫情防控信息常态化的公开情况进行了考察，考察内容主要是2022年新冠疫情防控信息（包括散发疫情、隔离管控、流调溯源、精准防控、冷链物流、假期人员流动）的发布情况。

1. 评估发现的亮点

（1）新冠疫情防控信息普遍公开

31家省级政府、49家较大的市政府以及120家县（市、区）政府均在门户网站或其所属卫生健康部门网站发布了2022年新冠疫情防控信息。

（2）新冠疫情防控信息公开专栏建设情况良好

大多数政府门户网站中开设新冠疫情防控专栏集中、及时公开新冠疫情防控进展信息。其中部分评估对象栏目设置合理、信息发布全面，例如四川省"统筹推进疫情防控和经济社会发展"专栏下设置"中央部署""四川行动""经济民生""政策文件""回应关切""防控知识"等栏目，集中公开了中央、四川省对新冠疫情防控工作的部署情况、新冠疫情防控政策的实施情况以及新冠疫情防控科普知识等信息，同时在专栏下方提供了"四川常态化疫情防控下新冠肺炎救治定点医院""各市州发热门诊""心理援助热线"等服务信息。

（3）个人隐私保护措施到位

公开新冠疫情流调溯源信息的27家省级政府、47家较大的市政府、106家县（市、区）政府，均对涉及的个人信息进行了技术处理，未出现泄露个人身份证号码、电话号码、详细住址的情况。

2. 评估发现的问题

新冠疫情防控信息公开不够全面。31家省级政府、49家较大的市政府、120家县（市、区）政府中，有54家评估对象2022年新冠疫情防控信息发布不全面。其中，分别有4家、7家、24家、4家、43家、1家评估对象门户网站或其所属卫生健康部门网站未发布散发疫情、隔离管控、流调溯源、精准防控、冷链物流、假期人员流动信息。

（十五）公共企事业单位信息公开规定

推进公共企事业单位信息公开制度，有利于公共企事业单位树立以人为本的服务理念，及时倾听群众呼声，了解群众意愿，创新服务方式，丰富服务内容，提高服务质量，满足群众多方面的公共需求，及时解决关系群众切身利益的问题，营造公平正义、安定有序的社会环境，为促进经济社会发展创造条件。

《2021年政务公开工作要点》中提出，国务院有关主管部门在2021年年底前出台教育、卫生健康、供水、供电、供气、供热、生态环境、公共交通等领域的公共企事业单位信息公开规定，进一步加强监管，优化公共服务。《2022年政务公开工作要点》中要求，严格执行已出台的公共企事业单位信息公开制度，深入推进公共企事业单位信息公开，以有力有效的信息公开，助力监督管理的强化和服务水平的提升；重点加强具有市场支配地位、公共属性较强、需要重点监管的公共企事业单位的信息公开，更好维护市场经济秩序和人民群众切身利益。

项目组对国务院有关主管部门，考察了关于公共企事业单位信息公开规定的出台情况；对49家较大的市政府考察公共企事业单位信息公开制度执行情况，包括信息公开专栏和线上咨询渠道的建设情况。

1. 评估发现的亮点

（1）部分领域公共企事业单位信息公开规定已出台

7家国务院部门已制定了教育、卫生健康、供水、供电、供气、供热、生态环境、公共交通、慈善等领域公共企事业单位信息公开规定。部分评估对象在国务院印发《公共企事业单位信息公开规定制定办法》后，对相关领域公共企事业单位信息公开规定进行了更新，例如住房和城乡建设部在2021年12月31日更新发布了《供水、供气、供热等公共企事业单位信息公开实施办法》；2021年11月23日，国家能源局在广泛征求意见的基础上更新发布了《供电企业信息公开实施办法》。

（2）部分市级政府公共企事业单位信息公开专栏建设较好

部分较大的市政府门户网站开设公共企事业单位信息公开专栏，集成信息公开、咨询、服务等功能。例如，山东省济南市开设"济南市公共企事业单位信息公开专栏"，专栏首页设置"企业信息公开""公开制度""在线服务"板块。其中"企业信息公开"板块按领域设置"教育""卫生健康""农业""水电气热""公共交通""住房保障""民政"栏目，集中、分类公开各领域公共企事业单位相关信息，且各栏目对领域内企事业单位进行进一步细分，并提供相关领域办事服务入口。

2. 评估发现的问题

（1）公共企事业单位信息公开规定内容有待规范

7家国务院部门发布的公共企事业单位信息公开规定内容不够完善。例如，有部门发布的信息公开规定中未以清单方式明确列出公开内容、时限要求，且未明确依申请公开的办理期限、处理方式、监督救济渠道等内容；还有部门发布的信息公开办法未明确要求公共企事业单位设置信息公开咨询窗口。

（2）市级政府对于公共企事业单位信息公开规定的落实情况不理想

一是专栏建设情况不理想。49家较大的市政府中，仅24家评估对象在门户网站中开设了公共企事业单位信息公开专栏，且其中部分评估对象门户网站专栏目下仅公开少数领域公共企事业单位信息，例如，有1家评估对象仅公开了所属国有企业相关信息。

二是线上信息公开咨询渠道不够畅通。24家较大的市政府未提供公共企事业单位信息公开线上咨询渠道；部分评估对象仅提供了部分领域的咨询方式，例如，有1家评估对象仅提供了公共交通领域咨询热线电话，有1家评估对象仅提供供热领域在线咨询方式。

（十六）基层政务公开标准化规范化

推进基层政务公开标准化规范化是党中央部署的重要改革任务，对于坚持和完善基层民主制度，密切党同人民群众联系，加强基层行政权力监督制约，提升基层政府治理能力具有重要意义。

《2021年政务公开工作要点》要求，尚未出台本领域基层政务公开标准指引的国务院部门，在2021年年底前编制完成标准指引。《国务院办公厅关于全面推进基层政务公开标准化规范化工作的指导意见》提出，国务院部门要参照试点做法，结合本部门主要职责，确定涉及基层政务公开的其他领域，围绕公开什么、由谁公开、在哪公开、如何公开等内容，于2021年年底前编制完成相关领域基层政务公开标准指引；同时，依据法律法规和本部门本系统职责变化情况，做好标准指引调整完善工作；国务院标准化主管部门要发挥专业优势，制定发布相关国家标准，指导基层政务公开标准指引的编制工作。

因此，项目组对48家国务院部门基层政务公开标准指引的编制发布情况进行了考察。评估发现，考察的国务院部门基层政务公开标准指引编制发布工作须持续推进。

一是部分评估对象暂未编制公开基层政务公开标准指引。48家国务院部门中，仅水利部、国家税务总局、国家发展和改革委员会、司法部、人力资源和社会保障部、生态环境部、农业农村部、文化和旅游部、教育部、公安部、民政部、财政部、自然资源部、住房和城乡建设部、国家卫生健康委员会、应急管理部、国家市场监督管理总局、国家统计局、国家广播电视总局、海关总署、交通运输部共21家评估对象编制并发布了水利、税收管理、重大建设项目、公共资源交易、公共法律服务、就业、社会保险、生态环境、涉农补贴、公共文化服务、义务教育、户籍管理、社会救助、养老服务、财政预决算、城乡规划、农村集体土地征收、保障性住房、国有土地上房屋征收与补偿、市政服务、农村危房改造、城市综合执法、卫生健康、安全生产、救灾、食品药品监管、统计领域、广播电视、海关领域、交通运输领域的基层政务公开标准指引，公开对象占比仅为43.75%。

二是标准指引更新、调整工作有待加强。发布基层政务公开标准指引的21家国务院部门中，有16家评估对象存在标准指引长期未更新的情况。例如《社会救助领域基层政务公开标准指引》《养老服务领域基层政务公开标准指引》《税收管理领域基层政务公开标准指引》《重大建设项目领域基层政务公开标准指引》《公共资源交易领域基层政务公开标准指引》《就业和社会保险领域基层政务公开标准指引》《生态环境领域基层政务公开标准指引》《公共文化服务领域基层政务公开标准指引》《义务教育领域基层政务公开标准指引》《财政预决算领域基层政务公开标准指引》《城乡规划领域基层政务公开标准指引》《农村集体土地征收基层政务公开标准指引》《保障性住房领域基层政务公开标准目录》《国有土地上房屋征收与补偿领域基层政务公开标准目录》《市政服务领域基层政务公开标准目录》《农村危房改造领域基层政务公开标准目录》《城市综合执法领域基层政务公开标准目录》《卫生健康领域基层政务公开标准指引（试行）》《安全生产救灾领域基层政务公开标准目录》《食品药品监管领域基层政务公开标准指引》为2019年发布，近两年未依据法律法规和本部门本系统职责变化情况，对标准指引进行调整完善。

（十七）政府信息公开平台建设

《国务院办公厅政府信息与政务公开办公室关于规范政府信息公开平台有关事项的通知》指出，政府信息公开平台，是发布法定主动公开内容的公开平台，也是加强重点政府信息管理的管理平台；政府信息公开平台发布的内容，涵盖行政机关管理社会、服务公众的依据和结果，应当做到权威准确、内容全面、便于获取利用。《2022年政务公开工作要点》明确，严格落实网络意识形态责任制，确保政府网站与政务新媒体安全平稳运行；深入推进政府网站集约化，强化政务新媒体矩阵建设，加强地方和部门协同，及时准确传递党和政府权威声音；规范高效办理"我为政府网站找错"平台网民留言；持续做好政府公报工作。

本次围绕网站信息发布及栏目建设规范性、检索功能有效性、政府公报发布情况、互动功能可用性、政务新媒体建设运维情况等指标，对48家国务院部门、31家省级政府、49家较大的市政府和120家县（市、区）政府进行评估。

1. 网站信息发布及栏目设置情况

根据《国务院办公厅关于印发政府网站发展指引的通知》要求，政府网站要对发布的信息和数据进行科学分类、及时更新，确保准确权威，便于公众使用；对信息数据无力持续更新或维护的栏目要进行优化调整；栏目设置要科学合理，充分体现政府工作职能，避免开设与履职行为、公众需求相关度不高的栏目。本次评估主要围绕网站信息发布规范性、栏目重叠情况指标对评估对象网站进行检查。

（1）评估发现的亮点

网站信息发布普遍规范，栏目重叠情况较少。有95.83%（46家）

的国务院部门、100%（31家）的省级政府、95.92%（47家）的较大的市政府、98.33%（118家）的县（市、区）政府网站无栏目重叠情况，栏目布局清晰合理，页面简洁且整合了较多的服务内容，便于用户使用网站寻找信息内容。

（2）评估发现的问题

个别政府网站栏目及信息发布不规范，存在相同内容在同一栏目中重复发布、同一栏目下发布内容不同的问题，信息发布规范性有待进一步加强。例如，有1家评估对象重复建设"统计数据"栏目，"政务公开"下"统计数据"子栏目正常更新，而政府信息公开平台下"统计数据"栏目仅保留部分信息且未更新。还有1家评估对象重复建设"规范性文件"栏目，且"政务公开"下"规范性文件"子栏目与政府信息公开平台下"规范性文件"栏目数据不同源。

2. 网站检索功能有效性

国务院办公厅《政府网站发展指引》明确提出要优化政府网站搜索功能，提供错别字自动纠正、关键词推荐、拼音转化搜索和通俗语言搜索等功能，根据用户真实需求调整搜索结果排序，提供多维度分类展现，聚合相关信息和服务，实现"搜索即服务"。

（1）评估发现的亮点

检索功能可用性较高。所有评估对象网站均设置有检索功能，其中48家国务院部门网站、29家省级政府网站、49家较大的市政府网站、120家县（市、区）政府网站检索功能均可用，搜索框均能实现正常检索功能，检索结果普遍可通过分类展示。各评估对象普遍设置有高级检索功能，且检索结果可按照时间范围、栏目分类等一定规则进行分类排序。

部分政府网站积极运用大数据、云计算、移动互联网等信息技术，实现了查询功能智能化建设，进一步加快推进"互联网+政务"，紧紧把握用户的需求变化，运用政府网站检索功能内容分类、智能推送等技术，把搜索联系关键词图谱、词频关注度排名等内容凸显出来。

（2）评估发现的问题

网站在线服务入口搜索功能有待优化。通过搜索"服务"关键词进行测试发现，仍有11家国务院部门网站不可搜索在线服务入口。

高级检索功能未实现百分百覆盖，1家国务院部门网站不支持精准搜索，2家省级政府网站主页不支持精准搜索，3家较大的市政府和1家县（市、区）政府网站不支持精准检索服务。

3. 政府公报发布情况

政府公报是刊登行政法规和规章标准文本的法定载体，是政府机关发布政令的权威渠道，在推进政务公开、加强政务服务、促进依法行政、密切党和政府同人民群众联系等方面发挥着重要作用。《2022年政务公开工作要点》明确指出，持续做好政府公报工作。

本次评估围绕政府公报专栏开设情况、是否发布近年电子版政府公报指标，对31家省级政府、49家较大的市政府共80家评估对象进行评估，评估对象暂不涉及县（市、区）级政府。

评估发现，评估对象普遍开设有政府公报专栏，专栏开设普遍较为规范、完整。有97.50%（78家）的评估对象开设政府公报专栏。其中，省级政府31家，较大的市政府47家。

部分网站电子版政府公报提供公报目录导航和内容检索服务，方便公众查阅和了解政府重要文件和工作动态。如北京市人民政府网站电子版政府公报专栏开设有公报目录和内容检索服务功能。

部分评估对象专门开设政府公报新媒体账号。评估发现，为适应移动互联网发展趋势，提升用户体验，满足手机用户需求，部分评估对象通过政务新媒体渠道打造"掌上公报"。如广东省人民政府专门开设"广东省人民政府公报"微信公众号，且内容更新及时，通过多渠道进行政府公报宣传，扩大了政府公报的知晓度和影响力。

4. 网站互动功能

政府门户网站要搭建统一的互动交流平台，根据工作需要，实现留言评论、在线访谈、征集调查、咨询投诉和即时通讯等功能，为听取民意、了解民愿、汇聚民智、回应民声提供平台支撑。

本次评估围绕网站是否开设互动平台指标，对248家评估对象进行评估。

（1）评估发现的亮点

评估对象普遍开设有政民互动栏目。有99.60%（247家）的评估对象开设相关政民互动栏目，普遍开通领导信箱、在线访谈、意见征集等功能。其中，47家国务院部门、31家省级政府、49家较大的市政府、120

家县（市、区）政府的互动平台栏目较为规范统一，栏目功能设置完善；部分网站领导信箱对留言受理反馈情况动态数据进行统计。

（2）评估发现的问题

留言选登信息要素公开不全面。《政府网站发展指引》明确提出，要做好意见建议受理反馈情况的公开工作，列清受理日期、答复日期、答复部门、答复内容以及有关统计数据等。评估发现，部分评估对象网站留言选登未列清留言日期、答复日期、答复部门、答复内容等。例如，项目组随机查看的1家省级政府网站5条留言均未公开留言时间。

5. 政务新媒体建设运维情况

政务新媒体是移动互联网时代党和政府联系群众、服务群众、凝聚群众的重要渠道。《国务院办公厅关于推进政务新媒体健康有序发展的意见》指出，各地区、各部门要遵循政务新媒体发展规律，明确政务新媒体定位，充分发挥政务新媒体传播速度快、受众面广、互动性强等优势，以内容建设为根本，不断强化发布、传播、互动、引导、办事等功能，为企业和群众提供更加便捷实用的移动服务。本次评估围绕政务新媒体开设更新情况、新媒体与政府网站关联情况以及内容发布情况等指标，对248家评估对象进行评估。

（1）评估发现的亮点

评估对象普遍开设有政务新媒体。有99.19%（246家）的评估对象开设有政务新媒体（政务微信或政务微博）账号。其中包含47家国务院部门、31家省级政府、49家较大的市政府、119家县（市、区）政府。

政务新媒体内容更新运维情况较好。政务新媒体内容更新方面，开设有新媒体平台的246家评估对象中，有95.93%（236家）的评估对象其政务新媒体在一周内有内容更新。其中包含45家国务院部门、30家省级政府、49家较大的市政府、116家县（市、区）政府。

政务新媒体重复建设以及"娱乐化"现象基本消除。《2021年政务公开工作要点》要求，要完善政务公开平台，健全政务新媒体监管机制，针对一哄而上、重复建设、"娱乐化"等问题有序开展清理整合。对此，项目组查看了评估对象在同一新媒体平台是否开设有两个及以上相同认证主体信息的账号，并检查近2周内新媒体是否发布有与本级政府职能没有直接关联的内容，是否存在转发、点赞娱乐新闻等情况，评估发现，开设有政务新媒体的评估对象中，244家政务新媒体账号无重复建设、"娱乐化"现象。

（2）评估发现的问题

政务新媒体与网站关联性有待优化。在开设政务新媒体平台的246家评估对象中，6.10%（15家）的评估对象政务新媒体与本级政府网站均未互相关联；2.85%（7家）的评估对象网站未提供新媒体二维码入口或链接入口；31.71%（78家）的评估对象政务新媒体未提供本级政府网站入口或链接入口。

部分政务新媒体更新运维有待加强。在开设新媒体平台的246家评估对象中，3.25%（8家）的政务新媒体更新情况低于每周一次。有1家省级政府政府微信公众号自2022年全年仅更新2条消息，政务新媒体更新运维有待加强。

部分评估对象政务新媒体发布的信息未在政府网站上发布。政府门户网站是政务公开的第一平台，新媒体上公开的政府信息，理应也在门户网站公开。项目组通过随机选取新媒体已发布内容在政府网站进行搜索发现，在开设有新媒体平台的246家评估对象中，34.96%（86家）的评估对象未在对应的政府网站上发布政务新媒体信息。

四　发展展望

党的二十大报告指出，要扎实推进依法行政，法治政府建设是全面依法治国的重点任务和主体工程。近年来的实践证明，政务公开是有效推动法治政府建设的"牛鼻子"。党的二十大报告还提出，完善办事公开制度，拓宽基层各类群体有序参与基层治理渠道，保障人民依法管理基层公共事务和公益事业，将推动公开作为推动落实全过程人民民主的重要手段。未来全面推进政务公开工作，首先要继续完善和细化政务公开的制度机制，以完善的制度机制固化政务公开成果、指引政务公开操作，最大限度减少管理者认识、水平对政务公开工作的影响。其次，要面向公众需求，不断查找政务公开问题和短板，逐个领域推进相关政务活动和政务信息的公开。再次，用好信息化手段，加大对政务活动和政务公开的流程节点管理，提高数据信息的归集处理能力，提升政务公开前台展示水平和精准推送能力。经对2022年政务公开工作的总结，提出如下建议。

第一，公开内容以社会需求为导向。国务院办公厅印发的《2022年政务公开工作要点》在夯实公开工作的基础上，提出要以公开助力经济平稳健康发展、以公开助力保持社会和谐稳定，将涉及市场主体、降税减费、扩大有效投资、疫情防控、稳就业保就业、公共企事业单位方面的信息公开工作放在最前面，充分体现了国家对政务公开满足人民群众工作生活以及社会发展需求方面的重视。经过多年推进，目前全国政务公开保持较高水平，下一步工作方向必然是推动政务公开工作向高质量、高水平发展，在保持基础领域信息公开质效的前提下，更加注重社会需求的导向性，加强对社会热点、群众关注的信息公开，提升政务公开工作的实效性。

第二，不断完善公开程序。以规章制度规范公开程序，健全信息公开审核发布、保密审核等机制，严格规范信息发布审核流程，常规信息经信息公开主管部门领导审核后发布，重要信息经主要领导审核发布。建立监督检查制度，开展信息公开社会评议，鼓励广大群众和干部职工参与信息监督。

第三，做好信息公开属性认定。坚持"公开为常态、不公开为例外"的原则，根据《中华人民共和国政府信息公开条例》《中华人民共和国保守国家秘密法》《国家行政机关公文处理办法》等相关文件要求，合理界定信息公开属性，明确主动公开、依申请公开、不予公开信息的范围，开展历史公文公开属性认定，对于认定为依申请公开、不予公开的历史公文，符合公开条件的及时转化为主动公开。

第四，持续拓展政府信息公开形式。一是坚持开展政府开放日活动，通过走访观摩、座谈答疑等形式，打通为民服务的"最后一公里"，畅通与社会公众的互动交流，增进人民群众对政府工作的了解和认知，同时广泛听取群众建议，了解群众需要哪些信息，提高信息公开质量。二是利用好政务公开专区，提供办事服务咨询、公众意见征集、政府信息查询、依申请公开受理等服务，畅通线下政务公开渠道。三是充分发挥政务新媒体效能，政务新媒体是移动互联网时代党和政府联系群众、服务群众、凝聚群众的重要渠道，各级政府应遵循以发布为基础、以互动为核心、以服务为根本的原则,在内容设置、表达方式、快速响应、回应群众需求等方面下功夫,确保政务新媒体在宣传党的思想工作、提高政府部门亲民度和公信力、政务公开、社会治理等方面取得实效。

第五,加强反垄断与反不正当竞争执法信息公开。反垄断、反不正当竞争监管,是激发市场主体活力,提高经济运行效率和资源配置效率,保障消费者权益的重要举措。各级执法部门应持续加强反垄断、反不正当竞争执法信息公开,坚持以案说法、以案普法,对垄断、不正当竞争等违法行为形成震慑,让广大社会公众切实感受到公平正义。

第二编

公开助力优化政务服务

宜宾市推进政务公开与政务服务深度融合的探索与实践

李志勇　李　玲　胡　勇　周芥宇[*]

摘　要：近年来，在深化"放管服"改革中，宜宾市积极转变政府职能，将政务公开与政务服务深度融合，大力推进行政权力运行全过程、政务服务全流程公开，通过建优政务公开专区，赋能优化政务服务，提质、提速便民服务，助推营商环境优化，以政务公开与政务服务深度融合"1+1＞2"的实践，不断提高行政效能，为企业和群众提供更优质、更便捷、更高效的政务服务。

关键词：政务公开　政务服务　深度融合　便民利企

一　政务公开与政务服务深度融合的意义

政务公开与政务服务密不可分，统一于服务型政府建设的总体框架之内。20世纪80年代后期基层行政管理机关推行"两公开一监督"初步探索；2005年3月中共中央办公厅、国务院办公厅出台《关于进一步推行政务公开的意见》，确定了全国行政机关进一步推行政务公开的主要任务；党的十七大报告中继续强调，要加快行政管理体制改革，建设服务型

---

[*] 李志勇，宜宾市政府办公室副主任；李玲，宜宾市政府办公室政务公开科副科长、一级主任科员；胡勇，宜宾市政府信息服务保障中心副主任；周芥宇，宜宾市政府信息服务保障中心工作员。

政府，要完善政务公开制度，增强决策透明度和公众参与度；国务院办公厅《2022年政务公开工作要点》强调加快转变政务公开职能，服务党和国家中心工作，重点围绕助力经济平稳健康发展和保持社会和谐稳定、提高政策公开质量、夯实公开工作基础等方面深化政务公开，更好地发挥以公开促落实、强监管的功能。政务服务和政务公开融合发展已然成为增进政民互动的现实之需、建设服务型政府的应有之义、实现整体增效的必由之路。

（一）增进政民互动的现实之需

政务公开是政府与群众互动的重要基础之一，而政务服务则是促进政府与群众互动和沟通的重要方式。政务公开与政务服务的融合发展可以增强政府与群众之间的信任，构建起政民双向互动的良性机制，从而创造更多的互动机会，更好地为群众提供高效、便利且人性化的服务体验，更好地推动人的全面发展、社会的全面进步。如政府可以加强对群众问题和投诉的解决反馈，及时公开处理情况，让群众参与监督，实现政府与群众的沟通互动，深化政府与群众的信任关系，提升政府公信力。

（二）建设服务型政府的应有之义

政务服务是建设"服务型政府"的重要体现，政务服务质量的提升是政务公开与政务服务融合发展的重要目标。政务公开与政务服务融合发展，有利于政府治理模式转变，即管理型转变为服务型，通过政务公开规范政务运行，助推政务服务提质增效，让政务公开工作全面覆盖权力运行全过程与政务服务全流程，在公众监督之下行使权力，"领导者"变"服务者"，"行政管理"变"行政服务"。例如，通过政府部门公开政策规定、工作制度和办事流程等政府信息，可以增强政府的机制创新和服务效能，让群众更好地了解政府的工作内容和流程，有利于提高办事效率，推动政府公共管理、服务水平的持续提升。

（三）实现整体增效的必由之路

政务公开与政务服务之间具有很强的互动性，本质上具有"强关联效应"，即依法行政、公开透明与监督权力运行，在行政机关履职过程中联系紧密，彼此相互依存与促进。一方面，政务公开主要是决策公开、过程公开、管理公开、服务公开、结果公开；另一方面，政务服务具有一定动态性、持续性、创新性，需要充分满足时代发展、现实需要和个性化需求，两者融合发展有利于创新社会治理，对推进现代化建设十分重要。因此，需要积极地推动政务公开与政务服务融合发展，进一步打破固有观念、体制障碍，真正实现求同存异，将"1+1＞2"的效果充分发挥出来，从而全面推进政务公开工作水平，系统推进政务服务水平迈上新台阶，惠及更多企业、群众。

二 宜宾市推进政务公开与政务服务深度融合的基本情况

近年来，宜宾市紧紧围绕宜宾经济社会发展和群众需求，聚焦"六稳"、"六保"、助企纾困、优化营商环境等重点、热点领域，持续深化政务公开工作，进一步强化政务服务延伸，夯基础、优服务、提质效，以公开促落实、促规范、促服务，切实为企业和群众提供便捷高效的政务服务，推动政务公开与政务服务深度融合发展。2022年，宜宾市政务公开、政务服务工作位居四川省第一方阵，就政务新媒体建设管理工作在"2022年度四川省政务公开、政府网站与政务新媒体评估结果发布会"上作经验交流发言，并获得了2022年度四川省（州）政府门户网站十佳、2022年度四川省（州）政府政务新媒体十佳、2022年度四川网络理政优秀组织单位、2022年度深化12345政务服务便民热线体系建设工作突出单位等荣誉称号。

近年来，宜宾市始终坚持以基层政务公开标准化规范化为契机，把政务公开作为推动政策落实、提升服务能力、建设服务型政府、推进依法行政的重要手段，拓展公开渠道，创新公开模式，着力推进政务公开与政务服务融合发展。在此过程中，大力推进行政权力运行全过程、政务服务全流程公开，切实为企业和群众提供更优质、更便捷、更高效的政务服务。

（一）围绕"三个度"，建优政务公开专区

立足便民利企，坚持"高度、深度、温度"三个原则，建优政务公开专区，促进政务公开与政务服务深度融合，为群众提供"高大上"办事环境、"专业化"办事队伍、"一站式"办事流程和"沉浸式"办事体验，推进行政权力运行规范化、公开透明化。

一是精心筹划建设标准提高度。按照"公开透明、服务群众"总体思路，制定政务公开专区建设标准，建立完善相关工作、服务、管理等一系列制度，实现功能定位、规划布局、标识标牌、设备配置、管理规则"五个统一"。在市、县、乡三级政务服务机构显著位置设立政务公开专区，配备政务公开查询专用电脑、打印机、复印机、公开资料、触摸屏、申请表等，提供政府信息查询、政府信息公开申请、政策咨询等"一站式"服务。目前，全市已投入资金1500余万元，实现政务服务场所政务公开专区全覆盖。此外，为满足群众便利化需求，全市各级档案馆、图书馆等有条件的人员密集公共场所，均建立了政府信息公开查阅点。

二是丰富完善公开内容拓深度。设置自助查询区和资料阅览区，配置接入本地区政府门户网站的台式电脑、触摸查询一体机等自助查询设备，放置政府公报、政府工作报告、政府信息公开指南、办事服务指南等信息公开刊物，陈列养老、医疗、就业等民生重点关注的政策文件，供群众查询借阅。设置信息公示区，利用政务公开栏、LED电子显示屏等载体，定期公布涉及辖区劳动就业、社会保险、社会救助、计划生育、农用地审批、社会福利、涉农补贴、户籍管理等应公开的事宜。设置政策咨询区，依托政务（便民）中心服务窗口，建立政策咨询站，为群众提供全方位、深层次的政策咨询服务。如屏山县制作的"办事服务码上晓""服务地图码上知""政务公开码上扫""政府公报码上阅"等政务公开便民"码"，通过扫描文件资料上的二维码，即可知晓相关政策、办事流程等。设置意见反馈区，建立群众意见建议搜集台账，广泛征集群众意见建议。目前共计接待群众30余万人次，搜集群众意见建议257条，采用212条。

三是舒心舒适特色服务增温度。依托各类公示载体，公布全市依申请政务服务事项、公共服务事项和行政权力事项；在各级政务服务机构办事大厅配备咨询引导岗、办事信息查询岗，制作办事指南和办事流程图、办

事指引动画视频,为企业群众提供贴心、暖心的办事引导服务。设置"办不成事"反映窗口,在群众办事受阻时,由工作人员及时开展调查协调,帮助群众"办得成事"。开展"局长进大厅"活动,在政务(便民)服务大厅设置了局长(乡镇长)接待窗口,让入驻部门领导以群众和窗口人员身份进行现场体验,为群众办事难点堵点现场把脉问诊,目前全市已累计有2149个次部门的主要领导或分管领导进驻政务服务大厅,共计接待办事群众13488人次,协调处理办件3518件。各县(区)结合地域特色和工作实际,为企业群众提供个性化的政务信息,切实解决企业群众获取信息不便问题,如屏山县大乘镇紧扣服务茶企茶农,锦屏镇紧扣茵红李产业发展,提供有针对性的政务信息,提升服务温度。

(二)着力"三个强",赋能优化政务服务

将政务公开贯穿政务服务全过程,以政务服务数据为抓手,强化数据的搜集、分析与运用,做到以"数据多跑路"换取"群众少跑腿",有效解决群众企业办事往返跑、多地跑、周期长等问题,为群众提供更加优质的政务服务。

一是聚平台,强数据搜集。通过多种技术手段深入分析省市12345政务服务便民热线、《四川日报》"问政四川"、麻辣社区"群众呼声"、市政府网站"市长与网民"等9大网络理政平台及政务新媒体群众留言事项,及时搜集掌握群众最新、最热、最迫切的信息需求,及时公开发布相关政府信息,适时调整政务服务事项、服务指南、服务流程,满足群众日益增长的信息需求。如通过信息收集、民意调查,实际办件量大、部门关联度强的"一件事"服务专栏,高质量推进国家13个和省级10个重点"一件事一次办"落地落实。

二是建系统,强数据分析。利用智慧大厅集成管理和大数据可视化分析系统,对政务服务历史办件和每日办件数据进行分析,及时公开热门业务、"好差评"情况、各时段人流量、窗口办件量、服务成效等,为优化政务服务提供参考依据。如通过对乡镇(街道)便民服务中心历史办件数据进行分析,全市统一梳理出"一件事一次办"事项30项,高频服务事项69项,极大地方便了群众办事。在网络理政平台,加强大数据分析应用,通过工作简报、专报和特征数据展示等形式,及时反映重要社情民

意，为政府科学决策、精准施政提供依据。

三是精服务，强数据应用。根据政务服务数据分析情况，强化结果运用，为群众提供更优质的政务服务。如宜宾市民中心政务服务大厅及时通过智慧化大数据分析系统，了解各窗口排队叫号和群众办事平均等待时长，科学调配窗口力量和服务引导人员，加快业务办理节奏，节省了群众办件时间。宜宾市12345便民热线通过对群众来电诉求进行分类分析，对高频服务事项和热点服务事项进行归集，与成员单位共同建立包括医保社保、公共交通、企业服务、部门通讯录等常见民生热点32个类别、8000余条政策信息的庞大热线知识库。2015年1月12345热线平台升级以来，宜宾市12345热线已整合68条非紧急类政务服务热线，通过电话、微信、微博、移动App、"市长与网民"栏目、《四川日报》"问政四川"等渠道为群众提供"7×24小时"全天候人工服务。2015年以来，12345平台共受理办件585.12万件，其中：12345热线话务人员根据知识库直接解答群众咨询455.41万件，占比77.83%；2022年共受理群众反映有效信件86.62万件，日均办件2373件，办件极大地方便了群众获取最新、最全的政务服务信息。通过12345热线和网上群众路线月报、年报、热点分析等，定期不定期对热点领域和群众诉求特点进行分析，对下一步形势进行研判，让相关部门提前介入热点领域和重点事项，更好地回应群众诉求。

（三）打造"三个区"，提质提速便民服务

依托信息技术，助推政务服务、政务公开建设深度融合，以软件系统和硬件设备为载体，打造智能体验区、人机互动区、信息查询区，将智慧化服务和政务公开有效衔接，建设便利化、智慧化、人性化的政务服务场所，推进服务方式和管理模式创新，为广大群众提供"一站式"的政务服务。

一是打造智能体验区。在宜宾市民中心24小时自助服务超市，整合出入境、交警、人社、不动产、税务、政务服务等自助服务终端，提供出入境记录查询、体检、社保政策查询、产权情况查询、定额发票领取等30余项高频便民服务。其中，政务服务自助服务终端在提供办理服务的同时，集成了政务资讯、办事指南、政务微课堂、通知公告等政务公开模块，实现查询惠民公开信息、查看行政审批服务事项详情、解读政策信息

发布、查阅政府通知公告等功能，政务服务和政务公开融合联动，让"企业群众来回跑"变成"只进一扇门、办成所有事"。

二是打造人机互动区。在宜宾市民中心政务服务大厅投入使用智能机器人，定制开发了轮播宣传、语音交互、带路引领等模块，可实现展示政策文件及配套解读材料、体验问答交互式政务公开、带路引领至政务公开专区等功能，以全新的方式给办事群众带来不一样的公开体验，有效解决了办事群众对政务公开没兴趣、不会查的问题，既让群众获取信息更便捷，又让政府服务更智慧，大大提高公开效率和公开水平。

三是打造信息查询区。配备电脑、一体化桌面式受理终端、导视机、LED显示屏等设备，通过应用服务网关系统（微中台）申请获取省市政务数据资源，同时借力四川省一体化政务服务平台，以图片、视频、文字、数据等多种形式在线下提供政府信息。同步研发手机移动端应用服务，开通了新闻资讯、惠企直通车、微查询、微预约等服务，通过扫描政务公开专区二维码打开"宜办事"微信小程序，查看热点新闻和通知公告、浏览惠企政策、查询办事指南板件进度、预约业务等，实现"码上查""码上办"。线上线下相结合，为政务公开助力。

（四）紧扣"三公开"，助推营商环境优化

为了持续优化营商环境，提高市场主体的满意度和信任度，宜宾市坚持"应公开尽公开"，着力市场信息公开、慧企政策公开、权力事项公开三个方面，助推营商环境优化。

一是着力市场信息公开。切实以政务公开助推营商环境优化，通过政务公开进一步深化"证照分离""集群注册""全程电子化登记"等改革，提升市场主体行政许可审批便利度和办事满意度。建成宜宾市市场主体信用信息共享交换系统，深入推进"双告知"工作。强化市场主体办理登记注册信息推送、共享与办理行政审批（许可）事项的信息归集，在市场主体办理登记注册后，通过数据交换系统将需要告知的市场主体信息推送至相关行政审批部门，各部门定期接收市场监管部门推送的市场主体登记信息，办理相关后置许可（备案）事项并将办理信息归集到信用信息共享交换平台。印发《关于推行电子营业执照"一照通"服务体系的通知》，从发放和管理、共享互认机制、推进涉企服务等四个方面对电

子营业执照"一照通"作出明确与规范,首批梳理出应用场景共计 181 项。推行企业开办"马上办"服务,将企业开办时间压减至 1 个环节、最快 0.5 个工作日,为新企业免费提供印章,助推"零成本"办企业。

二是着力惠企政策公开。加强民营企业跟踪服务工作,建立宜宾市民营企业数据管理系统,设立"宜宾民营"专区,为企业提供政策推送、信息公开、党建指导等服务。截至目前,数据系统共录入重点民营企业 1800 余户,推送惠企相关政策 6000 余条次。编制《宜宾市民营经济发展政策摘编》,印制 12.3 万份"惠企政策明白卡"、500 余个宣传易拉宝,实现民营市场主体"送政策上门"全覆盖,切实增强线下政策宣传、政务公开。依托四川省一体化政务服务平台,于 2023 年年初在宜宾分站点特色服务栏目增设"助企纾困"专区,及时公开惠企政策、政策解读、服务指南以及宜宾市"免申即享"政策,已公布惠企政策 24 条、"免申即享"政策 30 条、办事指南 9 项,目前企业点击访问量已超过 2 万次。

三是着力权力事项公开。全面实施行政许可事项"一单一图一表"管理,建立由行政许可事项清单、运行图谱、实施要素一览表构成的行政许可事项管理体系。将清单确定的行政许可事项"颗粒化",分解到最小单元,梳理事项运行流程图,并逐环节确定基本要素,形成事项运行图谱,同时全面梳理与办理事项有关的要素,形成实施要素一览表,详尽直观展示并规范行政许可运行,推进许可实施与事前事中事后监管有机衔接,方便企业群众办事和行政机关实施管理。2022 年 10 月,在全省率先印发公布《宜宾市行政许可事项清单(2022 年版)》,确定 37 个部门、374 项行政许可事项。10 个县(区)同步完成行政许可事项清单编制印发,平均涵盖 27 个部门、229 项行政许可事项。

(五)开展互动评价,实现服务质量提升

建立了政务服务"好差评"制度、明察暗访、评估等多元化监督评价体系,以监督评价作为政务公开的"方向盘"和"听诊器",以多元化评价体系推行监督评价机制,着力深化信息发布、解读回应、公众参与,切实做到政务公开效能考核横向到边、纵向到底,确保全市覆盖、全面推开。

一是评价渠道多样化。线上通过四川政务服务网"好差评"专区、

"天府通办"、微信小程序、支付宝小程序等渠道，线下依托政务服务大厅、评价仪、扫码、短信、自助终端、二维码、"12345"政务服务热线等渠道，对服务态度、服务质量、服务效率、服务环境等政务服务满意程度作出评价。同时，开通线下评价渠道数据接入功能，支持各类第三方程序扫码评价和匿名评价，实现线上线下"好差评"渠道的全覆盖。2022年，宜宾市政务服务工作"好差评"系统汇聚主动评价数241.35万件，其中非常满意评价241.04万件，主动评价率93.59%，群众满意率99.99%，差评按期整改率100%。

二是评价监督规范化。依托全省一体化政务服务平台建立部门管理员和部门监察员账号，及时将群众对政务服务的"差评"问题根据各部门职能职责进行分发，并由相关部门负责人对"差评"问题进行调查处理和回复；部门监察员对"差评"问题回复情况进行预警督促和审核把关，确保群众反映诉求第一时间得到有效处理。以公众评价为视角，通过"四川政务服务网"政务互动系统实时接受群众咨询、建议、投诉，依托"好差评"模块实时显示各地区各部门办件群众评价情况，公开展示部门各项政务服务的群众评价明细、差评整改情况及群众满意率，有效发挥第三方客观、独立、公正的社会监督作用，形成"倒逼"机制。

三是差评整改高效化。坚持"谁办理、谁负责"的原则，要求承担差评处理职能部门在第一时间安排专人核实并在15个自然日内对差评内容完成整改，将整改结果通过网上政务服务平台、移动端用户中心、短信等方式向评价人反馈，实现结果公开透明，真实可查。通过暗访小组，对各级各部门贯彻落实深化"放管服"改革优化营商环境相关政策落实和政务服务工作开展情况进行跟踪问效，对企业群众办事集中反映的举报投诉、"差评"问题、舆情热点开展调查处理，及时发现、解决问题，助力政务服务质量提升。

（六）创新服务方式，实现服务效率提升

以便民利企为出发点，以"一网通办""一窗通办""帮办代办"为抓手，积极推动政务服务事项、服务内容、服务队伍、服务政策、服务形式、服务载体等公开，不断丰富政务公开内涵，提升政务服务便民化水平。

一是"一网通办"提便利。依托"四川政务服务网宜宾"分站点政务公开专栏，公示公开我市政务工作成效、"放管服"改革政策文件及解读、政务服务公告、政务服务事项清单及办事指南、"收费清单"、"中介服务清单"、"特色清单"、行政许可和行政处罚双公示办件结果等。营造高效惠民便民环境，优化老年人网上办事专区，增设无障碍浏览、语音播报文字和字体放大等功能，将公积金提取、不动产查询等62个高频便民服务应用接入"天府通办"宜宾分站点，进一步提升群众办事便利度。建设了宜宾市"助企纾困"专区，汇聚公开本地惠企政策，精准匹配企业，推动"人找政策"变成"政策找人"，满足企业、群众多方面需求，营造开放、便民、有序的开放环境，实现政务公开与信息化紧密结合，有效助推政务。

二是"一窗通办"提效率。通过综窗改革，推行"前台统一受理、后台分类审批、统一窗口出件"的服务模式，实现了"一窗受理""最多跑一次"，实现便民服务"零距离"。在宜宾市民中心政务服务大厅，将17个部门141件事项纳入无差别综合窗口，线上线下同步公开事项清单、实施依据、实施要素等，集成整合部门单一窗口业务，真正做到了企业群众办事"进一门、入一窗、办多事"。在乡镇（街道）便民服务中心整合职能相近窗口，实行"综合窗口＋专业窗口模式"，乡镇（街道）便民服务中心窗口由1157个压减到673个，压减率41.83%；梳理乡镇（街道）依申请政务服务事项、公共服务事项、"一件事一次办"和高频服务事项清单，制定事项二维码，并在便民服务中心显著位置公开公示。

三是"帮办代办"提满意。在各级政务（便民）服务场所公开设置"帮办代办"窗口，公示帮办代办服务事项清单，为群众提供贴心的帮办、代办、上门办业务，让群众办事"最多跑一次"变为"一次都不用跑"，让政务服务由"店掌柜"向"店小二"转变。在村（社区）便民服务站，整合村组干部、党员、网格员、志愿者、邮递员、返乡创业青年等成立村级代办队伍，负责受理、搜集、代办辖区范围内群众服务事项。目前，全市村（社区）平均代办事项58项，共有村级代办员15000余名。2022年，全市共提供帮办代办服务22.1万件次、上门服务9.9万件次，受到企业群众的一致好评。

（七）聚焦社会关切，实现群众满意度提升

通过政府网站、12345便民服务热线、微博、网络论坛等渠道，搜集了解群众所思所愿，注重理顺机制优化模式、加强调度快速响应、强化分析加强预警，切实解决民生诉求，走好网上群众路线，提高了为民服务办实事能力。

一是理顺机制，诉求回应成效显著。按照"整合现有渠道、规范运行管理、逐步深化拓展"的总体思路，整合现有9个网上群众诉求反映渠道，初步建立起以12345热线为主、其余各网络诉求渠道为辅得走好网上群众路线工作机制，统筹开展全市网络诉求办理工作。建立了市政府办公室统筹指导，市政务服务非公经济局与市信访局分工协作的网络渠道群众诉求办理机制，实行"统一运行规程、分版块交办、及时汇总通报、重点督查督办"运行模式，定期研究线上线下群众诉求办理工作。2022年，宜宾市走好网上群众路线各渠道累计受理群众诉求869549件，较2021年增加201491件，同比增长30.16%，办结869341件，办结率99.98%，满意率99.76%。

二是加强调度，直通快办质效双升。充分利用市、县（区）、乡镇（街道）党委或政府分管领导牵头的"三级"工作调度体系，将涉及新冠疫情防控、民生保障、重大项目、生态环境等重点领域诉求列为高响应办理级别，同步做到信息通知、系统派单、电话提醒，确保不漏一件、不拖一秒。特别是2022年宜宾市新冠疫情期间，群众各类诉求暴增，为及时快速处理群众困难诉求，形成了以12345热线为主、其他网络渠道积极配合的直通快办机制模式，通过提速办、专班催、合力督的方式，24小时不间断为群众解决"急难愁盼"问题，做到接诉即办，充分发挥了新冠疫情防控"总客服"作用，打造了政府与市民之间同心抗疫的"生命线""连心线"。2022年处理高响应办理级别事项3000余件，办结率100%。

三是强化预警，应急处突能力提升。完善了各类网络渠道和12345热线数据分析应用能力，通过周报、月报等及时反映群众高度关注的高频、热点、疑难事项。对涉及重点民生、安全维稳、生态环保等的问题，及时通过热点专报报市委、市政府，并通过电话、网络平台等方式"点对点"向涉及部门（单位）进行预警提醒。2022年，共印发《走好网上群众路

线为民服务办实事通报》12期、《12345周报》51期、《12345月报》12期、《热点简讯》16期，协调相关部门及时回应群众关切，妥善解决群众实际困难，多次避免了负面舆情和群体性信访事件的发生，维护了社会秩序和谐稳定，增强了群众的获得感和幸福感。

三 存在的问题及下步工作展望

经过近几年的实践与探索，宜宾市政务公开与政务服务融合发展取得了一定的成效，但在实际工作中仍然有一些不足和差距，主要存在人员配置不足、缺乏专职人员、信息共享与业务协同有待加强、智慧精准服务有待进一步提高、政务公开专区有待进一步加强等问题。为进一步推动政务公开与政务服务深度融合发展，还需要做好以下几项工作。

（一）树立"全流程+超前"思维，提升融合质效

坚持以人民为中心的发展思想，深化融合发展理念，树立公开意识与服务导向，进一步推进政府信息从"事后"公开到"事中""事前"公开转变，形成超前思维、全局思维、联动思维的工作模式，提升融合发展的工作质态，推动政务公开与政务服务有机融合、线上线下互动融合、基层群众参与融合，打造政务公开与政务服务深度融合新模式。

（二）健全"尽公开+服务"机制，夯实融合基础

坚持"应公开尽公开"的原则，健全政府信息公开审查机制，优化政府信息公开属性源头认定机制，加强政府信息全生命周期管理；完善政务服务"好差评"制度，加强对政务服务工作的评价和问责，提高政府工作透明度和公信力；持续推进"局长进大厅""政务公开开放日"等活动，广泛听取各方面意见和建议，深化政务公开工作，促进基层政府治理能力提升。

（三）构建"互联网+理政"体系，推动融合发展

探索成立市网络理政中心，坚持上网访民意、下网解民忧，加强与群

众沟通交流，处理网络咨询投诉，增强广大群众参与度，提升群众满意度。用好网络平台广泛搜集群众意见、建议、诉求和反馈，了解社会热点、民生需求和公共问题，汇聚民智民力，深化政务公开工作，推进政务服务智能化、社会治理精准化，为宜宾加快建设现代化区域中心城市添砖加瓦。

山东省临清市探索融合"公开+服务"拓展基层政务公开新渠道

山东省临清市人民政府办公室课题组[*]

摘 要：山东省临清市积极转变政府职能，通过"政务公开+精准服务"的方式，持续深化政务公开工作，大力推进行政权力运行全过程、政务服务全流程公开，推进政务服务与政务公开深度融合，不断向基层延伸，进一步提升便民服务水平、优化政务环境，切实为企业、群众提供优质、高效、便捷、满意的服务，不断提升人民群众幸福指数。

关键词：基层政务公开　政务服务　融合发展

一　临清市政务服务概况及融合政务公开的意义

（一）基本概况

临清市地处冀鲁交界，是中国运河名城、千年古县。全市版图面积960平方公里，总人口83.7万，城镇常住人口79.14万人。现辖12个镇、4个街道办事处、1个经济开发区，15个城市社区，92个行政村（"多村一社区改革"后，600个村居合并而成）。近年来，临清市始终把政务公开作为现代政府治理的环境基础要素之一，坚持推行政务公开工作制度

---

[*] 课题组负责人：汪震，山东省临清市人民政府办公室主任；田长志，山东省临清市行政审批服务局局长。课题组成员：汪玮、李少东、伦恒越、孙鹏、刘琳、李杨、赵迎、徐进。执笔人：赵迎，山东省临清市大数据中心科员；徐进，临清市行政审批服务局创新宣传推进科科长。

化、内容标准化、流程规范化、平台多元化、服务一体化的政务公开运行模式,以公开促服务,坚持以打造一流政务服务品牌为目标,以改革创新为引领,优化营商环境、规范政务服务、提升审批效能。高标准建设市政务服务中心,改善企业、群众办事环境,提升政务服务质效;高标准建设镇街便民服务中心,打造"镇街+村居+小区"三级联动全域式阳光政务。通过建立完善制度、创新审批方式、优化服务流程和压缩办事时间等举措,深入推进"放管服"改革和优化营商环境工作,大幅提升企业和群众的满意度和获得感。

1. 探索创新工作模式,提升"硬本领"

临清市致力打造"阳光审批、暖心服务"政务品牌,创新"一融合、两带动、三引领、四必谈、五心服务"的政务公开工作法,进一步增强政府透明度,有效落实"为民办实事"。

一融合,促进整体提升。临清市致力于将组织、宣传、团委、工会、审批等工作融为一体,组织联合开展志愿者上门入户送政策、清理小广告行动并讲解相关法律知识和讲解办事服务流程等活动,不断推进政务公开工作走实走深。

两带动,促进工作提质增效。以党员带动群团、以任务带动工作。制定全年工作计划,明确全年重点工作、季度工作任务、月工作任务以及周工作目标,并实施周调度、月评比、季总结、年考核的工作机制,带动工作的开展。目前临清市行政审批服务局在聊城市范围内揭榜挂帅7个审批事项,在山东省内揭榜挂帅6个试点工作。

三引领,打造创新高地。一是引领制度创新。创设局长"循环组织生活"制度。局长轮流参加本支部及其他支部会议,要求加强政务公开制度化规范化,持续提升工作张力。二是引领机制创新。建立"两办、两长、N个工作室的2+2+N审批服务机制",形成事前全方位引导、咨询,事中全链条帮办代办和事后全覆盖回访的格局。三是引领模式创新。创设"老年服务模式"、"联动服务模式"、"预约上门服务"、"延时服务"、"节假日服务"、"帮办代办服务"、"1+N"企业量身定制服务、"云导办"、"云评审"、"云踏勘"等服务模式,推动"为民办实事"落实。

四必谈,带领党员悟思想、办实事、开新局。每年开展两次以上集中谈心谈话，做到"四必谈"：党员思想出现波动时必谈，党员犯错误或受处分时必谈，党员遇到困难或挫折时必谈，党员无故不参加组织生活时必谈。采取"一对一、面对面"的方式进行，深入谈心交心，指明努力方向，促进共同提高。根据工作需要，可随时开展谈心谈话，打开新局面。

五心服务，聚焦"为民办实事"，解决群众"急难愁盼"问题。临清市以"企业的事就是自己的事""群众的事就是天大的事"为工作理念，用真心服务群众、用细心服务工作、用爱心服务社会、用热心服务企业、用耐心服务老人。临清市澳和牧业有限公司不久前为申办种牛场发愁：不知道需要准备什么材料，也不知道种牛场区建设标准是什么。临清市行政审批局得知后，第一时间派人赴企业进行业务指导，帮助企业顺利通过验收，而后该企业成为山东省首家和牛种牛原种场。

2. 打造政务公开内容形式亮点，夯实"主阵地"

丰富政务公开形式。一是创新打造"口袋公园、公开亮码"模式，利用公园内公示栏，张贴二维码，群众可通过扫描二维码了解"口袋公园"；二是围绕群众诉求关切，广泛开展"居民公开议事日"活动，2022年以来，临清市共开展"居民公开议事日"活动142次，收集问题101条，解决问题99条，解决率达到98%，群众满意率为100%；三是以基层群众实际需求为导向，开展各种开放日活动30余次，参与群众人数600余人次，发放调查问卷收集群众意见近200条，激发了"线上+线下"互动活力，强化提升政务公开工作水平，推进基层政务公开标准化规范化。

拓展政策解读途径。一是以政府开放日、政策培训会、座谈会、新闻发布会等多种途径开展政策解读活动；二是借力新媒体时效性、海量性、共享性等优势，通过在微信公众号开办政策解读、VR展馆、企业直通车等专题、录制视频及直播等形式，深入解读各类惠企利民政策；三是组织开展送政策进企业、进社区活动，向"政务公开+服务"拓展，将环保、医保、反诈、科技等领域政策知识传递给企业、群众，征集意见建议，确保政策红利充分释放。

强化政民互动回应。邀请部分镇街及相关企业工作人员、村"两委"干部、群众代表、党员代表等参加座谈会，介绍重点、亮点政务公开工作开展情况。对民生密切的工作流程问题一一解答，解决群众疑惑，及时倾听来自群众的心声，切实拉近了群众与政府之间的距离。

3. 强化政务公开阵地建设，筑牢"共同体"

设置"一站式"政务公开专区。在新政务服务中心设置政务公开专区。在入口处设置导询服务台，为群众提供办事引导、咨询、答复服务。专区以智能化为导向，配置自助服务电脑、电子阅报栏等信息查阅终端以及税票领取机、证照打印机等自助设备，实现在线实时查询并办理服务事项，大大提高了群众的办事效率；配备"政务公开体验官"提供专业引导、帮办服务，专人专责，及时回应群众需求，营造贴心、高效的办事氛围。

开展"网格式"基层政务公开。指导大辛庄街道、烟店镇等16个便民服务中心以"事项标准化、内容常态化、管理规范化"为目标，建立健全市、镇办、村级三级联动机制。一是设立16个基层政务服务工作室，实行权力下放"就近办"模式，梳理与群众密切相关的高频事项42项，开展"15分钟政务服务圈"行动，实现了群众"多点可办""少跑快办"；二是建立完善公开事项清单，列明公开内容，公开时限、公开形式等，重点就乡村振兴、村级财务、惠民政策等方面的内容公开，使群众第一时间便可了解到相关政策文件。

（二）政务服务与政务公开的融合意义

随着社会经济的高速发展，当前，政务公开工作的着力点，已经从满足公众知情权、保障公众监督权转向助推人民满意的服务型政府建设、提升治理能力和治理效能。因此，打破政务公开的"孤岛"状态，融合政务服务迫在眉睫。就临清市而言，关于政务公开与政务服务融合发展的探索已初有成效，但整体来看，相关基础依然薄弱。

1. 规范性需求

从推进法治和营商环境角度来看，增强政府透明度，优质服务树良好"窗口"形象，把群众利益、公共利益放在首位，让群众办事顺心舒心，是提升政府公信力的必然要求，这就更加需要打破小地方的"关系网"，将推进规范化政务公开作为捍卫规则的有力手段。

2. 便捷度需求

从推进数字政府建设的角度来看，全局数字化时代到来，面对企业和年轻群体，传统的"跑腿"式业务办理已经无法满足办事需求。群众对政务服务办理事项的便捷度需求持续上升，线上政务公开或许将是一剂"良药"。

3. 法治化需求

从建设法治政府的角度来看，新时代全民普法卓有成效，公众的法治意识大幅提升。因此，一方面需要在办事过程中强调规范化，另一方面，随着群众的信息公开意识不断增强，更加注重维护个人知情权、参与权、表达权、监督权，对于办事过程的透明度也提出了更高的标准，需要进一步加强政务公开。

二 临清市政务公开与政务服务融合发展现状

（一）便民利企，打造"全流程"公开服务

1. 以政务公开为抓手，铸就政民"连心桥"

完善线上线下双渠道。线上，以政府网站和各类新媒体宣传途径等作为载体，加强政务服务信息对外公开，接受监督。通过山东政务服务网"跨域通办"专区建立收件、办理两地工作人员异地沟通协同联络机制，打造线上线下深度融合的异地通办体系；线下，通过政务服务中心电子屏、宣传栏等多种形式推进政务公开，在各便民服务中心政务公开专区配备"政务公开体验官"提供专业引导、帮办服务，专人专责，及时回应群众需求，营造贴心、高效的办事氛围，以此促进政务服务普惠化、公平化，让更多群众能够共享优质政务服务。

2. 以"政商亲清"为引领，打造政企"会客厅"

在新政务服务中心建成运行的基础上，进一步健全重点项目公开制度，将与经济社会发展、民生改善有直接、广泛和重要影响的重点项目纳入公开范围。在政务服务中心设置政企"会客厅"专区，深化打造临清市重点项目"清快办"，筹建"项目全生命周期智慧平台"，以数据系统为载体、以审批清单为抓手、以审批提速为目标，打造贯穿项目谋划、投资立项、工程建设"项目全生命周期"的"挂图作战"智慧运行系统。通过大数据分析自动生成重点项目审批清单、展示手续办理进展、自动推

送项目进展情况、政策分析等功能，开展数字政府、数据创新应用试点示范，实现帮办代办全程化、手续办理清单化、项目进展可视化、进度推送常态化、政企沟通实时化。设置政策版块，变"企业找政策"为"政策找企业"；设置建议征集版块，企业有问题上传到平台，推送至相关部门办理，该做法共助力临清市170个重点项目落地实施。

3. 以"集成服务"为目标，推进便民"集约化"

临清市推进政务服务中心办理智能化进程，线上线下相结合，把"六个维度"服务作为提升政务服务水平的"先手棋"，聚焦"服务制度"、打造"服务高度"、提升"服务温度"、拓宽"服务广度"、体现"服务速度"、彰显"服务深度"，延伸服务触角，实现"涉企事项全进驻、手续办理全链条、帮办代办全覆盖、服务过程全在线"。按照"只进一门、只到一窗、只跑一次"的要求，临清市政务服务中心进驻部门单位38个，设立服务窗口138个，可办理社保、医疗、住房、金融、税务、投资立项、工程规划等审批事项630项，实现了依申请政务服务事项的"应进必进"，设置办事流程、文件、政策解读公开板块，打造成为"建设标准高、建设速度快、进驻事项全、功能布局优、智能化程度高"的"一站式"政务服务中心。

（二）审管互动，构建"全链条"公开机制

1. 审管无缝衔接"双推送"

为进一步深化相对集中行政许可权改革，建立行政审批与监管工作无缝衔接的工作机制，确保信息公开同步到位。在采伐林木许可审批办结后，由审管互动平台及时准确地将许可结果推送到监管部门，监管部门通过审管互动平台进行认领，开展后期监管工作。如果在后期监管过程中发现申请人与其所提交的材料不符，会及时通过审管互动平台推送到审批部门，形成审管无缝衔接双推送。自审管互动平台搭建以来，推送采伐林木许可已600余次。

2. 审管联动协调"双提升"

审管互动不仅仅是厘清职责边界，明确行政许可部门和监管部门各自的职责，还建立在沟通协调上，做好信息共享，形成联动机制，防止出现"审批是审批，监管是监管"的孤立状态。强化了审批与监管衔接协同，

进一步融合信息公开，形成审批与监管相互支撑、相互促进的工作格局，显著提升了审批效率，切实增强了监管效能，凝聚了强大合力。这种联动机制目前已为2850名群众提供了服务。

（三）创新公开，擦亮"全维度"政务品牌

1. 创新建立"阳光审批·暖心服务"品牌

聚焦企业群众办事难点、堵点，建立通畅高效的政策宣传、意见征集、落实反馈机制；坚持党建筑基，建立党员先锋队，充分发挥党员带头作用，建立用制度管人、靠制度管事、以制度管权的有效机制，使权力在阳光下运行、在监督下规范，让群众真正感受到门好进、脸好看、事好办，有效提升群众幸福指数。率先推出"打捆环评"审批模式。为解决小微企业环评手续办理难、耗时长、成本高的问题，临清市行政审批服务局在山东省内率先实行小微企业"打捆环评"改革，降低编制成本约30%，审批时间压缩20%。目前，已有2批10家企业享受到了改革带来的红利，该创新做法得到了广大中小微企业的一致好评。创新推出老旧小区改造"一件事"办理模式，将最初的立项用地规划许可到最后的竣工验收，全部纳入"一件事"服务，取消了建设用地规划许可证、工程规划许可证、前期勘探，将施工图审查改为告知承诺制，并通过与公共资源交易平台数据对接，自动获取项目招标信息，从根本上解决了老旧小区改造项目施工许可办理中"无勘察、无用地、无图审、无规划"造成的难以直接办理施工许可手续的问题。

2. 创新建立重点项目"清快办"

深化工建领域改革，开发"临清市'清快办'项目全生命周期智慧平台"和手机客户端App，实现项目论证电子化、帮办代办全程化、手续办理清单化、项目进展可视化、进度推送常态化、政企沟通实时化。牢固树立"企业的事就是自己的事"的理念，打造"一张蓝图、一个清单、一支队伍、一帮到底"的全程帮办代办模式，挂图作战、倒排工期、限时办结。创新开创"承诺+容缺"服务模式。对符合国家产业政策、相关规划、土地供应政策和市场准入标准的重点投资项目，着力破解重点项目审批堵点、难点，切实加快投资项目建设进度，为促进高质量发展提供有效支撑。目前，"清快办"累计为200余个重点项目帮办代办手续近

3000 项，已有 2 批 8 个项目成功落地，平均时限压缩 1—3 个月，大大节约了企业的投资成本与时间成本，促进了重点项目快落地、快开工。

3. 创新建立企业全生命周期"清联办"

为做好初创企业的"政策引导"、发展企业的"转型升级"、成熟企业的"高质量发展"，实现危困企业"退出有门"，帮助企业解决全生命周期难题，进一步激发市场活力、增强内生动力、释放内需潜力。临清市深入开展"双全双百"工程，建设"清联办"企业全生命周期集成改革服务专区，成立企业全生命周期服务中心，将企业从注册开办到清算退出全过程梳理成 157 项"一件事"，仅登记环节就为企业节省时限 30000 多个工作日、成本 1000 余万元。创建"清联办"专职帮办代办队伍，全年累计为群众提供帮办代办服务达 3000 余人次。

（四）覆盖融合，打造"全方位"服务体系

1. 提升办事服务便利度

推出一窗受理"一次办"。深化"一件事 一次办"改革，为群众提供精准导引，共梳理高频"一件事"办事场景 400 余项，临清本地特色办事场景 15 项，进行全过程、全流程公开。数据赋能"智能办"。在城市管理、食药卫健、涉农等多个领域，探索开展"智能无感"审批，通过填写电子表单，系统同步进行信息校验，自动完成业务审批，实现了无人干预、秒批秒办、电子证照同步制发、纸质证照免费邮寄，真正让群众体验到"智能办"的快捷高效。推出不打烊服务"随时办"。为有效填补工作日外和法定节假日的服务盲点，推出了预约服务、延时服务和错时服务等十项便利措施，设置了 24 小时"不打烊"自助办理区，不办完不下班、办不完不歇班，完成由"工作日"向"全天候"的转变，为群众提供 24 小时暖心服务。

2. 提升办事服务包容度

设置专窗"跨域办"。在全国率先推出轴承产销研及相关产业的各类企业开办、准营、立项、变更、退出等企业全生命周期事项"跨省通办"。发起签订了"五省五地"轴承产业企业全生命周期"跨省通办"协议，在临清市政务服务大厅设置了"跨域通办"专窗 5 个，配备专职人员十余名，梳理工作规程 349 项，并将 122 项高频事项纳入山东政务网临清站点跨域通办专区。专职队伍"帮代办"。全面梳理帮办代办事项，细化服务内容，规范服务流程，率先推行首席帮办制度，由政务公开体验官开展帮办代办工作，帮办代办、上门办，服务到企业、到项目、到社区、到居民。全年累计为群众提供帮办代办服务3000余人次。

3. 提升办事服务精准度

牢固树立"群众的事就是天大的事"理念，精准服务、"量身定制"，真心实意为民办实事。创新"老年服务"模式，为老年人提供预约、上门、定时定点等贴心服务，解决了老年人有办事需求但行动不便、不会使用智能设备的问题。拓展"联动服务"模式，坚持需求导向，针对养殖、种植等涉及多部门的服务需求，主动联合有关部门，提供上门服务，更好地服务乡村振兴战略。推出"量身定制"服务，针对企业实际进行定制服务，实行特事特办、缩减环节、容缺受理，点对点帮助企业解决问题，提高服务精准性和有效性。

4. 提升办事服务透明度

持续优化"政务服务好差评"机制。扩大评价范围，评价范围由线上线下服务大厅、中心、站点、窗口依托省一体化在线政务服务平台的业务系统、热线电话平台、移动服务端和自助服务端等提供各类政务服务的机构及其工作人员，延伸至现场勘验工作人员，将评价贯穿于审批全过程。提高评价标准，依照政务服务评价国家标准为前提，结合实际，重点围绕政务服务事项管理、办事流程、服务规范、服务质量、整改实效、监督管理等方面内容，具体评价服务效率、服务水平、服务态度、服务便民度、廉政情况，构建政务服务"好差评"指标体系。拓宽评价渠道，在服务窗口醒目位置张贴山东省统一下发的静态二维码，方便办事企业和群众通过"爱山东"App、"山东一网通办"微信小程序进行"码上评价"；针对老年人不会使用智能手机的客观情况，印制"好差评纸卡"，帮助老年人进行现场评价；在临清市政务工作公众号设置"好差评"专栏，社会各界可通过关注公众号，点击公众号中"好差评"栏对临清市政务服务工作进行实名评价；设置现场勘验回执单，办事企业和群众对现场勘验人员在执法过程中的服务态度、服务质量、服务效率进行评价。

三 政务公开与政务服务融合过程中存在的问题

按照国家机构改革要求,山东省成为首个建立行政审批部门的省份。行政审批部门在社会改革发展的长河中,展现了它与其他部门的不同之处,只设在市、县两级,近两年又向下延伸,成立镇街便民服务中心。政务服务工作和政务公开工作虽然能够融合促进发展,但也存在着不平衡、不充分问题。

（一）表现形式

1. 从地域上看

城区办事群众选择可办理业务的地点多,政务公开渠道宽泛,选择范围包括城区 4 个办事处便民服务中心,以及县级行政审批部门。只要方便,到哪一个都可以。而对于乡村办事群众而言,就近办只有家门口的便民服务中心,融合村务公开有一定的限制。

2. 从业务范围上看

县级行政审批服务局事项高达 630 个,而下放到镇街便民服务中心的审批事项少之又少,只有十余项,某种程度上来说,实现办事群众就近办受到了极大的限制。

3. 从政务服务工作者综合素质上看

窗口每天面对大量办事群众,会遇到各种类型的问题,而窗口政务服务工作人员大多以政府购买服务工作者居多,人员学历、能力参差不齐,导致服务水平好差不一。在对乡镇便民中心进行明察暗访督导时发现,有的便民服务中心窗口工作人员以业务不熟为由,盲目将群众打发到临清市政务服务大厅办理,而有的便民服务中心窗口工作人员却能一边和上级部门联系沟通,一边帮群众办理,避免了让群众跑腿。

（二）原因分析

这种不平衡、不充分的原因是多层面的,既有社会原因,也有客观原因。

1. 社会原因

在不断深化"放管服"改革、优化营商环境这个社会大背景下，改革工作充满着机遇和挑战。对经济发展状况不好的乡村来说，若要大刀阔斧迎来发展的新机遇，须从人文环境、学习教育、经济发展、法律意识等各方面进行提升，这需要漫长的时间来实现。

2. 客观原因

行政审批部门成立后，在有些方面，没有真正做到"人随事项走"。事项划转到审批部门，但熟悉业务的人员没有划转过来，人员编制不多，所以政府购买服务成为一种补缺手段。但相应的问题也会接踵而来，如因急需工作人员，降低了录取门槛，人员水平不高，能力不强，还未经过规范完整的培训就上岗工作，势必给办事群众带来不好的印象，整体政务服务工作都会受到影响。

四 对构建"政务公开+精准服务"体系的建议

当前，基层政务公开的工作重点已经从公开信息的数量向内容质量转变，公开模式从政府自身主导信息公开向群众需求牵引转变。以临清市行政审批局构建"政务公开+精准服务"工作体系为例，在推进过程中，面临着信息精准推送的技术手段难题。因此，在紧扣"十四五"时期深化政务公开的背景下，也要融合山东省"无证明之省"建设、"互联网+"政务服务发展趋势，探索政务公开实现全面、开放、融合、精准的发展方式。

（一）实现政务公开主体由"部门政府"向"整体政府"转变

政府数字化转型的核心在于将信息化向数字化发展，由条块分割、各自为政，转变为服务高效的"整体政府"。基于此，深化基层政务公开工作既要注重应用信息技术和数据资源的整合，也要注重与政务服务部门管理的深度融合，有效发挥各部门联动合力，打破内部部门和层级的边界，以"整体政府"的形态协同打造政务公开与政务服务融合发展、互促互进的生态体系，稳步向好发展，迈好推动治理数字化转型的"关键一步"。

（二）实现政务公开渠道由"独立单一"向"协调发展"转变

近年来，政务公开模式不断创新发展，政务微博、政务微信、政务抖音等政务新媒体宣传方式百花齐放。在发挥政务公开传统主流媒介作用的同时，要注重协同新媒体发声和联合造势，持续加强新媒体渠道建设，强化传播效果，加强互动实效，全力加速与山东政务服务网模块的对接，以公开促进服务效能再提升，切实增强"互联网＋政务服务"和政务公开工作的自觉性、紧迫感，提高政务服务的标准化便民化水平，打造搜索即服务、公开促服务的政务公开多渠道融合模式，构成服务公众的"一体两翼"、协调发展、多维立体化的政务公开体系。

（三）实现政务公开方式由"基础公示"向"精准服务"转变

在信息时代的发展浪潮中，政务公开已经由简单的"我说你听"的单向宣传转变为"交流互动、畅所欲言"模式。"互联网＋政务服务"和基层政务公开的融合有效促进了优化营商环境，帮助释放市场主体活力，极大地增强了政府透明度。下一步，应尽快提升人工智能和大数据等新一代信息技术的参与度，充分利用大数据等新时代信息技术的赋能作用，以"数字蝶变"激发"城市蝶变"，持续推进政务服务便利化、智能化，通过信息共享、数据比对等技术手段，尽快实现政务公开由"简单互动"到"精准服务"的改造升级。

安徽省亳州市谯城区以政务公开助力"放管服"改革的实践与探索

杨舒琪　梅　鹤[*]

摘　要： "放管服"改革是推进国家治理体系和治理能力现代化的重要抓手，营商环境优化是"放管服"改革的核心目标之一，政务公开是"放管服"改革、优化营商环境的首要之举，包括权限公开、职能公开、流程公开、责任公开，而简政放权、创新监管模式、建设服务型政府等举措都需要依托信息化管理来实现。因此，信息化手段的完善、政务公开工作的质量都极大影响信息披露的及时性、完备性、透明度和互动性，也影响营商环境建设和高质量发展水平。

关键词： 政务公开　放管服　营商环境

为建设人民满意的服务型政府，近年来，安徽省亳州市谯城区以习近平新时代中国特色社会主义思想为指导，深入学习贯彻习近平总书记考察安徽重要讲话指示精神，全面贯彻落实《政府信息公开条例》和党中央、国务院关于政务公开工作的安排部署，围绕改革、发展、稳定中心工作，全面推进决策、执行、管理、服务、结果公开，以公开促落实，以公开优服务，以公开助力"放管服"改革，全面推进谯城区法治政府、服务型政府建设，营商环境建设。

---

[*] 杨舒琪，安徽省亳州市谯城区政府办公室三级主任科员、政务公开室主任；梅鹤，安徽省亳州市人民政府办公室政务公开科科长。

一　做强政策服务，助推经济高质量发展

（一）聚民智汇民力，广泛开展意见征集

1. 建立全员参与机制

通过调研座谈、问卷调查等方式，主动向有代表性的企业、行业协会商会、社会组织、利益相关方等问计求策，特别是涉及公众切身利益的政策，广泛开展公众意见征集工作，汇集公众需求及意见建议，并将公众反馈内容有效体现到政策制定中。

2. 建立集中公开机制

在门户网站创建意见征集专题，集中发布意见征集和反馈情况。在政策性文件草案形成后，政策制定部门优先通过政府网站政策性文件意见征集专栏向社会公开征集意见，及时向社会公开意见反馈和采纳情况。截至目前，已公开意见征集和意见反馈信息共309条。

（二）晓民意贴民情，集中发布政策文件

1. 加大政策公开力度

为加快转变政府职能、优化营商环境，践行以人民为中心的发展思想，主动公开涉及群众切身利益的政策文件，增进社会公众对政府重大决策、重要政策措施的理解认同，规范政策执行、强化政策落地、保障公众权益。截至目前，已公开企业纾困、保障民生、激发市场活力等方面规范性文件242件，其他政府文件436件。

2. 依托谯城区政府门户网站，建设政策文件库

2022年以来，政策文件库共收录文件1300件，切实做到"应收尽收"。开展规范性文件集中公开工作，依据国家、省关于做好行政规范性文件集中公开工作有关要求，对公开的规范性文件完成电子文档整理工作，并制作规范性文件库进行集中展示。高质量发布行政规范性文件正式版本，并制作规范性文件库进行集中展示，方便公众查询使用。

(三) 应民需入民心，政策解读实现多管齐下

1. 线上当好"传声筒"

充分运用政府网站、微信公众号、各类工作群等线上平台，及时对谯城区政策文件进行解读，确保政策应知尽知、应享尽享。通过局长讲政策、现场说政策、图表动漫解政策等多种形式，详细开展政策解读，为企业答疑解惑，确保各类政策落实到位。截至目前，通过各类平台发布政策解读619余篇。其中负责人解读102篇，图片解读105篇，部门解读245篇，专家和媒体解读167篇。

2. 线下架起"连心桥"

定期组织召开区政府、区直部门负责人政策解读现场会，围绕重大政策、重大规划、重大改革、重大项目，以及人民群众普遍关心关注的民生问题，进行"面对面"解读，提高政策措施知晓率和政府公信力。拉近政府与企业的距离，通俗的课堂讲透了政策和流程，实打实地将各项惠企政策送上了门，听了受益良多。截至目前，开展政策解读现场会11场覆盖560人次。

(四) 顺民意暖民心，精准推送惠企政策

1. 微信矩阵实时推送

谯城区以微信为基本载体，按照行业、产业和部门建立微信矩阵群，构建与企业常态化联络机制，完善政策服务体系，组织各部门常态化向企业主动推送政策信息，及时解答企业群众问题，实现永不打烊的政府服务、永不下线的政企面对面精准推送。

2. 线下沟通定期开展

定期召开政策宣讲会、政策早餐会、新闻发布会等，与群众"面对面"讲政策、听民声、汇民意、释民惑。对业务经办中的难点疑点问题，以实例方式详细讲解，对常见的理解误区，及时提醒说明，实现政企直联、政策直送、服务直达、需求直馈，推动惠企政策落地见效。2022年以来，共组织召开政策宣讲会53场，覆盖765人次，座谈会48场，覆盖521人次，政策早餐会139场，覆盖967人次，新闻发布会14场，发放最新政策汇编1682本，帮助企业了解政策、吃透政策、用好政策。

（五）听民声解民忧，政策咨询实现多元互补

1. 搭建线上政策咨询服务平台

通过开设政策咨询综合服务平台，为群众提供线上全天候政策咨询渠道，有对政策不理解的地方，可以通过平台进行咨询，安排专人在2个工作日内对群众咨询问题进行解答，让政策咨询像"熟人"问事一样方便、高效。2022年以来共受理各类政策咨询1200余件。

2. 搭建线下政策咨询服务专窗

各级政务公开专区均设立政策咨询窗口，现场能够解答的政策提问和办事咨询，由政策咨询专员引导至相关办事窗口进行政策解答；不能当场解答的，由政策咨询人填写政策咨询登记表，形成"服务工单"，转交至有关职能部门办理答复，限期反馈咨询人，跟进答复进度和回复质量，不断提升政策咨询服务品质；截至目前，累计现场答疑200余条。不断完善投诉机制，设立意见箱，规范办理流程，提高办结质量，做到事事有着落，件件有回音。

二 提升服务水平，赋能营商环境提质增效

（一）聚焦体制机制保障，履职尽责有力度

2023年年初，谯城区及时调整了以区委、区政府主要领导任"双组长"的创建一流营商环境工作领导小组，在全市率先成立了"谯城区优化营商环境服务中心"，作为区政府办公室二级机构，编制人数5人。成立了"班子成员＋中层干部＋工作人员"的为企业和项目服务专班，将现有的156家规上企业、150家重点规下企业、136家在建项目、42家拟落地项目、28家样本村，共512个企业和项目纳入工作专班包保范围，常态化开展"送政策、解难题"包保走访活动。区营商办会同区督查考核办组成联合督查组，通过实地走访、电话回访等方式进行抽查，进一步压紧责任，提高履职尽责能力，切实提升优化营商环境工作合力。

（二）聚焦重点指标调度，服务市场提速度

谯城区聚焦国家营商环境评价指标，进一步从优化流程、压缩时限、降低成本、提高便利度等环节入手，最大程度减环节、减材料、减时间、减成本，多方收集评价体系的具体测评内容，整理出了"国家发展改革委营商环境评价指标参考细项"261项，建立了《营商环境评价指标对标提升台账》，对营商环境评价指标体系中的18项一级评价指标，分别明确首问负责区级领导、"指标长"单位和责任单位，负责全权统筹推进该项指标相关工作，全力实现营商环境重点指标大突破。全年累计组织各类培训、模拟演练、调度会、实地核验30余场次，在省创优营商环境为企服务平台推动解决各类企业诉求2090件，联合印发营商环境建设情况专题通报5期，出台优化营商环境文件6个。短期内实现全区营商环境总体明显优化，各分项竞争力指数在市内全面领先，服务市场主体速度、效率大幅提升，企业群众获得感、满意度不断增强。

（三）聚焦交流平台搭建，优化环境有温度

谯城区进一步拓展沟通交流渠道，由四大班子领导带队，常态化开展政企畅聊"早餐会"活动，让企业家坐"C"位，面对面听取企业意见建议，把服务送到企业心坎上。同时，进一步整合优化"为企服务微信矩阵群"，实现企业随时反映问题、政府部门及时回应、责任单位及时办理的无缝对接，在政企之间架起一座高效沟通的直达桥梁，实现政企双向奔赴、相互成就的良性互动。5月份以来，区四套班子27位区领导，通过提前公示、接受预约、主动邀请等形式开展政企畅聊"早餐会"139场，参与企业967余家，收集解决问题737个；政企直通车收集问题750件，办结率100%，发布惠企政策1682条。

（四）聚焦工作作风改进，监督护航显担当

"过硬作风是创优一流营商环境和推动发展的根本保障"。为督促为企服务工作提质增效，区纪委专项督查组联合区营商办深入窗口单位开展全过程嵌入式监督，定期暗访督查窗口单位服务情况，督促各窗口单位优化、简化办事流程，规范、完善政务服务。同时，联合《谯城新闻》《谯

城之声》栏目组开设"持续优化行动,谯城区纪委监委在行动"专栏。截至目前,专栏共播发25期,实地走访企业416余次,回收调查问卷416份,收集摸排问题和建议219件,已办结215件,剩余4件正在督办中。

三 做实治理体系,助力"放管服"改革

(一)构建一网共治信息平台

为进一步创新社会治理体制,改进社会治理方式,提高基层社会治理社会化、法治化、智能化、专业化水平,打造共建共治共享的社会治理格局,谯城区全面推进一网共治工作。梳理出一网共治事项清单804类,1476项问题,将各项问题明确责任单位,形成责任清单。开发谯城区一网共治信息平台和服务管理中心场地建设。一网共治信息平台最大化地利用"邻长制"基层组织体系,实现数据集成、实时监测、闭环处置、指挥协同、多元应用等功能,成功打造"集中受理、分类处置、各方联动、限时办结、反馈评价、督查考核"的事件受理工作模式。

依托"四季菜单·暖心走访"行动,坚持党建引领、服务为民、便于操作、注重实效原则,按照组织发动、入户走访、问题处置、复盘提升等步骤及时收集群众诉求,及时将便民利民惠民等涉及群众切身利益的民生政策宣传到每家每户,提升为民服务实效,让群众的获得感、幸福感、安全感更加充实、更有保障、更可持续。

(二)推行工业项目审批改革

为进一步优化营商环境,切实解决项目落地时间长、开工率低等问题,近日,谯城区政府出台了《关于推进工业项目"3506"审批制度改革的若干举措》,在全市率先推行"3506"审批制度改革,实现"开办企业3个工作日内完成、不动产登记5个工作日内完成、工业生产建设项目拿地后0个工作日内开工建设(拿地即开工)、工程竣工后6个工作日内完成竣工验收",为工业项目快速落地提供审批制度保障,为全区如火如荼的工业建设增添新动力。

1. 优化流程再造

在谯城经开区管委会设立全程代办综合服务窗口，推行"一套表格、一份材料、一个窗口"，将申领工商营业执照、刻制企业公章、申领税务发票等环节合并办理，申请人只需填写"一套表格"，向"一个窗口"提交"一份材料"。

2. 精简审批环节

推行并联审批、"承诺制＋容缺审批"等改革措施，加快推动"五联一评"（五联：建设项目联合审批、联合审图、联合踏勘、联合测试、联合验收；一评："多评合一"），努力实现审批时限最短、服务最优的标准化和制度化。

3. 实现数据跑腿

推进住建部门的房屋交易信息、税务部门的纳税信息、工商部门的法人信息、公安机关的公民个人信息与国土资源部门的不动产信息互通共享，推进投资项目并联审批和提前服务工作。推动实体大厅与网上平台线上线下融合、基层服务网点与网上服务平台无缝对接，打造"互联网＋政务服务"的高效便捷新模式。

（三）务实推进政务公开专区建设

谯城区以政务公开专区建设为抓手，持续推进基层政务公开标准化规范化建设，依托政务服务大厅、镇街和村（居）便民服务中心等人流密集区域，建设区、镇、村三级政务公开专区，各政务公开专区统一提供政府信息查询、依申请公开受理、政策咨询、互动交流等功能，充分利用现有资源，为群众提供"一站式"的政务公开体验。

1. 立足标准规范，推动政务公开专区建设样板化

按照"高起点谋划、高标准要求、高质量推进"的要求，结合前期调研和工作实际，制定政务公开专区建设"五统一"（统一功能定位、统一规划布局、统一标识标牌、统一设备配置、统一管理要求）建设标准，规范专区建设内容，提供政府信息查询、信息公开申请、办事咨询答复。

2. 立足全面覆盖，推动专区建设向村居延伸

务实推进政务公开专区建设，今年以来，我们始终把公开专区建设作为一项重要工作，紧抓不放，不断强化工作调度，推动工作落实，政务公

开的对象由区逐渐向镇村覆盖，截至2022年年底，区本级、各乡镇（街道）、各村政务公开专区已全部建成并投入使用。在此基础上，为了充分发挥专区作用，进一步完善各级政务公开专区服务功能。目前，各专区功能设备齐全，功能完备，均能够常态化开展服务。

3. 立足便民服务，打造贴心服务专区

专区建设以便民、利民、亲民为目标，配备了查询机、打印机、休息桌椅、饮水机、老花镜、雨伞等物品设施供群众使用，以精细化、多样化的服务，让村民感受到如家般的温暖；另外在阅读区放置了政府公报、政务公开相关书籍、政策折页、办事指南汇编等，为等候办事的群众提供可查阅的政策解读文件，起到政务公开宣传作用。

4. 立足助企纾困，提供政策咨询服务

专区设立政策咨询服务区，提供政策解读信息，简单政策咨询由办事咨询区专员现场解答，专业性政策咨询类问题会形成"服务工单"，转到有关职能部门办理答复，并跟进答复进度和回复质量，不断提升政策咨询服务品质；不断完善投诉机制，设立意见箱，规范办理流程，提高办结质量，做到事事有着落，件件有回音；同时，将主动公开政府信息工作流程图、重点公开事项二维码矩阵图上墙展示，群众通过扫码便可查询政府文件、政策解读、重点工作规划、基层公开等事项，实现了一扫尽知、一"码"告知，高效解决群众不会办、不懂办、跑多次办等问题。

（四）全力推进基层政务公开

扎实推进基层政务公开标准化规范化建设，充分结合区域和领域特点，优化完善相关领域目录标准，目前基层政务公开内容已涉及卫生健康、义务教育、社会救助、自然资源、保障性住房、农村危房改造等30个领域。制定基层政务公开提升行动工作方案，扎实开展基层政务公开提升专项行动。创建基层政务公开标准化规范化工作专题，保障群众获取信息更方便、更快捷，截至目前专题专栏更新信息44305条，实现"应公开尽公开"目标。坚持紧扣市场发展，全力推进便民利企。

深入推进政务公开向村居延伸。谯城区以居民群众关注的热点、难点问题为重点，推进政务公开不断向村居延伸，聚焦惠民便民，开设村务公开专栏，及时公开涉农补贴申报信息，同时汇总当年面向农村的各类惠民惠农财政补贴资金实际发放结果,年底前将发放结果以村为单位通过标准化村务公开栏公开,公开期满相关材料留存村委会供村民查询。2022年以来,公开涉农补贴信息3000余条。实施"书香村居+政务公开专区"和"便民服务中心+政务公开专区"建设,拓宽公开渠道,打造集信息查询、信息公开申请、办事咨询答复等服务于一体的政务公开专区。

四 当前政务公开工作存在的问题

(一)公开效能有待加强

目前看来,政务公开的主要矛盾已从公开数量逐步转向公开质量,政务公开服务群众能力和水平也有待进一步加强,市场主体和社会公众通过政府平台获取的信息总量较低,营商环境信息化管理的内容建设、渠道建设和对外宣传还有待提升。对涉及企业和群众切身利益、社会关注度高的重点领域,部分政府部门对政务信息的甄别、管理和使用等情况,有时还达不到人民群众所期望的那样融会贯通。哪些信息需要公开、在什么范围内公开、依据什么程序公开等问题成为"牵绊"。有时会出现信息不同步或不对称等现象,直接影响政务公开整体效能的发挥。

(二)政民互动水平有待提高

当前,由于部分政务公开工作人员仅仅以完成网站建设、信息更新等任务为目标,一定程度上忽视了公众的需求和利益。政民互动形式比较单一,一些网站留言栏目的责任单位或留言承办单位对留言签收认领不及时,存在拖延办理、留言无回应或答复超期的现象。基层政府对政府信息认识不全、理解不深、风险意识不强,运用网络和信息辅助决策能力不强,主动回应、互动交流等方面发展不足。

(三)基层政务公开质量有待提升

基层政务公开存在一定的形式化、表面化倾向。当前,在基层"两化"专题上,各行政机关的信息公开仍然存在"重形式轻实际、重原则轻内容、重结果轻过程"等现状,政府主动公开的信息大多数是普通业务动态类的信息，涉及群众切实想了解的政府信息仍较少，各行政机关更多着眼于完成信息公开的基本任务，公开内容不够丰富，实效性不强。部分需要主动公开的事项信息发布不及时，公开时间和实际情况不符，致使公众难以在第一时间了解相关政府工作情况。各级行政机关需进一步加大信息公开的勇气和力度，提高数据公开的主动性、完备性、及时性以及办事流程和进展环节的开放度，提高信息答复的质量。

五　思考和建议

（一）围绕提质增效，拓宽政务公开平台

进一步健全工作机制，全面梳理政务公开工作各项机制，加快建立健全运用互联网、云计算、大数据、人工智能等技术手段推进政务公开的制度规则，推动新一代信息技术广泛运用到政务公开上，让政务公开更高效、更智能。进一步规范政府信息公开平台，深入开发利用集约化建设成果，努力推动数据开放、互动交流等功能进一步改善。依托政务服务网，将依申请公开政府信息作为公共服务事项，实现在线办理、全程可监督。依托政务公开服务专区及自助终端，实现线上线下融合。推进谯城区政府网站与政务服务网深度融合，全面优化升级网站"服务"栏目，充分体现和全面展示"放管服"改革成果和数字政府服务能力建设成果，不断增强人民群众对政府信息的获得感和满意度，推动谯城区政务公开进入新阶段、形成新格局、迈上新台阶。因此，作为服务型政府，只有让各界各类社会群体切实感受到政务公开服务，习惯于政务公开服务，才能构建良好的政企关系、政商关系、政社关系，不断取信于民，增强政府的公信力。

（二）围绕政民互动，创新社会治理

政府与公众互动过程中信息双向流动，信息的交流反馈特点明显，在政策问题构建、政策决策咨询、政策过程监督、政策效果评价中这种互动较为常见；政府与公众合作往往是针对某一具体公共问题形成的政府与利益相关者合作治理、社会群体进行公开监督的一种模式，通过政务公开平

台让相关利益主体共同参与到合作治理框架中，以公开、透明、群策群力的方式构建协同治理机制，可以有效促进公共问题的解决。畅通政民互动渠道，充分运用政务新媒体、政府网站、政务热线等平台听民意、聚民智、解民忧、凝民心，走好群众路线。加强与业务部门沟通协作，对于群众诉求要限时办结、及时反馈，确保合理诉求得到有效解决。注重结合重大活动、重要节日及纪念日、主题日等设置话题、策划活动，探索政民互动新方式。加强社会监督，拓宽社会公众、企业、媒体的监督渠道，政府也要主动回应公众的监督需求，加快"互联网＋监督"的电子化进程，完善动态跟进式监管机制，提高监督效率。依法推进依申请件办理，落实法律顾问参与机制，及时回复申请人想要了解并可以公开的各类政府信息。

（三）围绕需求导向，构建信息管理机制

建议以多种形式对政务公开信息进行分类分群整合发布，既包括现有的按照信息属性进行分类展示，也包括按照市场主体或社会群体身份进行分类发布。在政务服务办事大厅，建议实行首位接待员负责制，减少推诿扯皮，杜绝无人应答，提升办事效率，增强政务服务的工作满意度。

强化依申请公开转主动公开机制。将未纳入主动公开范围但符合法定公开要求的政府信息，按照一定程序转化为向社会主动公开的政府信息活动过程。建议构建依申请公开转主动公开的工作机制和实施办法，同一信息一年内被3名以上（含3名）申请人分别申请且相关行政机关已通过依申请渠道予以公开的转为主动公开；设置依申请转主动公开专栏，及时公布相关信息；对于多次提出建设性意见建议的组织个人，纳入政府决策咨询顾问团。

（四）围绕规范运行，强化监督问责

监督管理是保障政务公开标准化规范化运行的重要环节，而完善的问责机制又提高了监督的效果。明确各方职责与任务，同时，建立政务公开监督标准，细化各领域各环节的政务公开内容、形式、时限以及相关的政策解读、舆情回应、制度建设等全环节监督标准。完善政务公开标准化建

设的问责机制，对于人民群众最为关注的现实利益诉求和正当要求回应不及时的，或在政务公开标准化中照搬照抄、敷衍了事的，按照程序严肃问责，并将相关责任人、问责事由、程序、结果等向群众全面公开，加大责任追究力度。做到让群众参与决策的，做到事前公开；让群众参与管理的，做到事中公开；让群众参与监督的，做到事后公开，保障群众的知情权、参与权、监督权贯穿政务公开标准化全过程。

第三编

公开助力创新社会治理

深化政务公开促进基层政府治理能力提升的成都实践

刘延平　田　蒙　徐　霁[*]

摘　要： 政务公开是行政机关全面推进决策、执行、管理、服务、结果全过程公开，提升政府治理能力的制度安排。成都市结合各区（市）县实际，探索将政务公开贯穿于行政机关履行行政管理职能的各领域和全过程，以多元化促进公众参与、多样化开展政策解读、实效化推进智慧政务、实质化融入重点领域为切入点和突破口，着力提升基层政府决策、执行、管理、服务能力和水平。

关键词： 政务公开　基层政府　政府治理

一　引言

基层治理是国家治理的基石。基层政府直接联系服务人民群众，是党中央、国务院决策部署的重要执行者。[①] 政务公开作为增强政府公信力执行力、提升政府治理能力的重要制度安排，对提升基层政府治理能力具有重要意义。坚持以人民为中心深化政务公开，是提升基层政府治理能力的有效途径。

---

[*] 刘延平，四川省成都市网络理政办政府信息公开处处长；田蒙，四川省成都市网络理政办政府信息公开处副处长；徐霁，四川省成都市经济发展研究院（成都市经济信息中心）智慧治理研究所所长。

[①] 《关于全面推进基层政务公开标准化规范化工作的指导意见》（国办发〔2019〕54号）。

成都市认真落实《四川省人民政府办公厅关于深化政务公开促进基层政府治理能力提升工作方案》（川办函〔2021〕57号）（以下简称《工作方案》），以深化政务公开促进基层政府治理能力提升先行县为牵引，鼓励各区（市）县将创新理念贯穿政务公开工作始终，探索从公众参与、政策解读、智慧政务、回应关切等方面推动基层政府决策、执行、服务、管理能力提升：一是立足群众和企业视角，从群众和企业实际需求出发，聚焦民生类和服务类信息公开，公开基层办事服务流程，提升基层群众满意度和获得感。二是落实基层政务公开标准化规范化工作要求，有效保障基层群众的知情权、参与权、监督权，促进基层社会治理体系和治理能力现代化水平提升。三是深化"互联网+政务服务"向基层延伸，促进基层政务公开服务更高效、更便捷。四是强化全市统筹，实现基层政务公开在区（市）县、镇（街道）整体联动并向村（社区）延伸，形成工作合力。

二 成都做法

为推动政务公开与政府治理有机融合，成都市坚持从企业和群众需求出发，让公开成为自觉、透明成为常态，探索基层政府治理能力提升路径。

（一）多元化促进公众参与，提升基层政府公共决策水平

坚持以人民为中心的发展思想，发挥基层群众力量在推进基层政务公开过程中的作用，是依法保障群众知情权、参与权、监督权的重要举措。成都市通过面对面开展政务开放日活动、点对点进行议事协商、邀请体验官沉浸式获取公开体验等举措，积极创新多元化公众参与模式，让政务公开面向群众、服务基层，促进群众积极参与决策，增强决策感知，强化决策监督，从而提升基层政府公共决策水平。

1. 面对面开展政务开放

成都市多个区（市）县在常态化开展"政务开放日（周）"活动的基础上，通过丰富主题设定、优化开展形式、提高开展频次等探索创新，夯

实面对面开展"政务开放日"服务质效，拉进政府和群众距离，及时回应群众关切，积极履职尽责。具体而言，多个区（市）县积极围绕优化营商环境主题，开展区（市）县"蓉易见"企业服务"政务开放日"系列活动，为解决企业急难愁盼的问题，持续优化全市营商环境搭建桥梁；在与企业、市民喝茶聊天过程中开展"头脑风暴"、举行圆桌会议，开展政策宣讲与解读，倾听企业和群众心声，解决难题、回应关切；根据社会热点发生时间、重要政策发布时间，提高热点回应、政策吹风会等主题政务公开活动开展频次。

如都江堰市"蓉易见·亲清茶叙"活动，新都区"蓉易见·香城企业茶话会"活动，简阳市"蓉易见·政企简约"活动；金牛区在深化"蓉易见·金商茶叙"系列活动的基础上，创新构建"企业有困难，直接找领导"——"亲清在线"金牛政企"蓉易见"连线服务机制等，针对企业面临的各种问题提供线下"一对一"当面服务。双流区分别围绕企业、市民需求开展"企业咖啡时""市民茶话吧""科创菁英汇"等形式多样的"政务开放日"活动。其中，"市民茶话吧"活动围绕征地拆迁、噪音扰民、涉农补贴等群众关心的问题，2022年已累计开展752场，参与人数15686人次，解决疑难问题946件，收集建议类问题1117件。新都区在基层文化站、镇街文化广场设置"政务开放日"会场，嵌入"政策有奖问答"活动，激发市民参与政务公开的热情。

2. 点对点进行议事协商

基层议事协商是促进基层治理、实现从"为民做主"向"由民做主"转变的有效手段。除座谈会、听证会等传统形式，成都市多个区（市）县创新基层政务议事协商治理方式，通过丰富协商主题、灵活议事地点，走进基层、来到群众身边，点对点听民声、聚民心，探索出一批定期线下议事、便利群众意见表达、群众广泛参与决策的特色做法。具体而言，多个区（市）县按照因地制宜、便利群众原则，让普通群众当主角，把群众眼中"高大上"的规划建设工作、社区发展治理、法律知识普及、环境保护提升等设置为基层协商议事主题；议事地点既可在室内的村级活动场地，又可搬到公园里、马路边、社区院落和田间地头。

如新津区联合教育局、公安分局、检察院、法院等，常态化开展"刺梨"普法进校园的主题微协商活动，截至2023年1月，该活动已开展 350 余场。锦江区在全区所有街道、社区建立小微协商平台 70 余个，针对社区居民小区电动车棚智能化改造、空巢老人居家智慧养老等一批民生议题开展基层协商议事。武侯区玉林街道某小区建立院落民情议事会和"居民信义议事厅"，前者是院落事务的最高决策机构，后者负责院落管理工作和群众问题解决，院落的事都在院落里处理和解决。都江堰市聚源镇辖区内每个社区每月以村民小组为单位在院坝里召开一次"七点坝坝会"，2020 年以来已常态化开展 720 余场。新津区将梨花溪文化旅游景区前马路需新增人行通道的基层微协商会开在了马路边，就地协商当前面临的安全隐患以及人行通道建设需求等。

3. 沉浸式获取公开体验

推进基层行政决策内容、过程公开是促进基层政府决策水平提升的有效手段。成都市多个区（市）县聘请"政务公开体验官"沉浸式体验、全过程参与政策全生命周期管理，强化群众在基层政务公开中的参与度和感知度，促进群众对基层行政决策的知晓与理解。具体而言，多个区（市）县聚焦营商环境优化，邀请本地区人大代表、政协委员、企业代表和热心市民等通过到政务大厅实地体验办事流程；选取企业经营的重要环节进行办事体验，对部分重点点位进行观察走访，沉浸式体验营商环境服务水平；邀请干部群众等多方参与基层行政决策全生命周期管理，包含政策前期研究、颁布出台、执行实施、成效评估等过程。

如四川天府新区组织营商环境体验官开展"全流程体验"+观察+研讨活动，针对纳税、政务服务、法治保障、开办企业、社保医保等企业经营的重要环节进行体验，并对部分重点点位进行观察走访。金牛区聚焦企业群众办事体验和感受度，开展营商环境"全流程体验"活动，分别邀请体验官走进政务服务大厅、企业园区和行政执法现场，全流程体验政务服务。都江堰市邀请人大代表、政协委员、社区干部、热心市民作为政务公开"体验官"，全链条全过程参与政策"全生命周期"管理，包含政策前期研究、颁布出台、执行实施、成效评估等过程。在政策制定阶段，"体验官"提出意见建议，参与政策执行可行性论证；在政策执行过程中，"体验官"深入企业和群众，做好政策宣传和现场解读；在政策监督方面，"体验官"走进机关近距离体验政府日常工作，了解并监督政策执行情况；在政策反馈方面，"体验官"针对收集到的群众意见建议，将反映强烈的问题及疑问反馈给政策制定单位,督促政策制定单位积极解答疑问并完善制度。

(二) 多样化开展政策解读,提升基层政府政策执行效能

政策的宣传解读是帮助公众获取政策信息、准确理解政策、提升政策执行效能的有效路径。政策执行主体采取多样化宣传手段有利于公众了解政策内容和目标并采取配合行动,助于政策的推行。[1] 成都市持续完善政策"解读人"机制,建立补充"解读人"和线上"解读人"团队,着力提高政策宣传解读的可及性、传播力,让政策受众知晓政策、理解政策,推动各级行政机关政策执行落实,促进基层政府政策执行效能提升。

1. 政策"解读人"倾力做好专业化解读

成都市高度重视政策文件的宣传解读工作,各区(市)县按照《成都市政策解读规定》要求,持续深化政策"解读人"制度,聚焦政策解读队伍培养、解读渠道拓展,以解读促落实,进一步提升政策知晓率、传播率。具体而言,各区(市)县明确解读人原则上由政策文件制定部门的业务处(科)室负责人担任,在公开规范性文件的同时,同步公开文件的具体解读机构、解读人、联系方式并实时更新,实现政策解读"人工服务"模式,构建线上线下相结合的解读回应模式,即时沟通交流反馈,形成良性互动。23个区(市)县均在政府门户网站政务公开版块建立政策解读栏目并动态更新,按照解读形式分类公开、关联政策发布;部分区(市)县结合本地实际,出台本地区政策解读实施相关文件。

如四川天府新区门户网站政策解读栏目下设政策解读、多元政策解读2个子栏目。成华区政府门户网站政策解读栏目,下设文件解读、图文解读、精准解读、视频解读4个子栏目。龙泉驿区门户网站政策解读栏目下设图文图解、文件解读2个子栏目。各区(市)县在政府门户网站发布的政策解读,均在微信公众号、微博官方号等新媒体渠道同步发布。成华区、青白江区结合本地实际,分别出台《成华区政策解读办法》(成华府办函〔2022〕6号)、《青白江区政策解读实施细则》(青府办发〔2021

---

[1] 程镝、郭然:《减税降费政策如何取得更好执策如何取得更好执行效果——基于H省十三市(地)的案例分析》,《理论探讨》2023年第1期。

36号），规范解读原则、解读内容与形式、解读流程、解读人要求及解读回应等。

2. 补充"解读人"通力做好延展性解读

在落实政策"解读人"制度的基础上，成都市探索将社区院落工作者、"政务公开体验官"作为政策解读的补充力量，组建起一支补充"解读人"团队，统筹推进将政策解读延伸到社区基层等神经末梢，扩大政策解读覆盖范围。具体而言，成都市多个区（市）县联动社区院落协同开展政策解读，让政策解读直达基层，提升传播效率；借力"政务公开体验官"深化政策解读，针对"体验官"开展政策背景、内容、执行、反馈全链条系统培训，并由"体验官"作为志愿者分享政策参与体验、宣讲政策。

如都江堰市除将社区干部、"政务公开体验官"纳入政策宣传队伍，还组建由市委书记、市长挂帅，市级部门和要素保障部门、镇（街道）主要负责人以及政策制定人作为组成人员的"金牌服务生"队伍，对政策依据、政策执行情况、政策监督反馈情况等方面进行现场解读。龙泉驿区洪安镇编制《成都市龙泉驿区农村惠民政策汇编》，全面梳理收录了从出生到殡葬的人生全阶段以及农业方面的农村惠民政策，政策汇编发放到村、镇两级干部手中，方便干部更深入、更准确地掌握各项惠民政策并及时为群众解难答疑；同安街道各村（社区）分别开展"主任龙门阵"活动，请村、社区干部和居民们一起通过"摆龙门阵"的方式解读人居环境、社保等各项政策。

3. 线上"解读人"协力做好多层次解读

成都市在积极举办坝坝会、圆桌会议等线下政策宣传解读的同时，还通过新媒体矩阵联动宣传等方式组建线上"解读人"团队，创新线上政策解读方式，协力做好多层次解读。具体而言，成都市多个区（市）县融合电视、电台、微信公众号、抖音号、政务App等多种媒体平台构建新媒体矩阵，从群众政务公开需求出发，充分利用新媒体传播范围广、形式新颖、群众喜闻乐见的特点，推出政务公开直播间、微视频、现场解说等线上解读产品，提高政务公开服务效率，拓宽政务公开服务范围，用多种方式讲好当地政务公开故事。

如蒲江县推出《民"声"直通车》栏目，听民声、汇民智，通过

"绿色蒲江"微信公众号、"绿色蒲江"抖音号、"蒲江发布"移动客户端等新媒体平台,使政策解读多元覆盖、精准到达。其中交警现场解说+后期动画图文结合方式介绍交通通行新规划,截至2022年12月,栏目已播出40期,接听电话百余个,各平台发稿500条次,全网浏览量百万余人次。双流区运用"云上双流"App、"双流发布"、广播电台空港之声等平台,创新"广都龙门阵",以群众喜闻乐见的形式对政策进行公开与宣讲;区残联与融媒体中心联合开办电视手语节目《一周新闻集锦》和残疾人广播专栏节目《共享阳光》,帮助特殊人群快速理解政策,拓宽助残惠残政策知晓度。都江堰市以聚源镇为试点组建社区直播间、推出"聚源说"微视频,将惠民惠农政策、便民服务办事指南等内容,以情景再现、人物对话、操作演示形式等,制作时长两分钟的政务微视频并通过镇、社区电视大屏等宣传终端和微信、微博、抖音等媒介进行广泛宣传。武侯区举行政策解读直播会,以线上推介会的形式介绍促进经济高质量发展的若干政策,吸引了38万人次同步观看。青羊区推出以税务服务为主题的"冯丽直播间",讲解税收政策、展示线上实物操作,实时互动答疑。

(三) 实效化推进智慧政务,提升基层政府政务服务水平

公开即服务,服务即公开,智慧公开与智慧服务相互融合、相互促进。成都市充分运用数字技术,智慧赋能政务公开工作。通过持续推动政务数据共享、平台优化,基于成都市政府网站集约化平台整合政府信息公开资源,以"天府蓉易办""天府蓉易享"平台为依托提升一网通办能力,积极探索"互联网+政务公开+基层治理"新模式,整合镇(街道)、村(社区)各项资源与数据,提升基层政府政务服务水平。

1. "智慧蓉城"助力政务服务"就近办"

智慧蓉城建设的持续深化为基层政务公开数字化智能化水平的进一步提升提供了契机。"天府蓉易办""天府蓉易享"平台作为智慧蓉城建设的重要支撑,通过线上线下基层站点的建设和持续优化,实现智慧服务群众、助力政务服务就近办,让政务服务通过互联网更加精准、便利地传导至基层,让智慧蓉城建设红利惠及更多人群。具体而言,"天府蓉易办"平台目前已构建起覆盖成都市、区(市)县、镇(街道)、村(社区)

四级的智慧政务公开服务网络，同时提供"天府蓉易办"App、小程序移动服务。同时，全市多个街道、社区已投用"天府蓉易办"、社保、公安、水电气自助服务等自主机，方便上班族在非工作时间办事、在家门口就近办事。

如成都高新区在桂溪街道、合作街道等6个街道建成24小时智能自助政务服务超市，方便居民夜间办事。青白江区在全区设立9个24小时"智慧政务小屋"，配备"天府蓉易办、社保一体机、水电气自助缴费"等自助终端126台，社保查询、户籍证明等221项业务实现24小时"不打烊"政务公开服务。同时，为满足非网民群众的政务公开服务需求，印制"网上办""掌上办"辅导手册4000余份，为网上查询和办事有困难的群众提供辅导服务。锦江区在喜树路、汇泉路等社区综合体以及部分社区党群服务中心引入身份证取证、社保查询、生活缴费等自助服务设备，打造24小时自助服务驿站、自主公共服务终端等，营造全维度不打烊的社区便民生活和政务公开服务环境。成华区在保和街道和美社区、二仙桥街道下涧漕社区、青龙街道致强社区等打造公安24小时线下自助服务区。

2. "互联网+"赋能公开信息"随时查"

充分运用"互联网+"技术尤其是移动互联网技术提升基层政务公开信息化智慧化水平，能够同时为政务公开供给侧和需求侧提供有力支撑。成都市多个区（市）县将线上资源集合成电子册、实现公开信息"随时查"，即将线上政务公开电子资源集合起来，支持基层政务公开信息的动态更新，便利群众随时随地获取基层政务公开信息。具体而言，多个区（市）县积极创新特色政务公开方式，打造政务公开"三个一"载体，即"一张图""一个码""一手册"：将区政务公开专区及查阅点、三级便民服务体系、各区级职能机构基础信息有机融合，打造"政务公开电子地图"。

如双流区的"政务公开一码通"，将区级部门、镇（街道）办公地址及新媒体账号、规范性文件及解读和政务公开法律法规及政策文件，有机融合生成二维码。同时针对非智能手机用户群体，汇总各区级部门、各镇（街道）电话号码及地址，推出纸质版"政务公开一册通"。群众看一张图、扫一个码或读一本册即可获取基层政务公开信息。青白江区运用智能化手段赋能政务公开,创新咨询服务,汇聚区、镇(街道)、村(社区)窗口咨询电话及水、电、气、讯等公共服务单位电话等政务公开信息实现"一码咨询""指尖查"。群众扫码后即可"一键直通",与窗口人员进行"一对一"交流沟通,获取专业、精准的解答。2022年全年已通过"一码咨询"开展服务1.2万余次。将全区93个政务网点、1327个政务服务事项集成到"数字政务地图"上,实现"政务网点一图集成、办事地点一键导航、咨询辅导一键直达"。

(四)实质化融入重点领域,提升基层政府回应关切能力

成都市各区(市)县根据国务院部门制定的基层政务公开标准目录,结合当地实际与社会热点,聚焦群众关注的"关键小事",构建公众可全过程协同参与机制;聚焦群众关心的切身利益问题,构建全过程公开透明的监督机制;着力打造靠近群众的公开点位,构建便捷的"一站式"服务机制,提升基层政府回应公众关切的深度、广度和便捷度。

1. 在群众关注的"关键小事"上,请群众全过程参与

发挥政府信息对人民群众生产、生活和经济社会活动的服务作用是政务公开的主要目的,基层政务公开更要聚焦老百姓的身边事,服务于基层群众的生产与生活。成都市多个区(市)县聚焦群众有感的"关键小事",注重贴近民生实事,构建公众可全过程协同参与的机制,是回应社会热点关切的重要举措。具体而言,多个区(市)县在市政管理等民生领域结合群众所忧所急所盼,开展多样化的政务公开活动,不断提高群众的社会治理参与意识,让更多群众走进、了解、参与重点领域的政务公开,不断提升公共服务水平。

如青白江区综合执法局常态化开展"城管开放日"互动活动,邀请市民志愿者、人大代表、政协委员通过观摩体验、互动参观、座谈交流等多种方式深入了解城市管理工作,包括全链条、全过程体验油烟检测、路灯维护"高空作业"、共享单车清运与消杀、智慧城管平台问题发现与受理处置流程等。截至2022年年底,青白江区综合执法局举办"城管开放日"互动活动27期,主动邀请市民志愿者、人大代表、政协委员等400余人次。新都区综合行政执法局引导社会大众参与违法建设治理工作,邀请香城细管监督员、城管志愿者及市民参观某小区违法建设治理成果、展

板并召开座谈会深入交流。

2. 在群众关心的切身利益问题上，请群众全流程监督

政务公开是将政府行政管理过程公开化、透明化以加强公众对政府监督的互动过程[①]。成都市多个区（市）县聚焦关系群众切身利益的重点领域，强化过程留痕管理，构建全过程公开透明的监督机制，是以制度与机制建设确保权力在阳光下运行的重要手段。具体而言，部分区（市）县在惠民惠农补贴发放、教育学位摇号等民生领域，依托信息化、数字化手段推行民生要事网上办、公开办，让重点领域的管理更加规范、透明、高效，推动实现重点领域政务信息的全过程留痕与可回溯管理。

如全市23个区（市）县财政部门通过政府门户网站、财政部门官方网站集中公开本区域所有惠民惠农项目政策清单。同时依托四川省惠民惠农公众服务网，对外公开惠民惠农补贴项目审批、发放、公示情况，以及惠民惠农补贴政策，提供补贴在线申报、信息查询、投诉举报等服务，方便群众查询和监督。蒲江县教育局对家长关注度高的随机排位录取学生环节，坚持"五公开"和"五统一"，即公开招生计划、报名条件、报名办法、招生日程，录取办法，统一下达学位计划、网上报名系统、随机派位时间、随机派位流程，公布派位结果。在保障数据真实精准、确保随机派位公开公正方面，邀请人大代表、家长代表、纪检干部等全程监督，现场参与摇号，并以不可擦写光盘刻制数据、录像并封存光盘等方式做好资料留存。

3. 在打造靠近群众的公开点位上，县乡村全链条联动

为向基层群众提供权威、集中、便捷的政务公开服务，成都市多个区（市）县着力打造靠近群众的公开点位，推动基层政务公开向农村、社区延伸，构建便捷的"一站式"服务机制，不断提升基层政府回应公众关切的服务效能。具体而言，成都市引导各区（市）县以基层群众实际需求为导向，在政务服务场所、图书馆等多处统一打造本地"政务公开专区服务矩阵"。将重点领域的服务中心按照与政务服务中心"同时规划、同时建设、同时投运"原则建成重点领域一体化区（市）县服务中心、镇（街道）服务站与村（社区）服务点，形成公开平台上下联动的协同

---

① 李霞：《推进政务公开 深化行政管理体制改革》，《中国监察》2007年第4期。

机制,进一步提升为群众办实事的质量水平,不断增强人民群众的获得感、幸福感、安全感。

如都江堰市将"4+N"政务公开专区建设标准(政策咨询区、自助查询区、资料阅览区、申请填报区和N项特色服务功能区)从政务中心的"政务公开+三色服务"(红色导办、橙色帮办、黄色协办)拓展至如退役军人服务特色专区、青城山旅游装备产业功能区企业服务专区。蒲江县强化公共法律服务公开体系建设,联通县级公共法律服务中心、镇(街道)法律服务工作站和村(社区)法律之家三级线下公开平台,并按要求将18个公开标准目录事项全部入驻县公共法律服务中心,通过精准推送、线上新媒体平台和线下实体平台等多种渠道全面进行公开。2022年,蒲江县公共法律服务中心办理法律援助案件338件,公证出证1350件,提供其他法律服务事项5600余人次,年均服务次数占全县总数的65%。

三　面临的困境

结合基层政务公开工作开展情况,成都市在增强主动公开意识、推广创新经验做法、政务公开数字化应用等方面仍有较大提升的空间,这也是进一步推动基层治理能力提升须破除的瓶颈问题。

(一) 基层政务公开的主动意识有待提高

从成都市基层政务公开的工作开展情况来看,一是主动公开、提升群众参与度的意识不强。未将公开内容充分与群众生活关心关切的热点、难点充分结合,在事前、事中公开较少。二是未充分意识到政务公开与行政业务的互促关系。部分单位未将政务公开与提升所在业务领域治理能力相关联,主动进行政务公开的内生动力不足。三是政务公开人员的专业度不高。存在负责政务公开工作的人员流动性大、政务公开人员身兼数职等现象,难以高效推进相关工作,一定程度上制约了政务公开工作的服务质效与创新度提升。

（二）基层政务公开的推广机制有待完善

当前成都市多个区（市）县在政务公开领域已涌现出一批值得复制推广的优秀做法，但总体而言，创新度还有待加强提升。从部分优秀做法的推广覆盖范围来看，各区（市）县间还存在以各自探索为主、交流学习不足的情况。全市在统一组织学习互鉴、复制推广优秀做法方面的力度还有待加强。

（三）基层政务公开的数字化应用有待探索

在整体统筹下，成都市各区（市）县基层政务公开的数字化进程在有序推动，也能提供较多领域的智慧化政务公开服务。但从基层治理的数字化应用层面角度看，一是部分区（市）县开展特色化政务公开的深度与广度还有待提高，须结合当地实际做好基层政务公开数字化服务。二是现有基层数据、资源价值未得到充分挖掘，有待进一步整合、分析与应用，以数据助推基层治理水平提升的空间较大。

四　对策与建议

在深化政务公开促进基层政府治理能力提升方面，成都市取得了一定成效，但在实际工作中仍面临上述提及困境。为有力有序有效推进深化政务公开促进基层政府治理能力提升工作，需从以下方面持续发力。

（一）强化思想引领，促进政务公开与业务工作融合

一是提升人才专业水平。各区（市）县要坚持每年学习国家、省、市政务公开要点，基层政府部门工作人员要懂公开，政务公开工作人员要懂业务。向社会公众做好政务公开、推进政务阳光透明的同时，更要引导政务公开主体提升主动公开意识、拓展政务公开覆盖范围。二是推动公开与业务有机融合。通过扩大特色政务公开专区建设范围、强化重点领域政务公开、加强政策解读协同联动等多种举措，积极主动回应社会关切，实现以公开促进基层政府业务和服务提质增效。

（二）优化工作机制，推动创新做法有效转化

一是鼓励工作创新。鼓励各区（市）县在政务公开领域积极创新，不同地区探索差异化发展路径。建立激励机制和容错纠错机制，为政务公开领域创新创造良好的制度环境和价值导向。二是及时总结经验。定期开展政务公开领域基层调研，对创新经验和优秀做法及时进行系统性总结。鼓励开展多种形式的交流学习，畅通优秀做法及创新经验的上报渠道和宣传渠道，建立区（市）县间学习互鉴机制。三是积极复制推广。对符合成都本地实际，可全域推广的优秀做法积极复制推广。各区（市）县要主动对标优秀，确保复制推广举措落实落地，进一步扩大优秀做法成效覆盖范围，推动全市政务公开水平整体提升。

（三）深化智慧赋能，助推基层治理提质增效

一是坚持需求导向注重实效性。在数字政府建设背景下，基层政府要坚持需求导向，聚焦群众和企业的关心关切，开展政务公开工作，运用数字技术持续创新公开形式、拓展公开渠道，增加公开内容可读性和传播便利度，提升基层政府治理实效。二是提升基层智慧治理水平。将数字技术、智慧化手段充分运用到基层政务公开的业务实践中，强化数据资源的共享共用，提升基层政务公开工作效率。依托大数据分析应用，精准把握公众政策需求热点，辅助基层政府开展研判、制定决策，以数字赋能提升基层政府智慧治理水平。

山东省聊城市以"公开议事"助推共建共治共享

姜 灿 邢静欣 赵 迎[*]

摘 要： 山东省聊城市积极转变政府职能，建立"公开议事+普法用法"新模式，持续深化政务公开工作，始终坚持以人民为中心的发展思想，深入践行"把群众的事当成天大的事"理念，将打造基层治理共同体作为加强基层治理体系和治理能力现代化建设的一个重要工作原则，切实增强基层依法治理实效。

关键词： 政务公开 居民公开议事 基层治理 融合发展

一 聊城市关于政务公开融合社会治理的举措

近年来，聊城市立足新时期政府的新职能、新任务和新要求，按照上级的统一安排部署，深入践行新时代"枫桥经验"，把政务公开融入基层社会治理创新的重要环节，不断加大政务公开力度，大胆创新，多样化公开形式，丰富公开载体形式，紧扣"共建共治共享"的治理要求，构建全方位、多层次的政务公开工作新格局。以"居民议事会"听民意，在普法用法中解难题，有效激发基层群众参与基层社会治理的热情和积极性，实现政府与群众之间的良性互动。随着基层社会治理能力现代化进程

---

[*] 姜灿，聊城市政府办公室副主任；邢静欣，聊城市政府办公室政务公开办公室主任，一级主任科员；赵迎，临清市大数据中心科员。

的推进，社会治理重心向基层下移，政务公开是实现基层政府与公众良性互动和有机衔接的"桥梁"。为搭建好这个"桥梁"，聊城市政府办公室依托市政府门户网站，以群众需求为导向，在基层社会治理服务质量上下功夫，倒逼政务公开提升。

（一）提升政策落地的透明度

以"公开就是最好的服务"为理念，强化政策文件、基层治理、为民办事三大重点领域信息公开，助推政务公开的全领域化。完善议事活动规范制度，规范议事日活动的主要职能、运行程序、后勤保障等，完善的议事流程，使居民议事有章可循。依托居民公开议事厅，通过"公开议事"形式解读政策方针，听取群众意见，及时发现工作开展过程中群众关心的热点、工作推进的难点，定点发力，精准施策，逐项突破。积极开展"我为政策解读献计策""有事多商量·民生议事室""居民议事日暨政务公开"等多个系列活动，按照"大事大议、小事小议、急事快议"的原则，推行"会场+现场""对话+书面"等灵活多样的议事方式，创造畅所欲言的空间环境和表达意愿诉求的快速通道，切实提高议事效率，解决与群众相关的民生问题。

组织各单位开展全市"国家宪法日""宪法宣传周""法治宣传教育月"活动，通过微信公众号、LED显示屏等，开展多种形式的宪法宣传活动；组织各单位参加宪法宣传周答题活动和"学纪法 筑防线 扬清风"网络知识学习活动。通过开展法治宣传，让群众学法、知法、守法，自觉维护社会和谐稳定。充分调动基层"法律明白人"、人民调解员等人员力量，组织开展各类法治宣传活动案。深入街头、社区、集市、学校，发放《民法典》《宪法》等法律宣传手册，向群众讲解《宪法》、《民法典》、法律援助等与百姓生活息息相关的法律知识，引导广大群众依法维权，引导广大群众增强法治观念、养成自觉守法习惯。通过面对面的宣传教育和以案释法，增强了广大群众的法律意识和依法维权意识，营造了"办事依法、遇事找法、解决问题用法、化解矛盾靠法"的浓厚氛围。

（二）提升服务群众的便捷度

进一步优化线下的公开议事平台，设立居民议事日专区，搭建"居民议事厅",使居民议事有固定场所。充分发挥网格员立足社区、服务居民的作用,主动与居民对接,收集信息,发现问题,并通过议事日探讨问题、解决问题,使居民议事有事可议。聚焦为民服务,大力推进"居民议事"体系建设,依托市级政务服务中心,建成政务公开体验中心,全市11个县区全部设立了政务公开专区,实现政务公开服务全覆盖。线上线下融合服务,举办基层居民公开议事日活动,现场设置法律顾问咨询区内通办,线上通过微信群、公众号及时公布镇务、村务信息、工作动态,并常态化收集村民意见反馈。完善议事机制,一是开门问事。各单位积极搭建政民互动平台,强化互动交流。线上,在微信公众号设置"建言献策"板块,收集群众意见建议,回应百姓关切。线下,通过民情联络站、"千名代表听民声"等载体,持续收集群众意见建议,倾听群众呼声。二是分类理事。充分发挥基层社区党委"指挥棒"作用,始终遵循为民办事的工作理念,根据问题实行分类整理,真正将居民群众所想、所困、所望的问题收集起来,围绕群众反映较为强烈的问题召开议事会议,明确各方职责,各司其职,各尽其责,努力把矛盾调处在基层、化解在萌芽期,取得了良好的社会综合治理效果。三是民主议事。组织居民代表、党员代表、商户代表、网格员及利益相关者共同参与,对存在的问题进行集体会商,共同出主意、想办法、寻对策。从过去的"事不关己"到现在的"我要参与","居民公开议事日"给了居民群众合理表达诉求的渠道,做到了"群众事群众议、大家事大家定",提升了居民们参与社区治理的意愿和能力。四是依法办事。整合"综治办、信访办、司法所、派出所、律师顾问、专职调解员"组成专职调解队伍,受理群众的矛盾申请,解答群众法律咨询,实现集"法律咨询+受理接待+分流转办+调处化解+跟踪督办"的全流程智慧化"一站式"法律服务综合体。通过多机制保障,实现高效能调解,进一步增强了群众对政府工作的满意度和生活幸福指数。

(三)提升为民办事的实效性

多方联动、解决急难愁盼。聊城市不断推进形成问题解决合力,将"居民公开议事"和"四议两公开"、红色物业创建、信访矛盾化解等相结合,推动基层治理形成合力,切实发挥居民议事会的常态化管理优势,搭建一个以社区党组织为核心、居民主体为重点、社会力量广泛参与的居民议事机制。综合协调市民热线、信访办、相关科室和党群，开展重点工作部署会，总结工作开展情况，梳理工作重点和难点，镇主要领导逐条逐项点评，汇总工作重点和苗头问题，细化措施，确保苗头性问题就地解决，不发酵、不扩大。通过智慧社区平台，居民可将自己遇到的问题向基层政府反映，工作人员在网上完成问题收集，形成议事议题。议事结束后，可通过智慧社区平台公示议事结果，使居民议事公开透明。依托基层社会治理线下实体平台+线上智慧平台为群众提供申请受理、查询等服务，实现政务信息的网上查询、在线申报和在线办理，为群众提供更加便捷高效的政务服务，助推政务公开全领域优化。

二　政务公开融合社会治理取得的成效

政务公开与基层社会治理互促互进，不断优化基层社会治理效果。有效打破了政民互动壁垒，提升基层治理的公信力，切实保障人民群众的监督权、知情权、参与权、表达权。2022年以来，聊城市累计开展"居民公开议事日"活动9949次，解决群众问题10826余件，助力政务公开提质升级。

（一）政务公开赋能基层社会治理新动力

完善市级"一站式"矛盾纠纷多元调解中心建设。对标《全省"一站式"矛盾纠纷多元化解工作机制建设的意见》以及《县级一站式矛盾纠纷调解中心规范化建设指引》具体要求，整合综治中心、法律服务中心、法律援助中心、诉前调解中心、网格化服务管理中心等机构矛盾纠纷调处功能，根据山东省委政法委关于全面加快推进"一站式"矛盾纠纷多元化解工作机制建设的意见要求，聊城市高度重视，认真部署，建立完善了市、镇（办）、社区三级矛盾纠纷多元化解"一站式"服务机制，搭建市、镇（办）、村（社区）三级矛盾纠纷多元化解体系，形成"吹哨报道、上下联动，按时办结"全流程工作机制，确保事事有落实、件件有回音。目前，实现镇办"一站式"矛盾纠纷调解中心建设全覆盖，率先在全省推行镇级"一站式"矛调中心编制实体化运行。创新开展"居民议事日"活动，推进矛盾纠纷多元化解向市域多领域延展，助推基层社会治理工作效能提升。

（二）政务公开促进基层社会治理硬实力

1. 基层矛盾纠纷排查化解

一是坚持抓早抓小，创建常态化矛盾纠纷排查化解机制。加强与政法各部门、相关单位的协调配合，充分调动基层人民调解组织积极性，依托矛盾纠纷精准排查、精细化调解长效机制，坚持日常排查、重点排查和专项排查相结合，村（社区）每周查一次，镇（办）每半月查一次，市每月一次集中排查化解矛盾纠纷，同时，扎实做好重点时段、重点人群、重点领域矛盾纠纷排查预警工作，努力做到发现在早、防范在先、处置在小，使排查矛盾、梳理问题、检查隐患、化解纠纷、服务群众的工作沉入基层，切实将矛盾纠纷解决在基层、吸附在当地、消除在萌芽状态，减轻基层社会治理压力。二是服务前移，设置纠纷化解服务窗。在"一站式"矛盾纠纷调解中心专设人民调解服务窗口，承接全市医患纠纷、检调对接民事纠纷、公调对接民事纠纷等案件的化解及来访群众的调解诉求。2022年，全市各级各类人民调解组织共开展矛盾纠纷排查14282次，预防矛盾纠纷7600起，调解矛盾纠纷26315件，调解成功26070件。

2. 基层社会治理普法宣传

依托"5·15《中华人民共和国政府信息公开条例》正式施行纪念日""4·15全民国家安全教育日""12·4国家宪法日"等各类法律宣传日，创新性开展居民议事活动，坚持"普法到村、送法到户"。延伸政务公开概念，深入企业、村（居）、社区、商场企业等人流密集场所，向群众发放普法资料，举办"农村干部专题讲座""法治进校园""法治进企业"和"法制大讲堂"等法治讲座活动，通过政务公开拓展善治新内涵，进一步强化群众的法治意识。以规范化法治阵地建设点"靓"美丽乡村（社区），本着打造特色法治文化的理念，将法治文化融入美丽乡村、政务公开建设中，打造了法治广场、法治长廊及法治宣传一条街，培树"全省民主法治示范村"，通过漫画、法治案例等形式，大力宣传"扫黑除恶""反邪教""青少年法治教育"等内容，成为基层社会治理过程中一道亮丽的风景。全村依法科学民主决策，村重大事项、重要合同严格按照镇村合法性审查流程接受审查备案。进一步加强村民法治意识，法律顾问定期到村开展法治讲座，提供法律咨询服务，增强了群众法律意识，解答了疑惑。

（三）政务公开激发基层社会治理新活力

常态化开展居民公开议事日活动，围绕群众关心关注的民生实事向群众普法讲法，按照"一事一议一公开"规范协商程序，广泛听取群众的意见，为群众解难题，激发基层社会治理新活力。

1. 完善线上重点信息公开载体

开门纳谏，保障人民群众参与权。2022年以来，聊城市政府创新实施常务会"每月一题"工作机制，聚焦群众急难愁盼问题，将政务公开的触角延伸至民生"硬骨头"。聚焦群众诉求量大、涉及面广、高频出现的热点难点问题，在市民代表投票、议题公开征集、12345市民热线民生大数据的基础上进行综合打分研判，确定"每月一题"内容。邀请相关县（市、区）、市民代表、医院、高校、商圈等利益相关方列席"每月一题"议题，积极听取各方意见建议，深入分析研讨，高位引领，顶格推进，同时建立督查督办、回访评估等制度，坚决啃下民生"硬骨头"，以政务公开为广大群众的幸福指数"加码"。全力打通"云"上公开渠道。

2. 注重村（居）民自治组织作用

切实提升群众参与社会治理热情和积极性，促进基层社会治理成果共享。例如，在村党支部的带领下，成立村党员平安义务巡逻队、美在家庭服务队、法律宣讲志愿服务队、红白理事会，将村内退休老干部、两代表一委员、志愿者、调解员等有机整合起来，走街串巷提供惠民服务，宣讲法律知识，为矛盾化解、人居环境、村民致富、乡村振兴当好参谋助手。

3. 切实强化问效于民意识

为了更好地回应群众关切，聊城市推出了"政府民生实事看进展"系列报道，对政府工作报告承诺的民生实事完成情况进行实地采访。采访通过短视频+图文报道的形式进行刊发，政府部门分管负责人出镜讲解民生实事办理进展情况。同时将上述民生实事在聊城市政府门户网站和新闻媒体上通过专题的形式同步刊发，让民生工程在阳光下运行。聊城市通过不断拓展延伸政务公开的渠道、搭建政民互动平台、强化互动交流，进一步推动了全市政务公开工作向深层次发展。在推进基层治理全过程中，坚持以人民为中心，强化政民互动。

三 值得总结的经验做法

（一）坚持党建引领，加强组织领导

坚持党组织在基层社区、村民委员会的各项工作中领导核心地位，机制捋顺、任务清晰、责任明确，发挥其引领、统筹、协调的功能，由社区党委牵头，引导党员参与，联合物业企业、业委会、社会组织等多元力量，搭建协商议事平台，形成自上而下的合力，畅通了民意反映渠道，架起了党群干群之间的"连心桥"，形成党建引领下的"小区事、大家议"的居（村）民自治格局。临清市在大辛庄街道依托"辛事心办 黑马速度"服务品牌将为民办实事、政务服务、政务公开与"红旗驿站"建设相结合，把与群众互动交流作为政务公开、协商议事的重要延伸，在城市居民小区建立"小区党支部—楼栋党小组—党员中心户"服务体系。阳谷县积极深化社区党委领导下的居委会、业委会、物业企业及驻区企事业单位的"1+3+x"协同运行体系，建立社区居民公开议事协商制度，成立"红色议事厅"，通过凝聚"红色力量"、制定"红色方案"、传递"红色温暖"，为大寺街49户临街居民争取到集中供暖安装面积23000平方米，处理了清河西路沿街三个小区污水外溢问题，处理紫汇御景回迁区长年用地锁乱占车位问题及楼前楼后自入驻至今未清理的杂物堆放、杂草丛生等问题。莘县积极探索"群商群治"模式，通过"居民议事日"活动，动员村民围绕村党建工作、群众诉求等开展讨论、发表意见，变"要我议事"为"我要议事"。

（二）抓实关键工作，发挥议事时效

抓实三个"居民议事"关键步骤。一是抓实会前准备，通过走访群众、调查研究，了解群众关心的重点、难点和热点问题，征集议题，召集专业人员，多部门开展联动。二是抓实会议讨论，每次会议要通报上次议

事事项实施结果和落实情况,采取一事一议的形式,围绕上级决策部署和街道党工委的中心工作、重点工作展开讨论,从涉及本村村民重大事务、整体利益的工作入手,同时村民群众针对本次议题充分谈论,畅所欲言,变"要我议事"为"我要议事"。三是抓实落实反馈,形成齐心协力干工作、群策群力抓落实的浓烈氛围。安排专人跟进事项办理实施进度,调动村民群众参与基层整治的积极性。将"公开议事日"工作落实情况作为年度考核重要内容,促使机关工作人员主动听取群众意见、建议,主动向群众公开政策、文件要求等,确保每一步工作透明公开,为群众提供最便捷的服务和最全面的信息。

(三)完善硬件设施,优化治理环境

在市、镇(办)两级建设"一站式"矛盾纠纷调解中心服务大厅,公开进驻单位的工作职责及监督电话,将政策文件、基层治理、为民办事程序流程等重点领域信息向社会公开,让群众知晓政策、了解办事流程,遇到问题能够快速、便捷地获得服务资源。同时,引入了"智慧调解"便民服务系统、法律服务电子触摸屏、"智慧矫正"管理服务系统、法援在线综合管理系统等政民互动"智慧司法"服务平台,为群众提供了便捷、精准、高效的一站式、综合性、普惠性服务。政务公开与基层社会治理双向融合发展模式,打破政民互动壁垒,提升基层治理的公信力,切实保障人民群众的监督权、知情权、参与权、表达权。

四 存在的问题及完善路径

近几年,政务公开与基层社会治理建设深度融合,赋能基层治理提质增效,政务服务工作和政务公开工作虽然能够融合促进发展,但也存在着不平衡、不充分问题。

(一)表现形式

1. 基层基础薄弱,限制治理功能发挥

首先,上面千条线,下面一根针,基层工作千头万绪,基层组织承接

着上级安排的各项工作具体实施，社区、村（居）组织受人员力量、专业能力等因素的影响，限制自治功能难以发挥。其次，群众参与基层社会治理渠道、平台单一，仅限于居民议事日形式，限制了群众参与度提升，从而导致参与社会治理的主体作用未能充分发挥，对基层治理满意度、认可度不高。

2. 基层社会组织建设不平衡，群众参与度不高

公开议事受众面较窄，从整体人员结构上看，年龄结构失衡，老年人居多，年轻人偏少，尤其缺少经过专门培训的专业的社会工作人才。以临清市基层人民调解队伍为例，目前临清市由专兼职调解1599人，其中，50岁以上的调解员893人，占比达55.8%；大学以上学历调解员209人，占比仅为13.1%。在人民调解员队伍中，受过专业的社工培训取得社工资格的人员占比仅为百分之零点几。

（二）原因分析

1. 基层社会治理机制设计不够系统化

当前，基层社会治理仍侧重政府主导，社会治理机制系统化不够，衔接融合机制设计整体性、全局性联动不足；在制度设计上，并未显著突出公开议事机制；社会治理精细化水平较低，信息分析研判、大数据应用不够深入。

2. 基层社会治理队伍发展滞后

从公开议事队伍建设来看，主要是由基层干部和地方常住居民组成，年龄普遍偏大，知识结构明显较低，仅能应付部分工作，对于创造性、精准性、差异化的服务难以提供，有限的人员力量限制了工作质量的提升。

（三）完善路径

实践证明，基层社会治理工作的开展无法隔离开政务公开，尤其随着联动融合、开放共治治理理念的深入，对政务公开与基层社会治理的互融互促提出了更高的要求。而社会矛盾纠纷调处化解是基层社会治理体系建设的一个重要环节。要充分发挥"公开议事"优势，在提升基层社会治理效能上寻求突破，紧扣民事民议、民事民决、民事民办，积极组织利益相关方通过面对面沟通商量，有效化解群众的"急难愁盼"问题，助力

共建共治共享。

1. 有效夯实社会治理基础建设

加强智慧议事阵地建设，十八届三中全会提出"要推进国家治理体系和治理能力现代化"。要推进治理能力现代化，传统的治理模式已经不能满足这一要求，然而运用大数据技术可以更好地实现国家治理能力的现代化。在信息化新时代，公开议事作为推进社会治理发展的重要手段，要充分利用大数据等新时代信息技术的赋能作用，通过信息共享、数据比对等技术手段，筑牢"指尖"阵地，做好"智慧"升级，以更高标准、更优环境、更新形式全力打造智慧基层议事平台。

2. 切实建强政务公开工作队伍

促进"居民议事"体系专业化，优化议事体系，积极邀请调解员、法律顾问等相关从业机构专业人员参与。建成了医患纠纷、婚姻家庭、知识产权、金融纠纷、校园安全事故纠纷等覆盖矛盾纠纷易发频发领域的11个行业性专业性人民调解委员会，落实好经费需求，实现公开议事队伍管理标准化、规范化、信息化。实现街道法律服务团队与社区法律顾问在服务时间上互相衔接、互为补充，为辖区居民提供多层次、全方位的服务，助力基层社会治理的基础性作用。

3. 加快构建数据基础制度体系

随着数字经济的发展，数据作为数字经济的关键生产要素，其自身价值和潜能日益凸显。在政务公开融合基层社会治理的过程中，要充分打造数字化治理体系，快速建成、用好"政务公开、综合治理、干群互动"综合数字平台，吸引群众做好政民互动，不断推进"互联网＋政务公开＋基层治理"，全力推动"数字治理"向"数字善治"发展演化。

关于常态化举办政府开放日的实践与思考

山东省潍坊市寒亭区人民政府办公室课题组[*]

摘　要：多渠道、多方位、多角度举办政府开放日活动，把政民互动作为基本形式，把公开透明作为基本原则，是贯彻以人民为中心的发展思想的具体体现，也是加强服务型政府建设的重要举措。通过常态化举办政府开放日活动，搭建政府与群众之间的沟通桥梁，能有效增强政府公信力、凝聚力和执行力，让政府工作更加公开透明，更好地接受人民群众的监督。但是在开展政府开放日活动中，也存在不少问题，比如认识不到位、方式单一、形式雷同等，导致了活动效果不够理想。今后应不断创新政务公开方式，拓展工作领域，深化公开内容，丰富公开形式，实现政务公开的规范化、标准化，切实发挥政府开放日对打造阳光政府的积极作用。

关键词：政府开放日　政务公开　阳光政府

政府开放日活动是各级政府及其所属部门组织开展的一项重要民生活动，对促进政民互动、推进行政权力公开透明运行、提高群众对政府工作的满意度具有重要意义。常态化开展政府开放日活动，可切实推进阳光、透明、开放、服务型政府建设，增强群众对政府工作的认同感、获得感，

---

[*] 课题组负责人：苗光彬，山东省潍坊市寒亭区委常委、副区长；朱薪安，山东省大数据中心工程师；鲁俊伟，山东省潍坊市寒亭区政府党组成员、办公室主任、机关党组书记；刘欣欣，山东省潍坊市寒亭区政府机关党组成员、办公室副主任。

提升政府公信力、执行力。

一 概述

政务公开工作具有强化社会监督的作用,有利于同内部监督有机地结合起来,把外部公开建立在内部监督和管理的基础上,对于转变机关工作作风、促进行政机关依法行政和发展社会主义民主政治都具有重要作用。通过政府开放日活动,可进一步增强政府工作人员的自律意识和依法行政的自觉性,全面促进党风廉政建设,提升自身执行力。通过群众观摩和机关干部下基层等活动,不仅能增强群众和企业对政府工作的认同感、获得感,同时也提升了政府的公信力、执行力以及机关工作的透明度、开放度。

但是各地开展的政府开放日活动中,也存在不少问题。首先,认识不够到位。少数政府人员对政府开放日活动的重要意义认识不足,工作热情不够,存在工作被动应付现象,有的认为开展完活动就万事大吉了,对群众的意见重视不够、研究不够,更谈不上整改。其次,形式较为单一。光靠一次活动,显然不能满足群众获取信息的要求,现在很多公开信息大多限于公告栏、公告手册等,运用网站和新闻媒体公布政务信息的比重还比较小,致使群众和企业获得政务信息渠道不畅,有些已公开的事项不能收到预期的效果。这就需要各地政府在开展政府开放日工作中,创新政务公开方式,坚持方便群众知情、便于群众监督的原则,拓展工作领域,深化公开内容,丰富公开形式,促进自身建设和管理创新;实现政务公开的规范化、标准化,依靠群众积极支持和广泛参与,畅通政府和群众互动渠道,切实提高政务公开的社会效益。

二 寒亭区开展政府开放日的方式与成效

近年来,寒亭区把常态化举办政府开放日活动作为日常工作的重要组成部分,建立区领导带队参加政府开放日活动机制,创新开放方式,完善服务模式，积极邀请社会各界人士走进政府，"零距离"了解政府工作。

（一）强化领导机制，把稳政府开放日工作"方向盘"

领导干部是各项工作的领头雁，为抓好领导干部这个关键，充分发挥主要领导推进政务公开、打造阳光政府工作过程中的"头雁效应"，寒亭区高度重视政府开放日工作，研究形成区领导常态化参加政府开放日活动机制——各类政府开放日活动由区长或分管副区长出席并带领群众进行参观，政府办公室、各部门街道相关负责人、媒体记者共同参与。

在寒亭区举办的"政府开放月"系列活动中，寒亭区委副书记、区政府区长出席启动仪式并讲话，多位副区长、相关部门单位主要负责同志以及市民代表等共同参加，开启了为期一个月的全领域开放活动。本次"政府开放月"活动，是寒亭区"我为群众办实事"实践活动的又一成果展示，是打造阳光政府的重要举措。启动仪式结束后，区领导陪同市民代表们参观了12345政务热线服务中心、区服务企业办公室，现场了解了政府为民办事、为企分忧的工作情况；随后参观区行政审批服务大厅24小时自助服务区，以及帮办代办、综合受理等特色窗口，相关负责人向大家介绍了窗口概况及业务办理范围；最后代表们参观寒亭区警务工作站，警务人员向代表们展示了集日常巡查、问题发现、快速处置、结果反馈于一体的警务工作系统，以及对群众的诉求实时受理、即时转递、就地解决的工作流程，受到了代表们的一致认可。"政府开放月"活动期间，寒亭区各部门街道陆续开展了主题鲜明、各具特色的政府开放活动，如"消防领域开放日""水务领域开放日""食品安全开放日"等，结合政府开放具体内容，灵活运用浏览介绍、实地观摩、座谈交流等形式，深化政务公开内涵，拓展政府开放范围，切实向市民群众展示"我为群众办实事"工作成果和政府良好形象。

当前，寒亭区不断加大政务公开力度，完善服务模式，积极邀请市民代表走进政府，"零距离"了解政府工作。寒亭区各级各部门以"政府开放日"活动为契机，积极向群众展示工作成果，让"阳光"照亮行政权力，以高效服务令群众满意。截至2023年8月，寒亭区共组织有区级领导参与的政府开放日活动30余次，有部门街道主要负责人参与的政府开放日活动50余次。

同时，为进一步加强基层领导干部的政务公开"领头雁"作用，寒亭区在全区层面开展了为期1个月的"一把手公开谈公开"活动，邀请全区部门街道的"一把手"畅谈对政务公开工作的开展情况及感悟心得，以文字交流分享的形式助推各单位理清思路、强化措施，以实际行动庆祝党的二十大胜利召开。筛选"一把手公开谈公开"的优秀作品，通过"寒亭区人民政府"官方网站、"潍坊市寒亭区人民政府办公室"微信公众号刊发，并充分发动各部门街道微信公众号、微博等政务新媒体，全区机关干部微信号广泛转发，真正在全区层面开展政务公开经验交流活动，同时让更多群众了解政务公开工作内容，助推阳光政府建设工作。截至2023年8月，"一把手公开谈公开"活动累计阅读量达3万余人次。

（二）凝聚群众力量，拓宽活动参与人群覆盖面

为更好地调动群众参与政府开放日的积极性，寒亭区主动向社会征集市民代表，通过群众自主报名，街道初步筛选，政府办公室政务公开科仔细审查，最终确定了100余人作为寒亭区市民代表，成立市民代表库。每次政府开放日活动组织前，通过"寒亭区人民政府"官方门户网站、"潍坊市寒亭区人民政府办公室"等部门微信公众号和市民代表微信群发布活动公告，及时宣传政府开放日的组织形式和时间等信息，邀请广大社会群众和市民代表参加政府开放日活动。活动结束后第一时间发布宣传信息，通过新媒体渠道广泛转发，扩大政府开放日的社会影响力。

2022年，结合当时不宜开展线下活动的实际情况，寒亭区借助市民代表微信群组织开展了政务"云开放"活动，从群众需求出发，录制相关政府工作的视频，市民代表在线上即可参观政府工作。本次活动聚焦群众关注度比较高的城市管理、医保办理、老旧小区改造等领域制作视频。以寒亭区市民代表交流群为依托，让代表们畅所欲言，各抒己见，代表们纷纷表示足不出户就能观看到自己想要开放的领域。有市民代表说："以前我一直参加政府组织的开放日活动，收获很多，可是最近因为种种原因，政府很难经常组织线下的开放活动，这场云开放活动如同一场及时雨，让我及时了解了最新的政府工作，为政府和工作人员点赞。"

（三）全面推进公开，提高政府部门自主开放度

在区政府统一组织的基础上，各级各部门充分发挥主观能动性，自主组织各领域的开放日活动，邀请各行各业的市民代表走进政府部门。截至2023年8月，各级各部门已自主开展"医疗卫生领域开放日""城建领域开放日""校园食品安全领域开放日""警营开放日"等活动100余次。2022—2023年已开展相关活动30余次。

为进一步深化政务公开，提高企业惠企政策知晓率，实现惠企政策尽知尽享，寒亭区开元街道组织开展"政务公开进园区"活动，区政府办公室、区服务企业办公室、区审批服务局、区科技局等部门单位参加。此次活动选取在潍坊总部基地广场进行，工作人员通过面对面零距离交流、发放宣传资料、现场答疑解惑等形式，围绕企业关心的税收减免、金融扶持等惠企政策信息和人才补助、社保等人力资源政策信息进行了全面解读。活动期间累计发放宣传资料500余份，现场解答咨询30余条，收集企业意见建议十余条。

为使群众深入了解经济社会发展情况，寒亭区固堤街道开展"关注项目建设 共谋经济发展"政府开放日活动，邀请人大代表、政协委员及部分市民代表集中参观固堤街道重大项目。活动中，各位代表实地观摩了固堤街道国际食品产业园、三建智能装配式建筑基地、光电显示材料产业园、优然牧业伊利牧场等四个重点项目，深入了解了重点项目建设情况及经济社会发展成果。

在"警察节"期间，寒亭区公安分局组织开展"110警营开放日"活动，邀请人大代表、政协委员、退休老干部走进寒亭公安分局城西派出所，全方位感受寒亭公安"我为群众办实事"活动成果，零距离接触警营，了解公安机关日常运行建设情况及工作成果，领略不一样的"警色"。活动中，参加活动人员实地参观了派出所办案区、红色物业联盟办公室、勤务指挥室等，详细了解了"基层社会治理新模式"运行情况，现场查看了一体化信息采集系统等办案设备，了解了派出所"矛盾纠纷三级多元化解"机制，认真听取了派出所依托视频监控实现对高铁沿线的实时监控、视频录像存储、图像网络传输和共享及系统分级控制等功能介绍。代表们亲身感受到了警营团结拼搏、积极向上的浓厚氛围，看到了

人民警察的努力付出和取得的可喜成果。

为进一步增强全民消防安全意识和自防自救能力，寒亭区消防大队组织开展"消防安全领域政府开放日"活动，邀请市民代表走进消防救援站、企业、小区，了解我区消防工作开展情况，消防人员解说展示了远距离救生抛投器、液压破拆工具组、无齿锯、消防无人机等抢险救援装备。代表们在消防人员的带领下，参观消防执勤车辆，与消防器材装备进行了"亲密"接触，详细了解执勤消防车辆和随车器材的功能，试穿消防救援服，到消防指战员宿舍参观了消防员的内务设置，消防人员还展示了配备75米高压水枪消防车的实战演练。

寒亭区综合行政执法局开展"城管执法开放日"活动，通过普法宣传让更多的群众了解相关法律法规知识，增强群众的守法经营及依法维权意识，在全社会形成人人知法、人人守法的良好社会风气，助力全区良好营商环境建设。活动现场，执法队员重点围绕《山东省城镇容貌和环境卫生管理办法》《城市市容和环境卫生管理条例》《城市道路管理条例》及新冠疫苗接种政策进行宣传普及。在宣传过程中，执法队员通过法规普及、案例说法、发放传单等多种方式认真向市民和商家进行宣讲。执法队员还通过进门入户的方式对商场内的商家进行"到店式"普法宣讲，通过答疑解惑，不仅普及了法律知识，也提升了商家依法经营和依法维权的意识。在普法宣传的同时，通过发放《城管执法开放日接访记录表》和《城管执法开放日建议征集表》的方式，就城市管理、城管执法等方面的问题向商场服务人员、普通群众、商户征求意见和建议，活动现场共计发放宣传资料200余份，解答群众咨询30余人次，收到意见建议40余条。

为使市民零距离接触法院工作，感受法律的庄严和神圣，寒亭区法院举办"法院开放日"活动，30余名师生走进寒亭法院，通过旁观庭审、模拟法庭、法治讲座等方式，提高学生们遵纪守法、自律自爱的意识。在讲解员的带领下，学生们实地参观了安检室、诉讼服务中心、当事人接待区等场所，并详细介绍了法院各项职能和案件诉讼流程，一步步为学生们揭开法院的神秘面纱，让学生们对法院和法官的工作有比较直观、真实的了解，从而激发起学生们学法用法的兴趣。通过旁听两起民事案件的审判，既让同学们现场学习到与生活息息相关的法律知识，也让同学们更好地了解法庭调查、法庭辩论等庭审程序。在法院讲解员的指导下，同学们在科技法庭分别进行刑事和民事案件的模拟庭审。随后，刑庭法官针对中学生的心理特点，结合新修订的《未成年人保护法》和《预防未成年人犯罪法》，以生动形象的方式和通俗易懂的语言，为同学们上了一堂精彩的法治课，帮助学生增强自我保护意识，掌握自我保护的技巧。同时，引导学生们以法为章规范自我言行，以法为剑保护合法权益，快乐学习、健康成长。

建筑工程质量直接关系到人民群众的生命财产安全，已成为社会关注热点，为全面提升建筑工程质量、加强群众监督作用，寒亭区住建局举办建筑工程质量安全开放日活动，组织市民代表现场观摩建筑工程项目，全面推进政务公开与建筑领域安全生产的深度融合。本次活动采取经验分享、模拟展示及实地观摩的形式，全面展示了社区项目在质量、安全、扬尘治理、机械设备及劳务实名制管理等方面的创新成果以及采取的新技术、新工艺。市民代表在项目现场认真聆听了负责人关于项目质量、安全、扬尘治理等方面的经验分享，在 VR 展示区亲身体验了安全帽撞击、洞口坠落、综合用电演示，在样板区参观了项目部质量、安全工法样品、在建楼房质量安全控制和安全文明施工。在主楼观摩区，市民代表结合相关文字资料，围绕现场的塔吊可视化跟勾系统、外爬架防护、临边、施工洞口防护，以及卫生间、线缆、桥架、管线的制作安装、实测实量数据上墙等内容，与项目负责人进行了深入交流。

食品安全是广大群众尤为关心的问题。为加大农产品安全科普力度，增强群众对农产品安全的参与意识和消费信心，寒亭区市场监管局组织开展"农产品检测领域政府开放日"活动。活动邀请市民代表走进天元盈康检测公司，了解全区农产品检测工作开展情况。在活动现场，讲解员带领市民和代表们参观了食品检测中心和环境检测中心，检测中心工作人员对中心运作模式、仪器设备进行了介绍并展示了农产品农药检测等流程，通过实地参观讲解让市民们能够近距离了解农产品检测的工作环境。参观实验室后，相关部门负责人针对各市民代表普遍关心的农产品消费安全问题和疑虑进行了集中咨询与答疑，耐心听取大家的意见和建议，使代表们直抒胸臆的同时，更直观感受到我区农产品检测工作的科学与严谨。

为使群众对全区饮用水水质监测等工作有更深入直观的了解，提高全区群众对水务工作的满意度，寒亭区水利局组织开展"水务领域政府开放日"活动。活动邀请市民代表走进区疾控中心、区供水公司,了解我区水务工作开展情况。活动期间,市民代表来到寒亭区疾控中心和供水公司,参观了供水设施、供水工艺技术和化验室、供水运行调度系统、饮用水水质监测等相关设备的运行情况,听取了关于全区生活饮用水水质监测情况及饮用水卫生监测工作等内容的介绍,并进行了座谈。市民代表们对全区水务工作给予了充分肯定,同时也为水务工作的发展积极建言献策,对饮用水卫生监测等方面工作提出了宝贵意见和建议。此次活动通过现场观摩、工作汇报、交流座谈、征求意见等形式,零距离、面对面与各行业市民代表进行现场沟通互动,全方位展现了全区饮用水卫生监测工作等方面的运行情况和工作成果,提高了市民们对饮用水安全等方面的满意度。

当前,寒亭区各部门街道通过一系列政府开放日活动,鼓励广大市民亲身体验政府工作,站在普通群众的角度,对政府工作积极献言献策,提高政府决策的科学度。同时寒亭区以政府开放日活动为平台,积极向社会展示"我为群众办实事"的工作成果,让"阳光"照亮行政权力,以高效服务令群众满意,推动阳光透明政府建设。

(四)突出创新,突出亮点,打造活动开展"万花筒"

为丰富政府开放日活动形式,突出寒亭特色,在区领导常态化参加政府开放日活动的基础上,寒亭区不断积极探索开放日组织新形式。

进基层、接地气是政务公开取得实效的重要方法。为使公开效果落到实处,寒亭区组织开展"政务公开进夜市"活动,区政府副区长带队。区卫健局、区民政局、区教体局、区医保局等部门工作人员利用夜间休息时间,在群众休闲娱乐的时间主动向群众提供学生上学、医疗保险、居民生活保障等民生实事相关政府信息服务,同时为群众发放宣传手册,普及政府信息公开相关知识,对群众提出的疑问现场解答,听取群众意见建议。活动期间,累计发放《中华人民共和国政府信息公开条例》、政策文件等宣传材料800余份,收集群众意见60余条。此次"政务公开进夜市"活动的开展,以接地气的方式搭建政民互动桥梁,拉近了群众与政府的距离,提高了群众对政府信息的获得感、满意度,进一步提升了政府公信力。

赶大集是基层群众喜闻乐见的日常活动之一,为使更多群众了解民生政策，寒亭区组织开展"政务公开进大集"活动，区委常委、区政府副区长陈志君及相关单位负责人带队，在大集现场摆摊设点宣传公开政策。此次活动选取在人流量较多的寒亭大集进行，通过面对面、零距离交流的方式，向群众宣传解读各项政府信息。政府工作人员早早来到大集，化身"摆摊人"主动向群众讲解关于医疗保险、卫生健康、就业补助、困难救助等民生政策的信息。同时向群众发放宣传手册，对群众提出的疑问现场解答，听取宝贵的意见，切实提高群众对政务公开的体验感、获得感。活动期间，累计发放各类政策文件等宣传材料500余份。参与活动的群众纷纷表示，政府工作人员以"进大集"这样接地气的形式讲解国家政策、宣传民生知识，让人耳目一新，老百姓非常欢迎这样"进基层、贴民情"的工作方式，而且通过此次活动，了解到很多切身相关的民生政策信息，以后会更加支持政府工作，更加关注政务公开工作信息。

为进一步提升全区基层政务公开工作水平，推动基层政务公开标准化规范化向农村和社区延伸，寒亭区组织开展了"政务公开进党校"活动，全区农村、城市社区党组织书记共160余人参加。活动在寒亭区委党校大礼堂举行，寒亭区政府办公室政务公开科负责人围绕"什么是政务公开、为什么要政务公开、如何开展政务公开"等方面进行了培训，结合政府信息公开新条例制度作了深入解读，剖析了工作任务和主要问题。结合具体事例，从"全面推进基层政务公开标准化规范化、进一步规范依申请公开办理、加强解读回应和政民互动、强化组织领导完善工作推进机制"等几个方面进行了详细讲解。同时针对农村、城市社区党组织书记在基层工作中，如何积极、规范处理依申请公开等问题提供了解决思路和方法。各参会人员纷纷表示，此次培训的知识性、针对性很强，切实提高了自身的政务公开知识水平，今后将把政务公开意识更好地结合到基层工作中去。

"三·八"国际劳动妇女节期间，寒亭区组织开展以"迎三八 话发展 向未来"为主题的政府开放日活动，邀请优秀女企业家代表共18人参加活动。女企业家代表们到寒亭区国家现代农业产业园进行参观，听取了工作人员对园区"六维连接模式"等三产融合发展成果和园区女性职工比例、福利待遇等内容的汇报。女企业家们纷纷表示通过本次开放日活动，对寒亭区近年的发展有了更全面的了解，也对增加就业机会、提供生育补贴、提高福利待遇等女性权益保护方面的政策有了更直观的感受，下一步将积极学习企业的先进管理方法，培育高成长性项目，为推动经济社会高质量发展发挥巾帼力量。

"直播带货"是当前新兴的一种消费形式，而政务公开工作也可与其结合，开展"直播带政策"活动。2023年3月22日，"稳中向好 进中提质"惠企政策专题宣讲会在寒亭区开元街道"共享Live"直播间开播。此次活动是寒亭区创新政策解读的又一尝试，通过搭建政务公开"云"平台，邀请专家通过线上直播对政策开展全方位宣传解读，实现从"面对面""线下谈"向"屏对屏""线上讲"的转变，拓宽了企业及群众了解政策、懂得政策、享受政策的渠道，旨在提升惠企助企政策知晓率，帮助企业应享尽享山东省2023年"稳中向好、进中提质"政策红利。活动采用"云直播"方式，区中小企业发展促进中心主任作为主讲人，先后就山东省稳住经济基本盘惠企政策宣贯平台、制造业单项冠军、工业企业亩产效益评价等方面作了详细解读。在交流答疑环节，观众纷纷向主讲人踊跃提问。通过实时互动、精准服务，有效增强了政策解读实效性，切实将惠企助企政策落实落细。

为深化中非友谊、让非洲友人充分感受我区工作中的民俗文化，2023年4月22日，寒亭区在杨家埠民间艺术大观园组织开展"中非青年大联欢暨民俗文化领域政府开放日"活动，来自非洲的青年代表团共80余人来访参观。现场，非洲代表团参观了年画博物馆和风筝博物馆，听取了解寒亭年画和风筝悠久的历史，观赏并现场绘制传统年画，体验风筝的扎制过程，沉浸式体验我区传统民俗文化的发展成果。来自坦桑尼亚的青年代表在杨家埠风筝博物馆体验了风筝的扎制、绑线、上色等制作过程，现场绘制了杨家埠传统年画，同时不停用"好""谢谢""我喜欢"等中文词汇，表达出他们对寒亭区传统文化的喜爱和政府工作的认可。本次活动加大了民俗文化公开力度，深入挖掘传统民俗中的历史和文化内涵，提高民俗传统文化的知晓率、支持率和参与率，推动了民俗文化政策公开落地落实。代表们通过现场体验风筝扎制和木版年画制作，感受到了民俗文化的魅力，感受到中华文化之美，促进民俗传统文化大发展大繁荣。

三　政府开放日存在的问题与因应

一是部分市民代表积极性不高。在政府开放日活动公告发布后，大多数市民代表参与热情高，参加频率高。但也存在部分市民代表由于工作繁忙、距离较远等问题参加活动的次数偏少。二是开放点存在重复现象。由于开放日活动组织频率高，开放范围广，延续时间久，导致出现部分活动点重复参观的现象。三是宣传方式有待丰富。目前，政府开放日主要依赖线下活动现场的横幅宣传和线上官方门户网站、各级各部门微信公众号的"文字+图片"宣传，缺少视频、动漫等宣传方式。

为此，今后还需从以下方面加以改进。

一是加大宣传力度，调动群众参与积极性。及时宣传政府开放日的意义和作用，通过邀请参加开放日活动人员发表活动感受、颁发优秀市民代表证书等方式采取适当激励措施，调动广大人民群众和市民代表的活动积极性。

二是拓展开放范围，打造新兴政府开放点。随着城市建设的进行，新学校、新园区不断建成，下一步，将根据城市规划、工程建设等情况，不断探索新的开放点。

三是丰富宣传方式，拓宽活动宣传新途径。在活动开展过程中，及时通过视频、动图等方式记录活动内容，制作成短视频，通过抖音等网上平台及时宣传。

四是组织从上而下、统一主题的开放日活动。根据当下时政热点，结合群众关心关切的问题，统一组织开放活动。如在新生开学前夕，及时组织教育领域政府开放日活动，邀请新生家长走进校园，体验学校生活。

五是将企业纳入开放日范围内。为进一步优化营商环境，也进一步提高人民群众对企业的信任度，可开展由政府主导、企业实施的开放日活动，为企业提供一个展示企业形象，宣传企业品牌的途径。

六是突破开放日活动地域限制。为全面展示城市发展新面貌，突破开放活动点地域限制，可由上级组织或地区之间点对点对接，在政策允许的范围内，组织跨地区的开放活动，方便群众充分了解各地区的发展现状。

基于群众生活需求的基层政务公开探索与思考
——以山东省青岛市西海岸新区珠海街道为样本

李旭翠　周晓辉　徐玉涛　程继红 *

摘　要： 以人民为中心是政务公开工作的题中之义，利民性是检验政务公开质效的重要指标。青岛西海岸新区坚持以人民为中心的公开理念，立足群众期盼和基层政务公开工作实际，推进政务公开工作智慧化与人性化有效结合，以新区珠海街道为样本，从信息公开源头上甄别公开领域对应的公开群体，探索精准对接群众生活需求的基层公开模式，不断缩小政务公开"需求缺口"，推进基层政务公开走深走实，持续提升群众幸福感、满意度。

关键词： 基层政务公开　社会治理　法治政府

致力于全面打通基层政务公开堵点，自 2017 年基层政务公开标准化规范化试点工作开展，到 2019 年《关于全面推进基层政务公开标准化规范化工作的指导意见》出台，国务院办公厅通过自下而上探索实践路径、自上而下推广经验模式，为基层政务公开工作提供了指引和遵循。青岛西海岸新区在全面推进基层政务公开标准化规范化工作进程中，紧扣法治政府、服务型政府建设根本要求，立足基层群众信息获取和阅读习惯，聚焦满足人民日益增长的美好生活需要，针对涉及群众切身利益的事项，建立

---

* 李旭翠，山东省青岛市西海岸新区珠海街道办事处一级科员；周晓辉：山东省青岛市西海岸新区管委办公室政务公开科负责人；徐玉涛，山东省青岛市西海岸新区管委办公室政务公开科工作人员；程继红，山东省青岛市西海岸新区管委办公室四级调研员。

"获取、沟通、参与、监督"政务公开四维体系，推进分群体、分领域、分层级的精细化基层政务公开模式，将传统公开方式赋予新形态，让公开走进群众生活各个角落，以符合群众期待的公开体验减少工作阻力，推进政务公开在基层各项工作中高效运转。

一 青岛西海岸新区推进基层政务公开标准化规范化工作概述

基层政务公开不仅与政府工作紧密结合，更与群众生活息息相关。青岛西海岸新区深入推进基层政务公开标准化规范化工作，全面落实决策、执行、管理、服务、结果"五公开"要求，加强政务公开线上线下同步推进，传统媒体和新媒体联动发展，不断提升基层政务公开质量和水平。一是建立标准化公开体系。对照国务院部门试点领域标准指引，结合本区政府权责清单和公共服务事项清单，全面梳理细化政务公开事项，编制35个领域基层政务公开标准目录。因地制宜地编制了镇街、社区（村）两级4张标准目录和地方金融、海洋发展、商务领域、退役军人事务、医疗保障5个创新领域标准目录。打造基层政务公开标准化目录一键直达专题栏目，完成重大建设项目、养老、社会救助、综合执法、食品药品监管、涉农补贴、公共文化、就业、社会保险等领域标准化规范化信息一键直达。二是完善解读发布机制。建立以政府网站、政务新媒体、政策发布会、政务会客厅等为主要渠道，图文解读、专家解读、视频解读、政务直播等为主要形式的立体解读发布机制。建设政策问答服务平台，梳理发布294项改革攻坚任务、497项涉企惠企政策、162项高频和重点民生服务事项、"100个是否"监督和10项激励惩戒等"五张清单"。推出打造精简高效政务新生态"百问百答"，聚焦开办企业、办理建筑许可、市政服务、登记财产、获得信贷、纳税、跨境贸易、执行合同、公共资源交易、知识产权等企业全生命周期的十大领域，[1] 全方位提升政策解读质效。三

---

[1] 青岛西海岸新区政府网站：《打造精简高效政务新生态"百问百答"来了》，https://www.xihaiannews.com/tag/t46_1.html。

是提升办事服务透明指数。完善信息查阅功能体验，建设政务网站智能搜索平台，增加 20 多种搜索方式，主动公开群众关心关注的公共资源、公共服务、公共监管、行政权力、财政资金等领域信息，实现政务信息的"一网通查"。制定统一规范的数据共享开放标准，实现政务数据统一存储、统一管理、统一运营。通过"青岛公共数据开放网"，累计向社会开放 38 个部门的 872 类数据集，共计 500 余万条数据记录，涵盖教育、科技、文化、卫生等 18 个行业，最大限度方便企业和群众了解到"属于自己"的政策信息，进一步释放以政务公开服务民生的职能。[①] 四是拓宽公众参与渠道。集中开展价格政策质询会、报告会、座谈会、问卷调查、参观活动等多种形式的公共企事业单位主题开放活动。开展"透明政府""透明社区"双向互动模式，邀请社会各界群众参与优化营商环境、城市管理、政务服务、食品安全等各类议事日、开放日、网络直播等 120 余次，推动民意真正转化为政府的科学决策。五是推进政务公开向村级延伸。建立"1＋23＋N"三级公开联动模式，设置 1 个区级政务公开会客厅，23 个镇街级政务公开体验区，N 个社区政务公开专区，打造集公开、展示、获取于一体，涵盖政策宣传、便民服务、咨询查询、自助体验等多功能的公开平台。在健全"实体端"功能服务的基础上，扩展"自助端""移动端"服务设施，全域范围内布设 40 台智能查询机，70 台"百姓驿站"自助服务终端，打通政务公开服务"最后一公里"，为群众提供一站式、个性化、便捷化信息服务。突出社区政务公开专区特色，探索灵活传递、解读政务信息的新途径，构建起群众看得到、听得懂、易获取、好参与的政务公开生态。

二 以需求为导向的基层政务公开实践探索

基层是联系服务群众的最前沿，青岛西海岸新区珠海街道打造"珠事公开"品牌，建立以群众为主体的"获取、沟通、参与、监督"政务

---

① 山东省人民政府网站：《青岛西海岸新区大力优化"互联网＋政务公开"不断提升政务公开水平》，https：//www.gov.cn/zhuanti/2021－04/15/content_5599700.htm。

公开四维体系，围绕就业、住房、医疗、教育、农村、文化六大重点领域深化公开成效。

（一）聚焦就业匹配需求，以公开为家门口就业"铺路"

青岛西海岸新区积极推进全省就业环境友好型城市试点，坚持以公开破除信息壁垒，健全就业公共服务体系，实现就业信息精准对接、技能培训靶向覆盖。

1. 建平台，信息共享促就业

将公开理念融入就业服务，精准对接群众就业需求。珠海街道成立了青岛西海岸新区首家镇街级公共就业协会，运用政府公信力集中就业信息资源，着力提高信息发布的时效性和覆盖面。建立求职者信息库、企业岗位信息库，打造"珠海街道就业直通车"云就业服务平台，集岗位筛选、政策发布、交流互动等多功能于一体，实现求职者与岗位"点对点"精准匹配，促进企业和求职者双向选择。截至2022年年底，平台已入驻企业450余家，浏览登录10万余人次，累计推送招聘信息3万条，解决就业6000余人。完善信息安全保障机制，推进企业信用认证、信用名录通报、平台担保三大保障措施，加强用人单位信息审核把关，开设问题反馈模块，提供就业跟踪服务，营造健康、安全的求职环境。

2. 强服务，政策直达引就业

以全方位公开、深层次解读推进政策入企、政策找人，持续提升就业质量。建立"珠海街道惠企政策导航群"，定期发布政策清单，开展"民营企业政策行"活动，组建58人"珠企服务队"走访企业、个体1700余家次，整理吸纳就业社会保险补贴、创业补贴、就业见习补贴等申报模板材料编制成册，2022年为企业落实政府补贴资金750余万元，确保惠企政策应知尽知、应享尽享。以解决农村闲置劳动力、吸引务工人员返乡就业为着力点，珠海街道400余名机关干部兼职"就业快递员"，根据所帮扶村居就业需求进行岗位"分拣"，通过上门走访或拨打亲情电话等方式及时完成岗位"配送"，登记服务1700余人，解决实际就业问题1400余件，培训、吸收各类农业种植能手、管理能手200余人，培育高端家政人才170余人。

3. 增岗位，阳光透明稳就业

坚持以公开促公正、稳就业，将公开透明贯穿城乡公益性岗位扩容提升工作全流程。以岗位公开、职责公开、程序公开、结果公开、管理公开"五公开"为宗旨，多渠道发布招聘公告，通过微信、网站、广播等媒介，主动公开岗位职责、报名条件、岗位待遇、退出管理、上岗程序等各项群众关注内容。严格执行上岗流程，设置监督举报专线，加强个人申请、民主评议、审核公示、岗前培训各环节把关，确保公开透明、人岗适配。2022年，珠海街道消纳农村剩余劳动力和城镇长期失业人员300余人，有效补充疫情防控、安全生产、环境整治等重点工作领域人员力量。

（二）聚焦环境改善需求，以公开促老旧楼院"换装"

青岛西海岸新区在加快推进城市更新和城市建设工作进程中，秉持"公开是消除疑虑的最佳途径"的工作理念，践行以人民为中心的发展思想，高质量推进老旧楼院改造，以公开换民心、以作为惠民生，不断提高群众满意度和参与度。

1. 全面宣传发动，改造标准一目了然

推进政策"靶向公开"，使居民对老旧小区改造政策、改造标准"了然于心"。摸清辖区符合改造条件的老旧小区基本情况，通过微信群、一封信、调查问卷等形式，加强政策宣传、了解群众意愿。依托社区书记工作室，全天候开展面对面政策解读，以简明问答形式编制《老旧小区改造政策汇编》，就群众关注的热点问题进行详细解答。在小区公示栏张贴《青岛市老旧小区改造造价参考标准》，让"官方标准"成为群众的"定心丸"。组织群众参加经验分享会、公众开放日活动，便于群众直观了解改造内容、改造过程、改造成果，提高群众参与老旧小区改造积极性。

2. 充分征求民意，改造内容群众做主

针对老旧小区改造内容，引导群众由"旁观者"变"主导者"，推行"三问于民"（问需、问计、问效）工作法，建立"自下而上申请、联合审查入围"的改造项目生成机制。以街道和居委会为主导，分批分次召开老旧小区改造意见征询会，逐户发放填写《老旧小区改造意见征求表》，在居委会设置意见反馈册，以无记名形式对意见采纳情况、未采纳原因进行反馈，确保居民意见件件有回应、可查询。邀请居民参与设计工

作，而后再进行施工图设计，并将设计方案在楼道公告栏公示 20 天，突出解决老旧小区基础设施老化、环境脏乱差、停车难等问题，提升小区"颜值"、打通功能"经脉"，最大限度满足群众差异性需求。

3. 广泛引导参与，改造过程阳光透明

推进小区改造全过程公开，采取公开招标的方式确定设计、施工、监理单位，建立微信工作群，及时公示居民出资到账情况、改造设计方案和工程进展情况等。招募小区业主作为"工程监督员"，参与小区改造过程中安全、质量和进度监督管理等环节。建立"联合验收＋综合评分＋长效管理"机制，组织勘察设计单位、施工单位、监理单位、社区、业主委员会及小区居民代表对改造成果进行验收，确保做到质量过硬、群众满意。

（三）聚焦医疗服务需求，以公开为百姓健康"护航"

青岛西海岸新区将群众关切作为公开的动力，深入推进医疗保障政策落实，加大健康知识普及，提升医疗卫生服务水平，守护群众生命安全和身体健康。加速促进优质医疗资源扩容下沉，加强基层医疗机构基础设施建设，全面打通医疗卫生服务群众的"最后一公里"。

1. 推进公开及时化，做好疫情防控"必答题"

围绕疫情防控重点工作加强政务公开。新冠疫情大流行期间，以信息公开为核酸检测提速，通过政府网站、微信公众号、微信群等途径，及时发布采样时间、采样地点、联系电话和最新政策，珠海街道累计开展区域核酸检测 897 万余人次，公众号信息阅读量 20 余万人次。深入推进疫苗接种宣传动员，组织网格员、党员、志愿者开展"敲门行动"，入户了解居民接种意愿、讲解疫苗接种知识。将疫苗接种流动车开进社区、企业、养老院，设置疫苗接种"绿色通道"，为老年人或行动不便者上门接种，珠海街道新冠疫苗接种 31.1 万余剂次，60—79 岁人群全程接种率达 99.21%。

2. 推进公开通俗化，做到政策宣传"接地气"

以提升农村政策知晓度、覆盖面为出发点，以政策宣传更加直观、通俗、易懂为落脚点，通过面对面解读、手把手演示、图文结合、动漫视频等多种形式，推进电子医保凭证、医保报销、大病救助等政策宣传落实。

提升群众政策宣传参与度，邀请居民客串参演"土话版情景剧"《医保缴纳指南》，以方言表达、剧情表演的形式，形象生动地宣传政策内容，起到寓宣传于娱乐的效果，解决政策宣传听不进、听不懂的问题，通过公众号、视频号等媒介加大宣传推广，进一步扩大宣传效果。

3. 推进公开便民化，做大公共卫生"服务圈"

深化紧密型健康服务共同体建设，以社区卫生服务中心为主体，依托黄岛区人民医院、黄岛区第二中医医院等优质医疗资源，推进下沉帮扶专家坐诊信息线上查询、线上预约，让非中心城区居民在家门口享受与城区居民同质化医疗服务。组织义诊、讲座等形式推广家庭医生签约服务，推进"三高共管、六病同防"医防融合、慢病管理服务，确保群众小病不出村、就医有保障。截至2022年年底，珠海街道家庭医生签约率达80%。实行"医联体+健共体+基层"服务模式，面向符合条件的农村居民宣传补充医疗保险政策，在社会医疗保险报销的基础上再报销12%，减轻群众就医负担、提高居民健康保障。

（四）聚焦教育资源需求，以公开筑教育安全"基石"

青岛西海岸新区以打造阳光教育为导向，主动公开新区67所学校的基本概况、财务信息、招生录取、教育教学等10大类、30项指标信息。推进多部门联合开展"护苗"行动，加强宣传教育，加大执法力度，为未成年人成长保驾护航。

1. 落实"黑白名单"发布机制

推进义务教育阶段学科类校外培训机构"黑白名单"动态管理，通过网站、公众号等媒介及时向社会发布。开展培训机构综合治理，建立"网格化+社会化+清单式"监管机制，以社区为单位，实行网格员巡访联系机制，掌握培训机构进入、退出情况并及时更新名单，邀请家长、老师、志愿者担任"安全观察员"，从"家长视角""学校视角""公众视角"加强对校外培训机构的日常监督。发布幼儿园资质"正面清单"，主动公开经主管部门审批具有合法办园资质的幼儿园信息，明确幼儿园名称、地址、类别和办园性质，引导幼儿家长选择具备办园资质的幼儿园，切实维护幼儿及家长的合法权益。

2. 加强"舌尖安全"执法检查

发布校园周边食品安全专项整治行动方案，以幼儿园、中小学周边餐饮门店和小超市为重点，深入排查销售"三无"食品、"山寨"食品、过期食品等违法违规问题，责令有关单位立即整改并列入"回头看"检查清单。公布幼儿园、中小学周边食品摊贩经营禁止区域，加强校园周边流动摊贩长效整治，设立"校园守护岗"，建立定时、定点、定岗管理机制，对流动摊贩进行劝离整改。建立"小饭桌"动态监管机制，确保开办必入监管、停业及时销号，落实"黑名单"公示机制，对整改后抽查不达标的"小饭桌"通过官方网站、微信等方式进行公示，连续3个月检查未发现问题的方可从黑名单除名，严守校园食品安全底线。

3. 推进"安全课堂"教育普及

将安全知识作为校园"必修课"，联合派出所、消防、安全监管等部门开展安全知识进学校、进课堂、进社区"三进"活动，通过"第一课""四点半课堂"等方式，进行防溺水、防火灾、防踩踏、防诈骗等安全知识宣传教育。组织"校园文明安全行"活动，以视频演示、情景互动、桌面游戏等趣味方式，引导学生掌握交通安全规则，培养良好交通安全习惯。倡导各社区推进"小手拉大手"文明实践，组织学生、家长开展角色扮演、应急演练等安全教育活动，设置"七彩手印墙"，以"承诺守诺"方式引导学生争做"安全践行人""安全宣传员"。

（五）聚焦权益保障需求，以公开助集体土地"盘活"

青岛西海岸新区积极推进第二轮土地承包到期后再延长30年试点工作，稳定农村生产关系、高效集约利用土地，坚持方向"一不动百不摇"、政策"一竿子插到底"、流程"一盘棋往前推"、村民"一条心谋发展"，有力推进政策衔接，焕发农村新活力。

1. 成立一支解读队伍，让农民听得懂

珠海街道建立由街道、自然资源所、股份经济合作社组成的政策宣讲队伍，实行"1+1+N"解读模式，即1个业务骨干、1个土地确权专员和股份经济合作社董事会、监事会成员，深入农户和田间地头，对土地承包、家庭成员增减及身份变化等情况进行清查登记。推进入户走访，就土

地承包到期后再延长 30 年工作的相关政策、内容及程序进行讲解，特别是对符合分配土地新增人员范围、收回土地人员及需提供的相关证明材料等进行现场答疑解惑。梳理政策要点，印制发放政策明白纸，设置政策解答热线，确保家家户户知晓、消除群众盲点疑虑。

2. 召开一场村民会议，让农民做决策

坚持依靠农民解决好自己最关心最现实的利益问题，珠海街道石人泊股份经济合作社作为新区 4 个试点之一，基于承包土地已由村集体进行流转经营的现状，经充分民主讨论和可行性论证，召开党员和村民代表大会进行表决，制定"不全村打乱土地重分，确权不确地，不分实地到户，农户承包地账面延包、收益到户，村集体联合农业开发公司合作经营"的延包方案。通过村民集体决策，在确保家庭承包经营权不变的前提下，由党支部领办土地股份合作社，把细碎化的土地连片集中，统一规划利用，与有经济实力的农业开发公司合作经营，提高土地价值，推动土地适度规模经营和农村产业结构调整，有效解决农村老龄化、土地产量低等问题。

3. 建立一个管理机制，让农民能监督

保障集体经济组织成员平等享有土地权益，由街道工作人员和试点村德高望重、公道正派的老干部、老记账员组成专门的审核小组，对村民提报的相关信息进行审核，并及时公示审核结果，做到公开透明、不重不漏、合法合规。在股份经济合作组织内部，确立"三会"（董事会、监事会、成员代表大会）管理模式，形成所有权、决策权、经营权、监督权"四权"制衡机制，创新集体资源经营、管理和分配机制，提高集体资源管理效率，抑制集体资源流失。通过健全完善农民承包合同、信息登记"两个台账"信息，增强土地流转、土地纠纷、征地政策及土地补偿等管理服务的准确性，为推动富农增收夯实监督基础。

（六）聚焦精神文化需求，以公开引领文明乡风"新潮"

青岛西海岸新区坚持以社会主义核心价值观为引领，以先进文化滋养时尚气质，以道德建设引领乡风文明，发挥政务新媒体、文明宣讲团等载体"政能量"，积极推进文明培育、文明实践、文明创建。

1. 组团+云讲，传递党的二十大好声音

建立线上线下宣传方阵，组建"红色宣讲团""青语青行宣讲团"，邀请辖区老党员、退伍老兵，选拔街道青年党员干部担任宣讲团成员，开展党的二十大精神宣讲"六进"活动，推出"永远跟党走·奋进新征程"主题云宣讲系列活动，传承红色记忆，讲述奋斗历程，以生动的个人经历阐释对贯彻落实党的二十大精神的感悟。创新宣讲形式，通过"心共鸣"直播间开展"直播式"宣讲，进一步增进宣讲互动性、扩大宣讲覆盖面。在农村推进"文艺式"宣讲，将宣讲与小戏小品、歌舞表演、书画展览等方式相结合，展现新时代发展成果、激励新时代奋斗干劲。

2. 评选+表彰，汇聚先进典型正能量

评选先进典型人物事迹，通过微信、广播、报纸等途径，"张榜发布"评选公告和评选标准，发动各行业单位和基层群众广泛推荐。通过微信公众号推出候选人物事迹系列报道，综合群众网络投票、组织审核、社会公示，评选出敬业奉献、孝老爱亲、助人为乐"最美珠海人"以及强企兴商"最美企业家"。召开表彰大会，对入选的先进个人进行表彰并颁发荣誉证书，依托新时代文明实践站、理论宣讲基地，建立先进事迹传播机制，以先进事迹报告会、专题宣讲、系列报道等方式加强宣传引导，积极营造发现典型、树立典型、学习典型、追赶典型的环境氛围，不断提升社会文明程度。

3. 倡导+制止，推进移风易俗树新风

以社区、村为主体，加强婚俗改革宣传引导，将喜事新办俭办纳入村规民约、居民公约，发动党员干部带头签订承诺书，自觉抵制天价彩礼，通过组织青年交友联谊会等途径，宣传倡导简约适度、文明健康的婚俗观念。推进垃圾分类宣传引导，依托"垃圾分类 新区有你"微信小程序，以晒桶打卡、问题督导、站桶指导等方式，普及垃圾分类知识、培养垃圾分类生活习惯。开展文明祭祀、禁烧禁抛专项巡查行动，传统祭祀节日期间，组织机关、村和社区党员干部在林区入口和沿街路口值守，收缴火种和烧纸，劝导文明祭祀。通过广播、电视、宣传标语、警示标识、宣传车等方式倡导绿色祭扫纪念形式，引导群众摒弃传统陋习、树立文明风尚。

三 基层政务公开存在的问题

政务公开是保障群众知情权、参与权、监督权的制度安排。基层政务公开因涉及群众切身利益和政策具体落实而具有显著性、时效性、准确性、合法性等要求。随着基层政务公开标准化规范化工作的深入推进，基层行政机关的公开意识逐渐增强，公开数量逐年提升，但仍然存在公开不及时、公开途径局限、公开内容不精准等问题，距离群众期待还有差距，不同程度呈现政府信息低效供给、重复供给以及供需不匹配、不平衡、不衔接的状况。

（一）距离精准识别群众需求的标准还有差距

虽然"公开为常态、不公开为例外"的理念正逐渐被基层行政机关所理解，但尚未达到重视的程度。随着法治化进程的深入推进，越来越多的群众希望行使知的权利，参与公权力监督，但基层行政机关在政务公开个别领域出现避重就轻现象，存在缩小公开范围、模糊环节流程、以宣传代公开等问题，公开内容偏离群众需求，公开效果达不到使群众满意。且群众公开需求具有阶段波动性，基层行政机关往往从行政管理视域考虑政务公开工作，对群众需求动态变化不敏感，缺少专业化分析指导，对公开群体、公开途径、公开形式、公开质量等缺乏识别和界定，不能及时精准对接群众公开需求，容易产生政务信息"漫灌"，给群众及时获取有效信息造成不便。

（二）基层政府信息获取的便捷性有待增强

随着数字政府建设的全面推进，政务数据资源逐步实现在平台的归集共享，但依然建立在群众主动搜索的基础上。截至2023年3月，青岛公共数据开放网包含6691个数据目录、5.95亿条数据，青岛西海岸新区政府网站月均信息更新量达800余条，网站以关键词搜索的结果显示信息数量仍然较大。考虑政府信息的受众广度和传播速度，镇街级信息发布逐步偏向于以微信公众号为主阵地的政务新媒体，但受订阅号每天推送1次信息的限制，一定程度影响公开回应的效率。目前主要依托运行机制成熟完善的政务服务热线（12345）实现与群众在线互动回应，各镇街微信公众号互动性不足，缺乏互动回应的监督评估机制，不具备在线互动式运转条件。尽管微信公众号等新媒体平台具有即时性的特点，但其信息发布内容分散，与政府网站的分类布局、架构明晰、栏目多样截然不同，群众反映已发布信息查找不便，影响信息发布的连贯性和衔接性。

（三）基层政务公开与村务公开衔接不够顺畅

中国基层政务公开肇始于20世纪80年代的"村务公开"，是一个从基层到上层、以实践总结经验进而指导实践的发展过程。随着村庄结构优化调整，各建制村撤并，实施"党支部+股份经济合作社"模式，以规范化管理为公开奠定制度基础。但建立政务公开与村务公开同步机制仍处于探索实施阶段，政务公开向基层延伸覆盖面不够广，政府信息公开查阅点设置数量不足，全区仅1个街道实现了社区政务公开专区建设覆盖率100%，还须进一步推进政务公开向村级延伸，激发村务公开自治动力，拓展政务公开空间，提升政务服务水平。目前各镇街政务公开工作人员配备不足，各单位仅1名工作人员从事政务公开工作，且多为身兼数职，人员流动性大，影响了政务公开工作推进效率。

四 提升基层政务公开质效的思考

《国务院办公厅关于全面推进基层政务公开标准化规范化工作的指导意见》提出，到2023年，基本建成全国统一的基层政务公开标准体系，覆盖基层政府行政权力运行全过程和政务服务全流程，基层政务公开标准化规范化水平大幅提高，基层政府政务公开工作机制、公开平台、专业队伍进一步健全完善，政务公开的能力和水平显著提升。随着政务公开工作的不断深化、制度的不断完善，创新公开形式、提升公开质量、推进政务公开与村（居）务公开有机衔接或将成为基层政务公开工作的重点和亮点，基层行政机关应以思想转变、技术支撑、制度保障、服务升级、监督管理为切入口，使政务公开更加贴近群众、易于理解、发挥实效，打造阳光透明、规范高效的基层政务生态。

(一) 转变供给侧信息公开的认知偏差

在推进服务型政府建设、深化"放管服"改革工作进程中,基层政府以改革倒逼角色观念转变,由管理者转为服务者,为企业提供"点单式"定制服务,优化营商环境取得了明显成效。由彼及此,基层政府要坚持以群众实际需求为导向,提升全领域政务公开思想认识,特别是涉及群众切身利益的工作领域。从思想上树立"公开为民"的工作理念,充分认识政务公开并非"单向供给",而应是"民呼我应",特别是基层行政机关作为联系群众的"第一线",掌握着群众需求的"第一手信息",做好公开需求侧分析对上层政策制定和基层落实成效具有重要意义。从主体上抓好镇街政务公开工作人员教育培训,指导镇街因地制宜梳理"公开清单",提升队伍业务素质。从制度上建立民意征集和意见反馈机制,多领域开展问卷调查、"开门说政事"、"政有回音"等系列活动,以公开听民声、促服务、提效能,让基层政府接得住群众需求、交得出"满意答卷"。

(二) 推进政务数据应用实现信息供需对接

政府是大量重要数据所有者,在数据资源的搜集、储存、流转与利用的链条中起决定性作用。[①] 而目前政府机构并没有实现数据的充分利用,欠缺对信息的归类、分析和应用,通过平台共享开放的杂乱数据,既不能引起群众关注,也难以被利用。应以政务大数据体系建设为契机,以大数据分析应用为手段,从企业和群众需求出发,从政府管理和服务场景入手,加强数据赋能,盘活数据资源。例如,成都市通过12345平台归集群众诉求、分析研判群众关切,为部门解读回应提供方向。北京市西城区集合网站和12345受理平台问题与答复,对数据进行分类整合,动态更新问答知识库,推进智能问答服务范围拓展。以政务数据应用推进信息供需靶向对接,将有效推动政策、服务、措施的落实落细,切实提升政务公开工作实效性、精准度。

[①] 林华、金鳞:《我国政务公开的成就、挑战与应对》,《中国司法》2021年第12期。

（三）完善政务公开回应的监督评价体系

提升政府回应力是推进以人民为中心的政务公开工作的必然要求。近年来，政府机构在推进高水平政策解读的同时，将解读回应纳入政务公开评估体系，委托第三方评估机构进行网络测评、专家集体测评，确保解读内容"应解读、尽解读"，解读质量"有深度、接地气"。12345 政务服务热线作为公开的有益补充，实行"即时受理、分类转办、限时答复、全程督办、跟踪问效"全流程闭环管理，但其监督评价机制具有内部性。各镇街政府信息依申请公开答复工作水平不一，缺乏前置性评价机制，虽然存在行政复议、行政诉讼等法律救济途径，但无形中增加了群众的时间成本。推进客观、公正的政务公开回应监督评价体系建设，应积极促进群众监督、内部督查、第三方评估相衔接，形成无缝隙"监督立方体"，以积极回应提升群众满意度和获得感，不断推进政务公开工作的持续健康发展。

第四编

基层政务公开

推进基层政务公开
打通信息服务"最后一公里"

江西省九江市人民政府办公室[*]

摘 要：江西省九江市积极推进基层政务公开探索创新，将基层政务公开作为法治政府建设的重要抓手，从群众的实际需求出发，注重发挥县乡两级的积极性和创新性，通过政务公开专区、目录标准化、创新政策解读产品、拓展公开渠道、优化公开方式等举措，在决策、管理、执行、服务、结果"五公开"各个领域进行了工作创新，惠民政策、惠农资金、产业发展、乡村振兴等各个公开领域的信息不断丰富，服务不断完善。本文以九江市县乡两级基层政务公开标准化规范化工作为例，综合运用数据分析、案例展示等方式，系统总结九江市基层政务公开标准化规范化的实践与探索。

关键词：基层政务公开 标准化 规范化 创新实践

推进基层政务公开标准化规范化（以下简称"两化"）建设，是贯彻落实党中央、国务院关于全面推进政务公开的决策部署，推进决策、执行、管理、服务、结果公开工作的具体举措，对于深化基层政务公开，提高行政效能，加快建设法治政府、服务型政府，具有重要意义。推进"两化"工作要坚持需求导向、重点突破、标准引领等原则，紧密联系实际，形成可复制、可推广、可考核的基层政务公开标准和规范，不断提升基层政务公开能力，打通政务服务的"最后一公里"。

---

[*] 课题组负责人：张懿鸣，江西省九江市政府办公室政务公开与法规科科长。

在推进基层政务公开"两化"建设过程中，九江市按照"市级统筹、县乡一体、覆盖基层、村居延伸"的总体部署原则，确定包括九江市湖口县、共青城市在内的2个县（市、区）、15个乡镇街道作为基层政务公开选点，重点围绕城乡规划、重大建设项目等24个方面开展基层政务公开标准化规范化建设。九江市坚持把群众受益作为推动政务公开的落脚点，紧紧围绕与群众关系密切的行政行为和服务事项，积极开展"两化"探索实践。经过2年左右的探索，九江市县乡两级一体化的基层政务公开标准化体系已经建成，创新了一批基层政务公开九江标准和九江规范。政务公开工作融入了行政权力运行全过程和政务服务全流程，基层政府政务公开工作机制、公开平台和专业队伍建设日趋完善，公开能力得到提升，公开质量不断提高，公开内容更加丰富。

一 把握三个环节，为基层政务公开标准化规范化提升保障能力

当前，公民参与政务的权利意识增强，要求政府公开政务的呼声日益强烈，特别是基层政府征地拆迁、涉农补贴、惠民资金发放等领域，民众参与政务的意愿持续增强。"互联网＋"政务让广大人民群众行使知情权、参与权、监督权有了新渠道，一方面给基层政务公开开拓了新的领域，另一方面也带来了新的挑战。

（一）强化领导，高位推进

全市上下始终把政务公开作为法治政府建设的"第一界面"，打造群众接触政府工作的第一平台。第一，市级层面重视支持。2021年以来，市政府常务会先后三次研究政务公开工作，并划拨专项资金75万元支持开展省级示范创建。第二，县级层面保障引领。各地均由县（市长）、乡（镇长）担任创建工作领导小组组长。湖口县将政务公开工作列入全县"十大民生实事"项目，所有乡镇都按照省级示范标准来打造，县政府办还组织精干力量下沉到各部门、各乡镇挂点帮建。共青城市在已经高标准打造政务公开专区的基础上，2023年再安排50万元用于基层政务公开

"两化"建设。柴桑区每年邀请省级专家到区为科级以上干部进行政务公开工作讲座。彭泽县、都昌县、永修县等地结合各自特点，加大农业、乡村振兴、基础设施建设等领域公开。武宁县、修水县结合林长制、河长制等内容，加大对生态环境保护等领域的公开。第三，示范乡镇着力推进。各示范乡镇把创建工作作为年度乡镇工作重点任务，立足于"长""常"二字，提出示范即为标杆，建立了长期坚持并逐年提升的工作标准，实现了月核查、季调度、年度总结常抓不懈的工作机制。在保障方面，加大对政务公开专区、村民便民服务站的建设投入；在政务公开工作人员配备方面倾斜力量；在机制建设方面，建立了分管副职每周梳理，乡镇长每月调度，党政联席会每季梳理解决重点问题的统筹协调机制；在工作目标上，坚持把最贴近群众需求、最方便群众办事、最利于阳光透明作为工作努力方向。湖口县均桥镇实行周一列清单、周五汇账单的方式，对所有应公开信息周清周结，实现及时动态更新；瑞昌市码头镇结合经济发达镇的特点，及时更新惠企政策，精心编制"政策解答一册通"电子书，送策入企；共青城市苏家垱乡在镇村两级建立了"数字乡村"服务平台，使"群众扫码、干部办事"成为政务公开新动向。

（二）以点带面，统筹促进

市政府办公室印发了《全市基层政务公开标准化规范化"十县百乡"创建工作指导方案》，方案明确了"两年分三步走"的工作部署。"两年"即 2022 年进行示范点打造，2023 年全市县乡全面铺开。"三步走"即标准化先行、规范化跟进、特色化提升。全市基层政务公开"两化"工作根据"两年三步走"的总体思路全面推进。为适应不同乡镇的实际特点，制定了"1＋X"的指导原则，"1"是按照省、市标准目录，各示范县、示范乡镇均需完成的基础工作。"X"是鼓励各示范县、示范乡镇按照各自的地域特点，因地制宜、分类处理，不搞上下一般粗，不搞一刀切。各示范乡镇街道结合实际，制定了重点领域政务公开标准，并进行动态调整。如湖口县均桥镇结合"宅改工作"试点在农业农村、乡村振兴领域公开中增加了宅基地全流程审批信息公开；永修县涂埠镇增加了基本农田建设领域信息公开；武宁县罗坪镇增加了公益林补贴领域的惠农资金信息公开（见表 4–1）。

表4-1　　全市示范乡镇政务公开标准化规范化公开领域统计表

乡镇	公开领域数	自选特色领域
湖口县均桥镇	16	宅基地审批全流程信息公开
共青城市苏家垱乡	18	市政服务领域
浔阳区人民路街道	12	养老服务
柴桑区狮子街道	14	民生项目群众点单
瑞昌市码头镇	23	涉企一生事
德安县吴山镇	17	乡村振兴民情访谈
武宁县罗坪镇	22	林长制
濂溪区新港镇	18	重大项目建设
庐山市温泉镇	18	景区事务公开
彭泽县马当镇	20	政务服务"帮办代办"领域
庐山西海巾口乡	26	旅游服务领域
永修县涂埠镇	16	红色小赣事
修水县渣津镇	16	板凳夜谈
都昌县汪墩乡	18	市政服务领域

(三) 督促指导，实时跟进

一方面，市政府办公室建立周调度、月汇报机制，对15个乡镇示范点逐个实地指导，定期跟踪、协调解决推进过程中出现的难点问题。2022年市政府办公室分两次召开线下现场会，总结梳理各地各乡镇的经验做法，形成"比学赶超"的创建氛围。另一方面，市级还利用"赣政通"软件，通过线上分享会等形式，晒问题、亮做法，达到互相学习、取长补短的目的。与此同时，各县（市、区）形成了学示范、当示范的创建联动氛围；都昌县、彭泽县虽然不是省级试点，但自我加压，着力推进所有乡镇参与全域创建工作。市委考评办还将基层政务公开标准化规范化工作纳入年度高质量发展考核，实现考核促动。

二 完善三个平台，切实提升基层政务公开的影响效果

在推进基层政务公开"两化"的进程中，九江市充分鼓励基层进行创新和探索，实现示范县有重点、示范乡镇（街道）有特色。基层政务公开主体敢于先行先试，建好线下线上公开专区、创新推进政策解读等重点工作。

（一）建好线下公开平台

九江市按照政务公开的要求，围绕面向社会、便民利企的目标，市县乡三级着力建设政务公开专区。市本级方面，市政务服务中心在一楼大厅设立了210余平方米的政务公开专区（政府信息公开查询点），公布信息公开指南。专区分为：前台咨询引导区、政府信息自助查询区、政府信息查阅区、政务服务资料填写区。全市13个县（市、区）均建立了县乡两级政务公开专区（见表4-2）。政务公开专区成为群众查询政策、咨询问题、申请公开的窗口。截至目前，全市每个县（市、区）政府官网都开设了"两化"创建专栏；全市建有乡镇一级政务公开线下平台103处；全市1736个村、518个社区均建设了"线下+线上"信息公开专门领域（见表4-3）。

表4-2　　全市各县（市、区）政务公开专区建设情况统计表

名称	专区面积（单位：平方米）	是否依托政务服务大厅
修水县	32	是
武宁县	20	是
瑞昌市	15	是
都昌县	20	是
湖口县	400	是
彭泽县	55	是
永修县	10	是

续表

名称	专区面积（单位：平方米）	是否依托政务服务大厅
德安县	规划专区面积128 现有专区面积30	是
共青城	60	是
庐山市	100	是
柴桑区	60	是
浔阳区	30	是

表4-3 九江市基层"两化"示范乡镇政务公开专区建设情况统计表

名称	专区面积（单位：平方米）	是否依托政务服务大厅
湖口县均桥镇	100	是
共青城市苏家垱乡	30	是
浔阳区人民路街道	100	是
柴桑区狮子街道	30	是
瑞昌市码头镇	50	是
德安县吴山镇	20	是
武宁县罗坪镇	20	是
濂溪区新港镇	80	是
庐山市温泉镇	100	是
彭泽县马当镇	100	是
庐山西海巾口乡	120	是
永修县涂埠镇	120	是
修水县渣津镇	100	是
都昌县汪墩乡	30	是

（二）打造线上公开平台

全市所有县（市、区）均开设了基层政务公开"两化"建设专题（见表4-4），其中湖口县、共青城市两个示范县（市）分别建立了34个和32个领域的线上公开专区，示范县所有乡镇街道均建立了线上专门领域公开；其他示范乡镇均按标准指引目录建立了线上公开领域；所有示范县、示范乡镇街道均在线上对村务进行公开，建立了村（社区）标准指引。按照县、乡、村三级标准目录指引，及时上传信息，实现了线上线下同步。社会公众通过点开网络，就能第一时间进行网上查询。在此基础上，还充分利用线上易于传播、受众广的优势，制作了一些特色公开产品。如共青城市苏家垱乡以普通话、当地方言的"双语"形式拍摄15期《小魏读政策》政策解读短视频，由一名乡镇副职担任政策解读员，内容涵盖农民建房、秸秆焚烧、退役军人优待证等方面，引导群众了解政策、参与决策。濂溪区新港镇党政班子成员分别就分管工作进行视频解读，对建房审批、乡村振兴、重大项目等工作予以解读。庐山西海巾口乡在抗旱重点时间制作小视频，使群众第一时间获得灌溉方面信息，稳定粮食生产，深受好评。

表4-4　　　　　九江市基层政务公开"两化"创新做法

创新政策解读方式	◆普通话与方言同步解读惠民政策 ◆快板书解读 ◆短视频解读 ◆大喇叭解读
问计于民互动互访	◆干群祠堂会议 ◆板凳夜话活动 ◆干群围庐夜话活动 ◆"半月谈"下访活动
基层治理资源共享	◆以"村民出卷、干部答卷、群众阅卷"方式，群众参与重大决策 ◆政务公开系统——"智慧流泗" ◆乡贤引领人才回乡，促进乡村振兴

（三）创新干群互动平台

庐山市探索搭建"有事大家说，我们尽力办"群众点题干部答题的"围庐夜话"基层议事平台，与党员代表、村民代表、致富能手等围坐在一起，聊家常、谈感想、提建议，共话经济发展、项目建设，激活政务公开工作赋能基层治理强大动能。德安县吴山镇创新开展乡镇党员干部每半月到挂点村"半月谈"活动，访群众，讲政策，察民情。活动开展以来，共收集有效意见建议42条，提出解决措施63个，为群众解决了一批乡村振兴、农民建房、水利设施、疫情防控、交通出行等方面"急难愁盼"的问题。修水县渣津镇以"板凳夜谈"方式，组织镇村干部到20个村居的活动小广场、祠堂、大屋场等地方召开"板凳会"60多场次，收集各类问题182个、意见建议52条。瑞昌市黄金乡以村为单位，组织乡村干部、党员、群众广泛开展"乡村夜话"活动。乡村干部与村民代表利用晚上时间就党的政策、民生实事等问题定期与群众面对面进行沟通交流，受到群众的欢迎。"乡村夜话"成为当地宣传政策方针、化解民生难点、密切党群干群关系的服务平台。柴桑区狮子街道围绕全镇重点任务、重大事项及公众关切的民生事项，共协商民生项目5个，涉及敬老院道路提升、危桥改造修复、乡村振兴示范点打造、人居环境整治以及道路硬化及沟渠治理等民生事项，30余名人大代表、政协委员以及相关利益群众代表参加民主决策，敞开大门纳谏，决策中有群众的声音，做到了重大项目"村民出卷、干部答卷、群众阅卷"。湖口县流泗镇自主开发了党务政务公开系统——"智慧流泗"，让群众全过程监督民生事项的办理，推进便民服务数字化。

三 探索三项制度，吸引社会公众广泛参与决策

在基层政务公开工作中，九江市坚持以人民为中心的发展思想，坚持把服务人民贯穿政务公开工作的全过程，让群众参与到决策、管理、执行的各个环节。

（一）建立常态化机关开放制度

为扩大政务公开影响力，打造阳光、透明、开放的政府。九江市在2022年6月举办了全市政府系统"机关开放周"活动。一是邀请"零门槛"。向全社会公开发出邀请公告，引导社会公众广泛参与。在邀请对象上，邀请在九江市工作、生活、学习，关心九江市经济社会发展且年满18周岁具有完全民事行为能力的公民参加。在活动形式上，采取浏览介

绍、播放视频、演示观摩、座谈交流、举办讲座等各种形式介绍和展示政府机关的主要职能、办事程序、特色亮点、服务举措、创新成果等内容。二是深度体验"零距离"。市民代表来到政务服务窗口、"12345"政务服务便民热线接线大厅等地进行了沉浸式体验；组织市民代表现场参观，感受我市乡村振兴的变化。市民代表模拟式体验一次公积金业务办理，演示公租房申报分配流程。三是表达"零顾虑"。市民代表提出了一批与群众利益密切相关的意见建议，不回避矛盾，收集意见建议近400条，全盘接收并及时回复。据统计，全市共有117个市县部门、101个乡镇参与。其中，湖口等县（市、区）实现乡镇开放全覆盖，累计参与群众达3000余人次，收集意见建议近400条。

（二）建立重大决策群众参与制度

全市县乡两级认真贯彻实施《江西省县级以上人民政府重大行政决策程序规定》，规范重大行政决策程序，制定完善重大行政决策事项目录，列明决策事项、承办部门、决策时间以及是否听证等信息，并向社会公开。建立完善社会公众代表列席政府会议制度，以法治政府建设监督员为基础，建立社会公众代表库，邀请"两代表一委员"、专家学者、企业家代表、新闻媒体代表、新的社会阶层人士代表等列席政府有关会议，推进决策过程公开，扩大公众参与（见表4-5、表4-6）。根据决策对社会和公众影响的范围和程度，采取座谈会、听证会、实地走访、向社会公开征求意见等多种方式广泛听取意见，公开征求意见的期限一般不少于30日，相关意见采纳情况及时公开。县（市、区）对一些涉及面广的议题邀请社会公众参与。乡镇在党政联席会上，邀请群众代表参与。

表4-5　　九江市县级政府常务会议重大决策公众列席情况表

序号	名称	议题	参与人员
1	彭泽县	《彭泽县自建房安全管理暂行办法（审议稿）》议题	群众代表
2	永修县	永修县智能停车场收费标准情况汇报	利益相关方、群众代表

续表

序号	名称	议题	参与人员
3	武宁县	《武宁县妇幼保健院整体搬迁项目工程建设调整方案（送审稿）》等议题	社会公众代表
4	都昌县	县城区村民成本价购买安置房选房流程的情况	群众代表
5	德安县	做好春耕备耕稳定粮油生产实施方案	群众代表
		德安县2023年工业高质量发展工作意见	利益相关方
6	修水县	《修水县欧克产业园和黄土坑大道项目范围内集体土地上房屋征收补偿安置方案》	群众代表
7	浔阳区	《关于2022年重大项目总结暨2023年重大项目推进情况的汇报》	群众代表
8	濂溪区	《2023年区〈政府工作报告〉重点工作任务责任分解表（送审稿）》等议题	群众代表
9	共青城市	《共青城市低空经济产业政策（试行）（送审稿）》等议题	群众代表
10	瑞昌市	《瑞昌市国土空间总体规划（2021—2035年）》听证会	群众及社会各界代表
11	柴桑区	《九江市城市公益性公墓维护管理收费定价事宜》等议题	群众代表
12	湖口县	列席《关于加快庐山市羽绒服装产业高质量发展的实施意见》议题	社会公众代表
13	庐山市	列席《关于双钟镇社区规模优化调整有关事宜》议题	社会公众代表

表4-6　九江市示范乡镇重大决策群众代表列席情况表

序号	名称	议题	参会人员
1	湖口县均桥镇	渊明社区美丽乡镇城镇垃圾污水治理	渊明社区两委成员；社区群众代表5名
2	共青城市苏家垱乡	苏家垱乡中心小学至水口周边道路升级改造项目	各村（居）支部书记；所有人大代表；群众代表3名
3	浔阳区人民路街道	虹能老旧小区改造项目	街道包挂项目领导、项目工作人员；小区居民代表

续表

序号	名称	议题	参会人员
4	柴桑区狮子街道	九江市高铁新区防洪工程（三桥河治理）	协商议事委员2名；有关部门、街道干部、群众代表11名
5	瑞昌市码头镇	关于6214厂老旧小区改造工程	码头镇相关干部、群众代表等共17名
6	德安县吴山镇	蔡河村至林居养护大中修工程	吴山镇干部；蔡河村干部及各组村民代表
7	武宁县罗坪镇	武宁县罗坪镇美丽集镇改造项目	罗坪镇干部2名；人大代表11名；群众代表2名
8	濂溪区新港镇	召开新港镇安置房建房方案征求意见大会，集体讨论安置房建房方案	新港镇相关部门干部；设计公司相关人员；太平桥村、长岭口村支部书记及拆迁安置村民代表
9	庐山市温泉镇	关于105国道至温泉高速路口修建道路事宜	镇村相关负责人；镇人大代表、政协委员；105国道沿线居民代表
10	彭泽县马当镇	马当镇敬老院消防改造提升工程项目	敬老院相关人员代表14名
11	庐山西海巾口乡	巾口乡双群水库除险加固工程	群众代表5名
12	永修县涂埠镇	蓝天大道公共停车场	群众代表3名
		涂埠镇"四好公路"工程	村民代表10名
		蓝天农贸市场及周边社区整治项目	商户代表3名
		背街小巷牛皮癣及外立面环境整治项目	群众代表3名

（三）建立民生实事群众差额票决制度

2022年九江市继续实施民生实事项目公众参与及人大代表票决制。市政府办公室通过九江广播电视台、《九江日报》《浔阳晚报》、"中国·九江"网、"九江市人大"网以及"九江发布"微信公众号、《掌中九江》客户端、《云上九江》客户端等媒体向社会各界发布意见征集通告，共征集到意见建议46条。按照"可行性""普惠性""时限性"要求，结合市发改委纳入项目库的民生项目清单，市政府办公室初步选取了 21 个备选项目，并通过"中国·九江网"、九江广播电视台、九江新闻网等媒体发布了网络投票公告，市政府办根据网络投票情况，初步确定 15 个项目，最终经层层审核，确定了 2022 年市人大代表票决制民生实事项目 10 个（见表 4-7）。这些民生实事项目不仅是群众最关心、最期盼、与之最密切相关的项目，也是九江完善城市功能、提高城市品质、打造宜居宜业宜游城市所急需的项目。在市级开展民生实事票决制的基础上，各县市区、各乡镇也根据各自实际，通过开展民生实事群众参与投票、人大代表票决等方式，扩大民主决策的范围。

表 4-7　　九江市县级民生实事民主决策情况统计表

序号	名称	议题	参与人员
1	彭泽县	《2023 年彭泽县民生实事人大代表票决候选项目（草案）》的议案	水利局、教体局、住建局、农垦集团、民政局、卫健委等相关部门
2	永修县	《2022 年永修县民生实事项目人大代表票决制》	住建局、教育局、卫健委等相关部门
3	武宁县	《武宁县推进美丽乡镇项目建设实施方案》	县政府班子成员，县住建局、县发改委、县财政局主要负责同志等
4	都昌县	《2023 年都昌县人大代表票决制民生实事项目》	县住建局、县教体局、市场监督管理局等相关部门
5	德安县	《德安县 2023 年民生实事人大票决制初步候选项目》	县政府办、县财政局、县教体局等相关部门；县人民医院、中寰投资集团、蒲亭镇政府主要负责同志列席
6	修水县	《研究落实省民生实事工程涉及困难群众基本生活保障提标提补工作有关事宜》等议题	群众及社会各界代表 42 名
7	浔阳区	《关于 2022 年重大项目总结暨 2023 年重大项目推进情况的汇报》	群众代表

续表

序号	名称	议题	参与人员
8	濂溪区	《2023年濂溪区人大代表票决制民生实事项目》	区城管局、教体局、城投、行政审批局等部门和十里街道、莲花镇等主要负责同志
9	共青城市	"四好农村路"建设工程项目	人大代表、选民、群众代表
10	瑞昌市	《2023年瑞昌市人大代表票决民生实事候选项目》	瑞昌市人大常委会组织的71名人大代表
11	柴桑区	《2023年民生实事"免费提供出生缺陷防控服务"工作部署会》	区卫健委，区直各医疗卫生健康单位分管领导、相关科室负责人及相关股室负责人
12	湖口县	《湖口县2023年人大代表票决制民主民生实事项目（讨论稿）》	发改委、财政局、工信局、商务局等相关部门；石钟控股集团、各乡（镇）主要负责同志
13	庐山市	《2022年庐山市6项民生实事项目》	住建局、教育局、卫健委等相关部门

四 基层政务公开"两化"工作的展望

推动基层政务公开促监督促落实。加快转变政务公开职能，统筹政务公开和安全保密，坚持以公开、阳光、透明，促进政府各项工作落实，用法定公开有效提升政府公信力和执行力。

推动基层政务公开助力治理能力提升。按照推进政府治理现代化总体要求，逐步推动政务公开从管理驱动向需求驱动转变，从注重公开数量向注重公开质量与深度转变，从"公开即上网"向"公开即服务"转变。

推进基层政务公开数字化智能化。推动贯通市、县、乡三级的全市主动公开公文库建设，建立政策文件数字化归集和推送机制基本形成，公开信息实用性不断增强，政民互动效果进一步显现，人民群众对政务公开的知晓度、满意度明显提升。

推进基层政务公开深度和广度再延伸。进一步优化线上线下平台的功能，注重实用性。对政务公开事项在深度和广度上进一步延伸，特别是对一些重大项目、重点工程、重大决策事项，"五公开"全流程面向社会公众公开，促进规范化、标准化引向深入。

四川省广元市推进新时代基层政务公开的探索与实践

四川省广元市人民政府办公室课题组[*]

摘　要：基层政府治理是国家治理体系和治理能力现代化的有机组成部分和重要基础，深化政务公开是促进基层政府治理能力提升的重要途径。四川省广元市以全国基层政务公开标准化规范化试点和全省深化政务公开促进基层政府治理能力提升先行县为契机，不断探索创新，推动政务公开与政府治理有机融合，促进政府治理与群众参与良性互动，推进基层政府治理能力持续增强。本文总结了广元市在探索推进基层政务公开方面的特色做法，剖析了现阶段存在的问题，并就如何加强基层政务公开提出了意见建议。

关键词：政务公开　政府治理　公众参与　政务服务

近年来，四川省广元市深入学习贯彻习近平新时代中国特色社会主义思想，严格落实党中央、国务院和省委、省政府关于政务公开相关决策部署，始终聚焦基层政务公开，不断创新工作模式，提升政务公开质效，推动构建高效开放透明的服务型政府，切实提升人民群众对政府工作的满意度和获得感。

---

[*] 课题组负责人：张君，四川省广元市政府办公室主任；彭飞，四川省广元市政府办公室工作人员。

一 推进基层政务公开背景意义

（一）时代赋予基层政务公开新使命

全面推进基层政务公开，对于坚持和完善基层民主制度，密切党和政府同人民群众联系，加强基层行政权力监督制约，提升基层政府治理能力具有重要意义。2016年中共中央办公厅、国务院办公厅印发《关于全面推进政务公开工作的意见》，首次明确推动政务公开的要求。2017年国务院办公厅印发《开展基层政务公开标准化规范化试点工作方案》，重点围绕城乡规划、重大建设项目等25个方面开展基层政务公开标准化规范化试点工作。2019年国务院办公厅印发《关于全面推进基层政务公开标准化规范化工作的指导意见》，要求全面推进基层政务决策公开、执行公开、管理公开、服务公开、结果公开，大幅提高基层政务公开标准化规范化水平。2019年修订《中华人民共和国政府信息公开条例》（以下简称《政府信息公开条例》），政务公开对政府治理的引领力进一步增强。站在新的历史起点上，人民群众对政务公开有许多新期待、推进政府职能转变对政务公开提出新任务，面向中国特色社会主义新时代、面向政府治理体系和治理能力现代化、面向人民美好生活新愿景，做好新时代基层政务公开工作天地广阔、至关重要、大有可为，必须自觉站位、振奋精神、破难而进、勇当先锋。

（二）发展决定基层政务公开新方向

广元地处四川省北部，毗邻陕西、甘肃两省，曾经是秦巴山区整体连片贫困地区，乡镇行政区划调整改革和村级建制调整改革后，提升基层治理能力、完善基层治理体系既是问题倒逼，更是发展所需。市委七届十一次全会暨市委经济工作会议审议通过了《关于深入贯彻落实党的十九届四中全会精神和省委十一届六次全会精神、推进城乡基层治理制度创新和能力建设的决定》，系统制定了推动城乡基层治理体系和治理能力现代化建设的"广元方案"。只有不断深化行政决策公开、重点领域信息公开、为民办事服务公开、政策落实公开、智慧政务建设，才能破除和打通基层政务公开工作中的"盲点""堵点",让信息透明深入基层,不断促进基层政府治理能力提升,增强人民群众获得感。市委八届五次全会提出以中国式现代化引领广元现代化建设,大力实施"1345"发展战略,推动新时代治蜀兴川广元实践再上新台阶,在新征程上奋力谱写广元发展新篇章的决定。积极探索全面推进政务公开的科学路径,营造法治化、常态化的政务公开环境,构建一体化、协同化的政务公开工作机制以及建设规范化、标准化的政务公开体系,助力广元搭上现代化发展的"快车",已成为新发展阶段基层政务公开工作的一项重要课题。

(三) 现状注定基层政务公开新变革

近年来,广元市持续深化政务公开,推进行政权力公开透明运行,在国家、省政务公开第三方评估以及省政府办公厅检查评比中,广元市政务公开工作均排名全省前列。但作为直接联系服务人民群众的一些基层单位,还存在政务公开机制不健全、发布信息不规范、解读回应不到位、办事服务不透明、平台设置不合理、群众参与度不高等问题,影响上级决策部署在基层的执行落实,掣肘基层治理能力提升。"公开的信息公众不需要,公众需要的信息不公开"、基层政府信息公开不及时、公布内容繁杂、群众看不懂等不规范不标准的问题,不时困扰着基层群众。政务公开重点在基层,难点也在基层,以质量为追求,持续全面推进基层政务公开规范化标准化建设,解决基层政务公开领域不平衡不充分的问题,更好满足人民群众对政务公开的需要,整体推进全市政务公开高质量发展,还任重道远,仍需驰而不息、全力推进。

二 广元市推进基层政务公开基本情况

(一) 自上而下建制度、明标准

一是坚持高位统筹。广元市委市政府高度重视,市委、市政府主要领导多次进行签批指示,连续3年将政务公开工作写进全市政府工作报告,常务副市长多次召开专题会、联席会,安排部署推进相关工作。市政府办公室党组会议定期听取相关工作情况汇报。各县(区)分别成立了常务副县（区）长主抓的工作领导小组、设立了办公室、建立了联席会议制度，结合工作实际制定实施方案，提出了具体的工作目标。

二是细化工作任务。先后印发《基层政务公开标准化规范化试点工作实施方案》《关于贯彻落实四川省深化政务公开促进基层政府治理能力提升工作方案》，每年将基层政务公开纳入全市政务公开重点工作安排，明确责任主体和时限要求，确保各项目标任务落地落实。将基层政务公开工作纳入全市政府办公室系统"三提三创"活动统筹推进，划定底线明确工作标准，实施"红黑"名单管理。

三是构建工作机制。建立调研督导机制，成立专项工作组，坚持一月一调度，定期深入县区开展工作督导。建立政务公开日常监测和定期通报机制，调整优化评估考核指标，每季度开展工作检查和通报。建立政策激励机制，将基层政务公开工作纳入市委市政府目标绩效考核内容，在考核细则上予以侧重。每年在全市政府办公室系统开展表扬评比，评比更加侧重基层一线，充分调动各单位的工作积极性。

四是加强教育培训。每年将政务公开纳入全市新进公务员干部队伍培训内容和全市重点培训计划项目，连续2年举办全市推进政务公开提升基层治理能力培训班，精心设置"基层治理能力现代化的实现路径""政务公开与高效便民服务"等课程，邀请高校教授和行业主管部门领导到场授课，全市基层政务公开从业人员思维见识、理论知识、业务能力得到综合提升。

（二）以点带面建样本、促规范

一是抢抓先行试点机遇。2017年，成功争取将青川县纳入全国基层政务公开标准化规范化试点100个单位之一，2018年2月和7月，四川省民政系统基层政务公开标准化规范化试点工作推进会和四川省扶贫领域政务公开标准化规范化试点工作培训座谈会先后在青川召开。2018年6月28日，全国基层政务公开试点工作推进会在浙江宁波召开，青川作为四川唯一的县区在会上作了经验交流发言。2021年，成功争取将苍溪县、昭化区纳入全省深化政务公开促进基层政府治理能力提升先行县，其工作经验多次被《川观新闻》、《四川日报》、四川新闻网等主流媒体刊载。

二是推进政府信息公开。全面落实"三张清单"及基层政务公开标准目录编制工作。重点抓好稳岗就业、养老服务、义务教育、医疗卫生、住房保障等重点民生领域信息公开，保障人民群众知情权、参与权、表达权和监督权。建立解读发布协同机制，图表、视频等多元化解读比例突破70%，政策解读工作被纳入全省政务公开培训教材在全省推介。

三是广泛开展政民互动。将公众参与、民主协商纳入政府重大决策的法定程序，写入《政府工作规则》，上升到制度层面，邀请公众代表常态化列席政府重大会议，参与"十四五"规划编制及政府工作报告起草、重大工程及重点项目规划建设等政府决策事项。广泛开展"政务开放日""局长进大厅"等活动，主动开展调查问卷和意见征集，切实增强公共政策制定透明度和公众参与度。

四是积极改革创新。在全市范围内大力推广试点工作经验，鼓励各地结合实际大胆创新，创建"一县一品"、各具特色的基础政务公开工作局面。剑阁县在政府网站创新开设涵盖历年统计公报、产业产值等数据服务"数字剑阁"板块，推进剑阁历年统计年鉴电子书成型，加强数据资源开放，通过数据赋能，实现群众网上"指尖"查阅。利州区创新"服务特派员"工作模式，针对企业原材料需求、用工、融资、降本增效等方面问题，主动开展送政策上门，送服务上门活动。

（三）由表及里建平台、抓提升

一是推进政府网站集约化管理。在全省率先完成政府网站集约化改造，将全市各级政府网站集中采购纳入三方监测服务，全面提高网站"纠错漏"的效率和质量。发挥政府网站作为政务公开主阵地的作用，不断调整优化相关栏目，在县区网站规范建立基层政务公开专区，及时发布相关文件、标准目录、政策信息和工作进展。规范政府信息公开专栏，建立政府网站政策文件库，按照文件类型、主题、服务对象细化分类，优化政府网站搜索服务，在手机客户端同步上线，方便政策查询"一键直达"。

二是推进政务公开专区标准化建设。在市、县（区）、乡（镇）各类政务服务场所，按照"五统一"原则，落实"标准化＋便民化"设置标准，规范建设政务公开专区，布置"政务公开查阅点"和"政务公开体验点"，打造集"资料查阅、信息查询、申请公开、办事咨询、自助办理"等服务为一体的多功能政务公开专区。在各类图书馆、档案馆等场所开设政府公报查阅专区，在村社便民服务中心设置政府公开窗口，充分发挥好专区、窗口、查阅点的作用，进一步延伸政务公开的线下触手。

三是推进政务新媒体规范化运维。印发《关于切实加强政务新媒体规范管理的通知》《全市政务新媒体建设管理重点工作安排》，明确主管主办工作职责，坚决杜绝"建而不用、建而不管、管不到位"。扎实开展全市政府网站和政府系统政务新媒体监管问题专项整治行动，将政务新媒体动态管理情况、日常监管情况等四大类问题纳入重点整治范围，定期开展摸排整治，规范备案流程，有效确保全市各类政务新媒体稳定运行。

三 广元市推进基层政务公开特色做法

推进基层政务公开工作以来，广元市各县（区）结合本地区工作实际，积极推动基层政务公开与法治政府建设、数字政府建设、优化营商环境等工作有机结合，在推进决策公开、办事服务公开、基层议事协商、智慧政务建设等方面积极探索创新，创造了一批切实有效的经验和成果。

（一）昭化区"五个一"打通服务群众"最后一米"

2021年8月，昭化区被确定为全省深化政务公开促进基层政府治理能力提升先行县以来，牢牢把握重点在"基层"、关键在"公开"，聚焦关键环节和重要节点，创新"五个一"工作机制，探索建立"村能办"便民服务智慧平台，不断构建"政务公开+政务服务"新体系，实现95%以上的民生事项可"不出村"办理，真正实现"数据多跑腿、群众少跑路"，探索走出基层政务公开"昭化路径"。

一是建设一套"村能办"系统。统筹资金320万元，采购"村能办"设备187套，为全区12个镇150个村（社区）服务窗口配置一台彩色打印机、一台扫描仪、一部可视电话、一台电视、一套政务外网、一本记录台账"六个一"系统设备。系统网络搭建在"远程教育平台"，并与一体化政务服务平台通联。

二是配齐一支服务队伍。优化调整服务力量，统一设置镇便民服务中心综合窗口，配备2—3名"全科"业务干部。实行周一到周五轮流值班制度，为群众办事提供政策咨询、办理、解答"全天候"服务。

三是建强一个亲民阵地。在区政务服务大厅、12个镇政务服务便民大厅（中心）、150个村便民服务站（点）设置政务公开专区，提供自助查询、打印复印等多种智能化应用功能。按照资料预览区、依申请填报区、自助查询区、政策咨询区分类建设，实行标准化服务，做到标识、功能、设施、管理"四个统一"，构建纵横贯通、功能集中的5公里范围内事项通办"服务圈"。

四是梳理一张事项清单。针对政务（村务）事项公开不规范、公开事项不标准、不及时等问题，对照《乡镇法定行权指导目录和赋予乡镇区级行权指导目录》，精准梳理公开便民服务高频事项141项，以"我要修房子""我要生孩子""我要办保险"等通俗易懂语言图文，编写打油诗20余首，通过门户网站、昭化发布微信微博、村村通广播扩大宣传力度，确保群众看得见、看得懂、看得明，服务更亲民。

五是编制一本办事指南。针对居住证、户籍、社保、公积金、房产交易等业务量大、手续多、耗时长等重点事项，逐项优化办事流程，逐项编制办事指南，制作高频便民服务事项"二维码"，并转码上墙、转码成册、转码上网，方便干部群众随手"扫码"查阅、获取。全面承接划转到镇、村的政务服务事项权限，确保了行政审批的集中、高效运行。

（二）苍溪县智慧政务"云上飞"全域公开惠民生

作为全省25个深化政务公开促进基层政府治理先行县之一，苍溪县积极探索"互联网+政务公开+基层治理"工作模式，大力推进智慧政务建设，其工作经验被纳入全省先行县试点典型案例。

一是建设智慧政务终端。依托县政府门户网站，创建集"政务公开+政务服务+政民互动+基层治理"等功能为一体的"苍溪智慧政务"微信小程序，设置政务公开、政务服务、政务互动、便民服务4个主栏目，包含政府信息、疫情防控、公示公告、政策解读、回应关切、智能问答、意见征集等64个子栏目，实现政府信息"掌上查""随时阅"，关注人数超20万人。提供各类政务信息查询和政策咨询2.3万次，便民服务3.58万人次。实时更新农特产品价格信息38批次，发布苍溪雪梨、红心猕猴桃、白肉枇杷等销售信息25批次，助力40余家进驻专合社、农场主销售农特产品120万元，辐射带动15个乡镇350余户人均增收超2000元。

二是全力打造云上政务。建立数字政务平台"苍政钉"，全县146个单位6387名党政干部实现全覆盖，推动与四川政务一体化、广元市政务数据资源、"互联网+监管"等互联互通、数据共享平台建设，传统办件方式转变为"马上办、网上办、线上办、咨询办"。全程网办比率达88.28%，即办比例、网上受理率、承诺提速达85%以上，审批提速98.93%。

三是推进"数据公开到家"。在东青镇东光村线上推出"大数据+公开入户"模式，创新"数字电视+"公开模式，与电信运营商携手搭建基层政务公开平台，着力打造村务公开"1+N"模式，通过数字电视乡村振兴子栏目推送村务、党务、财务、涉农补贴等群众关心的数据信息，进一步实现政务公开社会化和家庭化，切实保障村民对村务的民主决策、民主管理和民主监督。

（三）青川县"量体裁衣"做实全国试点"后半篇文章"

近年来，青川县在全面总结延续基层政务公开试点建设好经验、好做法的同时，聚焦基层政务公开新要求，坚持因地制宜、乘势而为，扎实推进基层政务公开标准化、规范化、常态化。

一是持续梳理事项目录。坚持"单位主导、群众参与"的原则，成立4个业务指导组，通过对职能部门权责清单、公共服务事项清单以及"三定"方案的梳理调整，紧抓行政权力运行全过程、公共服务运行全过程、群众切身利益事项公开三项重点，通过网站、政务新媒体等载体收集群众意见建议，在全市率先梳理出台乡镇试点领域目录。从实际出发，每年对试点领域目录进行动态调整，确保信息公开范围和深度更加科学合理，推动全县政务公开标准化规范化水平不断提升。

二是持续完善公开载体。按照群众"易获取、乐参与"原则，构建县政府门户网站、微信公众号、LED显示屏、"村村响"广播、固定公开栏 5 大公开渠道和县级政务服务中心大厅，图书馆，档案馆，乡镇便民服务中心，村级党群服务中心"一厅两馆两中心"的五大公开场所，实现了政府信息公开由"政府配菜"向"群众点菜"的转变。"生态凉水"微信公众号在"网上办事"栏目设置与线下服务事项一致的一卡通查询、便民电话与办事流程查询等，群众通过微信公众号实现查询、办理相关事项。设置"你呼我应"栏目，群众只需输入姓名和手机号即可咨询、求助、建议、举报等，真正实现打通服务群众"最后一公里"。

三是持续优化工作流程。扎实推进公开工作和业务工作两个流程"同步再造"。一方面，以政务公开角度审视和促进政务流程再造，砍掉各类无谓证明和繁琐手续，最大限度简化优化群众办事流程，减少办事环节，缩短办事时限，实现公开事项与业务工作的"精准对接"，全县政务服务事项网上可办率达 98.82%，办理时间比法定时间减少 96.37%。另一方面，通过业务工作的实际操作，按办理顺序进行分解，逐一对应确定公开节点，实现业务全流程"精准控制"。推进信息发布、政策解读和回应关切的有效衔接，通过录制视频、在线访谈等方式，解读重大政策，促进了信息公开整体质效提升。

（四）利州区全面深化政务公开助力营商环境"再优化"

利州区以政务公开为抓手，瞄准辖区企业生产经营中的"堵点""难点""痛点"问题，不断提升服务公开水平，持续优化营商环境，为地区经济社会高质量发展注入新动力。

一是透明信息公开。及时公开新型工业化发展、现代服务业发展等 15 个"十四五"专项规划。主动公开央省预算内资金、地方政府专项债等使用情况，全面公开财政预决算、政府采购等信息。重点公开项目招投标、征收土地、质量安全监督等 8 类信息。梳理整合各级税费扶持、财政奖补、应急转贷资金等 8 大类优化营商环境政策文件在区政府门户网站以图表图解方式予以公开。

二是赋能政务服务。在全区 14 个乡镇（街道）便民服务中心规范建设政府信息公开专区，提供信息查询、公报查阅、办事服务指引、政府信息公开申请等服务。在政务大厅、图书馆、档案馆等场所设立政府信息查阅点，通过展板、大屏幕展示服务事项、服务岗位、常见问答、音频简介、二维码等信息。推出"政务服务+政务公开"进小区，探索建立社区"家门办"便民服务体系，全面梳理公开惠民政策、高频事项服务指南，实现213个事项"家门办"。

三是优化服务质量。在重点执法部门推行"不予处罚、从轻处罚、减轻处罚"三张清单，公开169个执法领域的免罚轻罚清单，引导当事人自觉守法，给企业纠错空间，做到宽严相济、法理相融。创新推出"政企同心周末茶叙会"制度，搭建政企交流互动平台，区委、区政府主要负责同志周末与民营企业家"面对面"沟通交流，及时助企纾困。认真落实营商环境"观察员"制度，收集涉企困难问题，对简单诉求"即时响应"、高频诉求"挂牌督办"、疑难诉求"优先处置"，实行一般问题5个工作日内办结，复杂疑难问题15个工作日内办结。

（五）旺苍县建好便民"小热线"化解民生"大诉求"

旺苍县利用互联网、大数据等新手段，走实走好"线上集民意，线下解民忧"的网上群众路线，建立"一号对外、集中受理、分类处置、各方联动、限时办结、评价考核"的工作机制，构建了"党委领导、政府负责、公民参与、社会协同"的多元化社会治理体系。

一是以健全机制为基础，让热线工作"动"起来。出台了《旺苍县12345政务服务便民热线平台运行管理办法》《旺苍县12345政务服务便民热线办理工作考核办法》，明确热线办理工作流程、工作制度、受理范围、承办单位职责、责任追究办法等要求，建立了书记、县长信箱，12345政务服务热线，教育、民政、人力资源和社会保障、自然资源等十大民生部门专线负责的"1+1+10"网络化管理体系，形成上下联动、横向到边、纵向到底的工作合力。

二是以诉求落实为重点，让热线运行"实"起来。落实"首接负责制"，按照"先处置、后移交"的原则先行处置，对超过职能范围无法处理的，由县热线中心协调相关单位共同解决，对涉及多个单位的工单办理情况进行单独登记、分析评估，加强工作监督。落实领导调度制，健全完善"一级抓一级、层层抓落实"的办理落实机制，全面压紧压实工单承办责任，针对重大、热点、难点、职能交叉和落实有难度的工单，由县热线中心采取《旺苍12345政务热线专报》的形式报送县委、县政府，并由相关县级领导牵头，及时组织县级相关部门研究制定解决方案，全力推动事项解决落实。落实督办工作制，建立12345政务服务便民热线督办协作机制，对领导批示事项、涉及多个部门的难点事项，按流程、按程序进行书面督查、现场督查，强化协调调度直至问题解决，对热线办理情况按照周调度、月通报的方式在全县范围内进行通报，倒逼办理工作落地落实。

三是以群众满意为标准，让热线效果"好"起来。对"12345"政务服务便民热线开展"点、线、面"立体式、覆盖式宣传，在23个乡镇、村（社）自行设立宣传咨询分点，形成县、乡（镇）、村（社）宣传咨询一条线，向全县各个层面延伸推开，并通过LED大屏幕、"旺苍政务"微信公众号、现场宣传讲解、张贴标语等方式，广泛宣传热线工单运行工作流程、办理时限等内容，进一步提高广大群众对热线的知晓率。针对一般性诉求，定期更新知识库，加大对群众关心关注的热点政策等信息的公开力度，提高县热线中心现场解答办结率，切实降低工单接派数量。同时，加大对"不满意"事项办理的解决力度，及时收集汇总各承办单位办理的"不满意"工单，建立问题清单台账，针对具体事项再次进行转派，并对转派办件进行全程跟进督办，坚决让"不满意"变"满意"。2022年以来，共接收工单4663件，办结4635件，按时办结率100%、总满意率95.55%，办件质效和满意率不断提升。

四　当前存在的主要问题和面临的困境

近年来，广元市在推进基层政务公开方面做了大量工作，取得了一定的成效，但仍存在一些问题和不足制约工作的推进。

（一）"公开随意性"影响政府信息的透明度

把广大群众最关心、最想了解的事项及时公开出来，是政务公开的最基本要求。根据《政府信息公开条例》要求，行政法规、国民经济和社会发展规划、重大建设项目的批准和实施情况等14类信息及法律、法规、规章和国家有关规定应当主动公开的其他政府信息应当主动向社会公开，对涉及公众利益调整、需要公众广泛知晓或者需要公众参与决策的政府信息需依法予以公开，并不断增加主动公开的内容。但在政府信息公开内容方面，一些基层单位对政务信息公开认识不到位、重视程度不足，未严格落实《政府信息公开条例》，在政府信息公开上带有主观选择性，公开内容多以日常工作、会议动态、转载信息为主，对于群众关注的热点、难点问题怕公开、不愿公开。

（二）"农村空巢化"带来公开形式的变革加剧

政务公开不能缺少公众参与，公众参与能够有效保证政府信息开放，有利于形成强大的社会监督力量。但目前农民生产生活方式改变以及大量剩余劳动力外出务工，造成农村空巢化现象突出，留守的这部分人对政务公开接触不多、理解不深，对政务公开主动参与的意识不强。一些基层单位也还存在公开内容避重就轻、公开方式单一化、公开内容不规范、在多举措推动政民互动方面缺少行之有效的工作举措的问题。

（三）"队伍流动性"影响政务公开的稳定开展

政务公开队伍建设是保障政务信息公开的重要支撑，工作人员的业务素质直接影响本单位政务公开的水平。一些基层单位和乡镇没有专职从事政务公开的工作人员，专业知识不足、能力和水平不够高的问题依然存在。县区部门和乡镇人员更换频繁，流动性较大，队伍不稳定，加之基层工作的复杂性，许多管理人员身兼数职，导致政务公开的效率和质量都受到一定的影响。

五　关于进一步推进基层政务公开工作的思考

政务公开是阳光行政的应有之举，是政治文明的具体表现，是现代社会政府的责任。全面推进基层政务公开是满足人民群众日益增长的美好生活需要的必然要求，也是打造服务型政府、提升社会治理能力的必由之路。如何纵深推进基层政务公开，是大力提升基层政府治理能力、走好中国式现代化道路亟待研究的问题。

(一）强化思想引领，让政务主动公开"成常态"

加强《政府信息公开条例》的学习宣传，不断增强各级领导干部的政务公开意识，坚持"以公开为常态，不公开为例外"的原则，提高对政务公开工作的重要性、紧迫性和必要性的认识。推动基层政务公开"双体系"（组织领导体系和业务指导体系）建设，筑牢政务公开工作持续稳定发展的坚实基础。正确认识到政务公开与行政民主的内在联系，在思想上转变服务理念，在行动上转变工作方式，推动政府职能不断转变、治理能力和服务水平不断提升。建立事后容错机制和正向工作激励机制，不断提升基层政务公开人员的积极性和主动性。

（二）建立规范体系，让标准化规范化"沉下去"

按照"先试点、后推开"的工作思路，以涉及群众利益、社会普遍关注的领域和服务事项为重点，以"村务公开为基础，统筹兼顾村级财务公开和自治事项公开"为试点内容，以点带面，逐步扩大到基层政府的所有政务领域和服务事项。规范设置村级政务公开栏，将便民服务站点、文化广场打造成村级政务公开专区，以村务公开栏为公开第一载体，结合村务公开微信群、坝坝会、村级党群服务站等平台为辅的公开方式，构建"公开栏+专区+微信群"的村务公开联动模式，不断拓宽村务公开阵地。梳理编制村务公开基准目录，围绕村级财务、惠民惠农补贴、村级重大决策等内容，全方位公开与人民群众生活密切相关的政务信息，把群众急难愁盼的事项信息第一时间送到群众"家门口"，推动基层政务公开标准化、规范化向农村和社区延伸，打通农村和社区信息公开的毛细血管和末梢盲端。

（三）丰富政民互动，让政府信息公开"有温度"

重点抓好群众最关心的政府信息内容的公开，如政府及有关部门的年度工作目标及完成情况、土地征拆、稳岗就业、涉农补贴、工程项目招投标以及社会公益事业建设等情况，不能避重就轻、避实就虚，公开的内容要简单明了，让群众看了明白、满意。不断丰富政策解读形式，多样化、深层次、全方位开展政策解读。创新政务公开形式，注重从实际出发、因地制宜、注重实效，不断丰富群众参与政府决策工作机制，完善旁听政府有关会议、基层自治协商、政务开放日等活动。利用大数据预测政务公开需求，精准把握网民留言、咨询、诉求等重点领域，研判网民潜在需求，根据关注热点，主动推送更多民生服务信息。适应形势发展需要，积极运用现代科技手段，推进电子政务，加大网上公开的力度，增加服务内容，为人民群众提供公开、快捷、透明、高效的公共服务。

（四）加强教育培训，让基层公开队伍"不断档"

积极开展专业人才招引，大力推进人才优先战略，将媒体传播、新媒体运营等的专业人才列入高层次人才、急需紧缺专业人才引进计划和政府公招计划，积极开展"人才招引进校园"活动，精准引进专业对口、专业素养强的高校毕业生，持续壮大政务公开干部队伍。建立政务公开人才梯队培养机制。将政务公开纳入新进公职人员培训、领导干部继续教育重要内容，加大政府领导干部培训力度，整体推进干部队伍政务公开专业能力提升。建立政务公开专业人才目录库，建立专业人才评价机制，保持政务公开队伍相对稳定，保证政务公开工作的延续性。开展政务公开专员能力倍增计划。加大干部学习交流力度，借助政务公开培训、顶岗锻炼、挂职学习机会，切实提升政务公开专员素质。组织各政务公开主体开展政务公开业务大练兵，通过考试测评、实践锻炼，不断锤炼和检验政务公开队伍业务能力，提升政务公开专业化水平。

（五）重视监督考评，让行政权力运行"不脱轨"

政务公开的质量和效率是政务公开工作的生命之源，实行外部监督、内部巡查考核、强化结果运用是政务公开顺利推进的重要保障。常态化开展政务公开评估，建立健全政务公开内容动态扩展和定期审查机制，定期对政务公开工作开展情况进行督查，通过设立意见箱、投诉电话和举报邮箱，委托有资质的评估机构作为政务公开第三方对政务公开工作进行高标准评估，将群众评议和组织考核紧密结合起来，以监督促进政务公开规范化建设。从严落实目标绩效考核。将各乡镇、部门的政务工作开展情况作为政务公开年度绩效考评的重要依据，不断细化、量化、优化政务公开评价指标体系，督促基层单位按照国家标准指引、四川省政务公开9项地方标准等有关要求推进实施，以考核促进政务公开扎实开展。强化监督评价结果运用，及时向有关部门、社会公众公开评估结果，督促相关主体限时整改，通过建立集监督、评价、反馈的一体化模式，着力以让人民满意的政务公开推动构建高效、开放、透明的服务型政府。

第五编

公共企事业单位信息公开

山东省推进公共企事业
单位公开调研报告

中国社会科学院国家法治指数研究中心项目组[*]

摘　要　公共企事业单位关系人民群众的切身利益，更加直接具体地影响人民群众的幸福感和获得感，其信息公开对构建法治政府、完善公共服务、优化营商环境具有十分重要的意义。现阶段，尽管我国公共企事业单位信息公开面临认识程度整体不高、公开能力普遍不强等问题，但在党中央和国务院的总体指挥下，全国各地积极推进公共企事业单位信息公开，创新多种举措完善公开制度。以山东省为例，全省各地以需求为导向，聚焦群众急难愁盼；以服务为导向，助力优化营商环境；明确目标、自上而下统筹规划；三级联动、整体推动协同推进；建好平台、实现公开信息便捷权威；培训监督，提升认识规范行为。展望未来，我们还可通过明晰工作重点、优化公开渠道、用好监督手段、推动地方与行业监督指导相结合的方式，完善公共企事业单位信息公开制度，提升社会治理水平，推动高质量发展。

关键词：公共企事业单位　信息公开　社会治理　营商环境　高质量发展

---

[*] 项目组负责人：田禾，中国社会科学院国家法治指数研究中心主任、法学研究所研究员；吕艳滨，中国社会科学院法学研究所法治国情调研室主任、研究员，中国社会科学院大学法学院行政法教研室主任、教授。项目组成员：王小梅、王祎茗、车宇婷、刘雁鹏、李玥、栗燕杰、葛鑫鑫（按姓氏笔画排序）。执笔人：吕艳滨；葛鑫鑫，中国社会科学院国家法治指数研究中心学术助理。

高质量发展是全面建设社会主义现代化国家的首要任务，其核心要义之一是有效解决人民日益增长的美好生活需要和不平衡不充分发展之间的矛盾，不断实现人民群众对美好生活的向往。教育、卫生健康、供水、供电、供气、供热、生态环境、交通运输等公共企事业单位关系人民群众切身利益，直接影响人民群众获得感、幸福感，更是优化营商环境、创新社会治理的"最后一公里"。为此，近年来各地根据国家安排部署，下大力气推进公共企事业单位信息公开，以提高其服务质量和水平，成效显著。中国社会科学院法学研究所课题组在山东省调研发现，其系统推进公共企事业单位信息公开工作，为完善此领域信息公开工作、有效破解公共企事业单位与服务对象之间信息不对称作出了有益探索。

一 公共企事业单位信息公开的意义

首先，推进公共企事业单位信息公开是构建法治政府的必然要求。2014年修订的《事业单位登记管理暂行条例实施细则》将事业单位定义为："国家为了社会公益目的，由国家机关举办或者其他组织利用国有资产举办的，从事教育、科研、文化、卫生、体育、新闻出版、广播电视、社会福利、救助减灾等活动的社会服务组织。"本文所讨论的公共企事业单位，亦是事业单位的一部分。从中不难看出，我国的公共企事业单位与政府关系颇为密切，带有强烈的行政属性，此外，还具有公益服务性、有限营利性和地区垄断性等特点。在此前提下，推进公共企事业单位信息公开，可以很好地起到发挥政府职能、构建法治政府的作用。

针对公共企事业单位信息公开的理论基础，我国学术界有3种不同的观点。有的观点认为"信息公开"分为基于知情权的信息公开、作为具体的行政程序环节的信息公开、作为行政处罚方式的信息公开、作为专门公共服务的信息公开以及作为行政管理措施的信息公开。[①] 一种观点认为，公共企事业单位信息公开应当属于作为行政管理措施的信息公开，因

---

① 后向东：《论"信息公开"的五种基本类型》，《中国行政管理》2015年第1期。

为公共企事业单位本质上是行政管理的对象，其信息公开应当属于行政管理措施的一种。另一种观点则认为，公共企事业单位信息公开是为了保障公民的知情权。我国《宪法》间接对此进行了规定：中华人民共和国公民对于任何国家机关和国家工作人员，有提出批评和建议的权利；对于任何国家机关和国家工作人员的违法失职行为，有向有关国家机关提出申诉、控告或者检举的权利。[1] 为了保障公民的批评建议权，必须对公共企事业单位的相关信息进行公开，只有在知情权得到保障的前提下，公民的批评建议权和申诉控告检举权才能得到保障。

无论是作为行政管理措施的信息公开还是基于保障公民知情权的信息公开，推进公共企事业单位信息公开都是构建法治政府的必然要求。公共企事业单位作为政府的管理对象和辅助机构，与政府联系密切，在公众心中一定程度上代表了政府。构建法治政府，必然要依法治理代表政府形象的公共企事业单位，督促企业及时、准确、真实、完整地公开相关信息，提高信息透明度。让权力在阳光下运行，对于提高国家治理能力，增强政府公信力、执行力，推进企业发展进步，保障群众知情权、参与权、表达权、监督权具有重要意义。同时，推进公共企事业单位信息公开也是维护宪法尊严，维护国家法治权威和尊严的必然要求，是构建法治政府的需要。法治政府建设需要宪法的贯彻落实，需要宪法充分发挥引领指导作用，需要公共企事业单位依法公开相关信息。

其次，推进公共企事业单位信息公开是完善公共服务的需要。公益服务性是公共企事业单位最基本的特征，其运营时不追求利益最大化，主要目的是为社会民众提供最基本的公共产品和公共服务，具有强烈的公益服务性。由于现阶段公共企事业单位信息公开的范围不够明晰、内容不够规范、平台不够统一、形式不够亲民，导致企业与群众的信息不对称，给群众的生产生活带来诸多不便。而公共企事业单位所涉及的供水、供电、供气、供热、教育、医疗、公共交通等都是与人民群众生活息息相关的产品或服务，对公民的正常生活和生活质量有较大的影响。因此，必须确保与广大人民群众密切相关、社会关注度高、敏感性强的公共企事业单位信息公开透明，深入推进公共企事业单位信息公开，提

---

[1] 《中华人民共和国宪法》第41条第1款。

升公共服务水平，完善公共服务制度体系，让相关单位主动接受监督，有效维护公众利益。

再次，现实生活中公共企事业单位往往具有垄断性的特点，容易发生贪污腐败现象，因此政府部门对其进行监管的程度要大于一般的市场主体。及时准确地公开信息便是一种方便有效的监管方式，深入推进公共企事业单位信息公开，有利于政府部门通过信息公开的监管促使其自我规范，形成自我约束，不断改进产品和服务的质量，提升行业品质，更好地履行公共服务职能。要重点推进占市场支配地位、公共属性强、与客户信息不对称突出、直接关系人民健康和生命安全的公共企事业单位的信息披露，加强公共企事业单位信息公开制度建设。切实增强人民群众的安全感、获得感、幸福感，从而更好地维护公共利益，完善公共服务。

最后，推进公共企事业单位信息公开是优化营商环境的必然要求。水电气是企业开办的基本要素，优化获得电力、用水、用气服务水平是党中央、国务院推进市政公共服务和优化营商环境的重要内容。公共企事业单位所提供的电、水、互联网、交通、通信、暖气等硬件设施和教育、卫生健康、物业、社会服务、市容环境、公共安全等软件方面的服务，可以系统提高城市整体的运行效率，降低民营企业生存发展的制度交易成本，降低城市居民的时间成本。[1] 而成本是各类企业高度关注的指标之一，推进公共企事业单位信息公开可以提高公共服务的运行效率，降低城市运行的整体成本。为市场主体、社会公众营造公开透明、可预期的营商环境，方便各类企业、个体工商户公平高效地获取用水、用电、用气相关优惠政策，提升企业获得用水、用电、用气便利性，可以降低企业的制度成本和交易费用，从而促进地区营商环境优化。

此外，公开透明的公共企事业单位信息意味着一个稳定、便利、高效率、可预期的公共服务体系以及法治化、透明化的政府环境，这些正是营商环境的重要评价标准，是优化营商环境的必然要求。

---

[1] 毛振鹏：《以营商环境优化推进城市高质量发展的内在逻辑和路径选择》，《中共青岛市委党校青岛行政学院学报》2023年第2期。

二　当前公共企事业单位信息公开普遍面临的难点

实践调研中发现，尽管各地区为推进公共企事业单位信息公开、消除公共企事业单位与其服务对象之间的信息壁垒进行了探索与努力，但对标上级要求，对照群众期待，仍有一定差距。公共企事业单位信息公开仍是政务公开中的薄弱环节，面临一系列难点问题。

首先，认识程度整体不高。部分公共企事业单位对信息公开的重要性认识程度不高，公开积极性、主动性不强，一些单位没有安排专人负责此项工作，人员流动性大，导致信息公开的全面性和规范性等方面还有待提高。信息公开质量有待提升、公开时效性、主动性有待加强，政民互动渠道还不丰富，缺乏深度公开和创新。此外，公共企事业单位长期以来对为何公开、公开什么、怎样公开等还缺乏共识，个别单位认识不到位，工作责任感和紧迫感不强，不愿公开、应付式公开倾向明显。信息公开是一项整体性工作，需要各个单位相互协调、整体谋划、共同推进。

其次，公开意识有待提升。目前，不少公共企事业单位普遍重业务、轻公开，公开与业务相分离，多数还难以做到同谋划、同部署、同落实。各个领域之间沟通协调不足，信息更新滞后，信息发布随意性大。众多单位尚未能从提升群众满意度、方便群众办事服务、助力优化营商环境等角度认识和安排此工作。因此，各个领域需要自上而下高度重视并持续做好相关信息的公开。

再次，公开能力普遍不强。各公共企事业单位公开能力参差不齐，公开队伍业务素质有待进一步提高。实践中，各单位不会公开的情况较为常见，主动开展、创造性开展公开工作的少，在满足群众需求、针对性进行解疑释惑方面还未能做到及时、准确、全面地公开相关信息。难以从群众喜闻乐见的角度进行多样化信息公开展示，这需要我们加强业务培训工作，确保公开队伍对公开内容、要求等专业知识有系统、全面的把握。

从次，公开制度还不完善。公共企事业单位信息公开方式呈现多而分散、整体缺乏统一规范的特点。部分公共企事业单位尚未形成完整的信息公开制度和工作机制，信息公开规范化程度还不高，容易出现发布不全面不及时、个人隐私泄露等问题。此外,公开制度对公开内容缺少规定,不同公共企事业单位信息公开的标准和规范化程度不一,整体内容较为单一,目录标准需进一步规范、细化和优化。

最后,主管部门缺乏"抓手"。《公共企事业单位信息公开制定办法》虽提出国务院有关主管部门可以通过通报批评、责令整改、行政处罚等方式强化责任落实,但目前相关规定和实施细则还不够明确具体,主管部门履行监管职能受到局限。一些县市的监督考核对象仍是各县市区政府和行业主管部门,对公共企事业单位的直接考核则缺乏有力措施,导致信息公开规定对于公共企事业单位的震慑力不足,为保证各项公开工作要求全面贯彻落实,仍需对当前考核机制进一步优化完善。此外,公共企事业单位信息公开涉及行业众多、各自内容庞杂,也给统一推进公开带来了难度。

三 实践中推进公共企事业单位信息公开的举措

以山东省为例,在党中央和国务院的总体指挥下,省政府各级部门研究制定了相关政策文件,如《公共交通企业信息公开目录》《山东省教育厅政务公开工作规则》等。地方各级政府遵照执行,自上而下确立机制标准,同时注重自下而上梳理群众需求,省、市、县层层联动协同、培训监督拉动各行业整体提升,有效提高了全省公共企事业单位信息公开水平。

(一)需求导向,聚焦群众急难愁盼

山东各地在推进公共企事业单位信息公开过程中,坚持人民至上理念,问需于民、问计于民,广泛收集群众关心关注的热点难点问题,创新信息公开和办事服务方式,全力提升群众生活的便利性。为更好地满足群众就学需求,省政府组织全省各级政府在政府门户网站开设义务教育招生入学信息专栏,全面公开招生政策、招生范围、招生程序、招生条件和服务电话、家庭困难学生入学、随迁子女和农村留守儿童入学、招生结果等重点信息。为进一步方便群众就医,在"爱山东"政务服务App开设就诊服务专区,涵盖全省5家省级三甲医院及28家市级三甲医院,整合预

约挂号、预约记录查询、门诊费用、门诊报告、住院报告、住院费用等常用办事模块，向市民群众提供便捷的线上挂号、缴费等就诊相关服务。为更好地服务群众出行，坚持以人民为中心，以服务为理念，省政府研究制定了《公共交通企业信息公开目录》。从线上、线下两方面着手，线上积极利用官网、微信公众号、微博等政务媒体和新闻媒体发布便民出行信息，线下积极利用公共场所大屏、车载电视和车后显屏等媒介开展便民服务宣传，创新了交通信息发布形式，拓宽了便民服务的新维度，推动信息公开数字化转型。

威海等地加大政民互动力度，创造"群众接待日""吐槽二维码"等互动形式，充分听取群众意见和建议，解决群众办事过程中的痛点、难点问题，增强信息互动度和权力运行透明度，提高服务质量。在交通领域，打造"精致交通·开路先锋"行业品牌，以优服务、畅通行、惠民生为目标，整合全市公交查询端口，实现线路公交车、线路换乘、公交站点"一键查询"，最大程度为人民群众提供出行便利，满足出行需求，方便群众合理安排乘车班次及候车时间，不断提升公众出行服务水平。临沂等地鼓励各公共企事业单位主动转变观念，从"公开我们做了什么"转变为"发布事关人民群众切身利益的身边大小事"，围绕社会关切、群众关注的热点、难点问题，通过调研、座谈会等形式，充分听取基层和群众声音，将群众需求度高的信息一并纳入，确保公开信息"全覆盖"，不断提高企事业单位信息公开"含金量"，让群众从中获得参与感和反馈感。淄博等地积极探索扩大公共事业单位公开范围，在幼儿园园务公开和物业信息公开方面进行了有益的试点建设。幼儿园园务公开信息包括招生信息、保教工作、经费管理等，针对家长重视、社会关注、教师关心的事项及重点领域相应增加了"园所风采""教师风采""家园沟通"等栏目。通过与物业协会共同进行实地调研和资料分析，制定了拟公开物业信息目录。包括经营收益收支、物业服务费用收支、物业服务工作的重点区域、重要设施设备、重点岗位管理服务标准等。方便群众了解与之生活密切相关的工作建设，不断扩大公共事业单位公开范围，提高公开透明度。

（二）服务导向，助力优化营商环境

山东省将公共企事业单位信息公开纳入《山东省优化营商环境条

例》，印发《关于推动水电气暖信等联动服务的指导意见》，在全省 152 家城市供水企业、290 家供气企业、275 家供热企业设置信息公开网址 332 个、微信公众号 677 个，集中公开各类服务信息。系统开展供水、供电、供气、供暖行业收费清理规范工作，梳理价格收费热点问题，推动企业收费公开透明。作为企业开展经营活动的基本要素，电力、用水和用气服务水平是党中央和国务院在推进市政公共服务和优化营商环境时重点关注的内容。深入推进公共企事业单位信息公开，方便各类企业和个体工商户公平高效地获取与用水、用电和用气相关的优惠政策，创造公开透明、可预期的营商环境，降低市场主体开办和经营成本，促进地区营商环境优化。同时，山东省政府致力于增强信息公开时效性，推进"四办"服务。针对市政公用服务存在的短板和问题，会同省大数据局部署开展"网上办、一站办、降费办、贴心办"四办攻坚行动，转变评价标准，以用户感受、体验为"四办"服务评价标准，不断改进工作内容和形式，形成提升服务无止境的浓厚氛围。

青岛市西海岸新区创新开发"价格政策一码通"，载入各类政府定价、政府指导价商品和服务价格政策及收费标准，共 12 项价格标准和 10 类价格文件，实现价格管理精准透明。济南市重点加强"获得电力"方面的信息公开工作，实现办电信息精准告知，停电信息推送到位。用户可在"网上国网"App 办理用电报装业务，自动弹窗将向其推送"三零""三省"服务承诺、业务办理流程及收资清单。也可在营业厅信息公开公示专区查询电费电价、收费项目、服务规范、验收标准、供电方案等信息。有效帮助广大市民商家了解办电信息，提高办电工作效率，明晰用电报装业务流程，提高工作便利度。此外，停电范围、计划停送电时间等停电信息也将通过线上线下渠道及时告知相关用户。"舜网"、《济南时报》等外部媒体将在计划停电 7 天前公示信息，"网上国网"App、供电服务人员等也将通过推送、通知等方式发布停电信息。有效帮助全市大中小企业及商家提前应对停电事件，做好停电防范工作，减少经济损失，普通市民也可提前计划，做到心中有数。

（三）明确标准，自上而下统筹规划

全省各级政府自 2018 年开始连续 5 年把公共企事业单位信息公开工

作作为年度重点任务，纳入年度政务公开工作要点。2022年，组织各级行业主管部门和市、县级政府对公共企事业单位进行摸底调查，对全省19054家公共企事业单位编制适用主体清单，集中在政府网站公开发布，并完成各级公共企事业单位信息公开平台建设，分级展示公共企事业单位信息。为了做好申诉处理工作，山东省交通运输厅在全国范围内率先制定《山东省交通运输厅公共交通企业信息公开申诉处理工作制度（试行）》，对信息公开申诉受理范围、受理机构、受理渠道、办理程序、办理时限等进行了明确规范。省教育厅明确由政务公开工作领导小组负责指导和监督全省教育系统政务公开工作，由分管办公厅领导任组长，各业务处室主要负责同志任成员；实行办公室主任负责制。要求各市县教育局和全省高校设立信息公开领导小组，统筹管理本行政辖区和本校内学生信息公开工作，畅通汇报反馈渠道。同时，参照新修订的《山东省教育厅政务公开工作规则》，在明确领导机构、工作机构、工作分工、工作要求和考核办法的基础上，充分考虑社会公众和师生员工的需求，并结合本校实际，不断推动公开事项清单精细化、科学化、规范化，推动全省中小学和中等职业学校信息公开流程化、标准化、合法化。

临沂市政府明确牵头单位，科学谋划，统筹推进，全面压实工作责任，切实抓好任务落实。由市政府办公室牵头负责全市公共企事业单位信息公开工作，市区（县）两级工作机构负责把握方向、明晰重点、细化分工、督促落实。由专题工作会议全面安排部署相关工作，完善公共企事业单位信息公开工作格局，确保各类信息及时、准确、全面地公开。德州市进一步细化省政务公开重点工作任务分解表，制定《市级公共企事业行政主管单位工作任务清单》，明确公开层级、主体、时限、要素、载体、对象、方式等内容，启动公开专栏建设，实现全市公共企事业单位信息"一站式查询"。东营市政府将近两年涉及教育、卫生健康、供水、供电、供气、供热、环境保护、公共交通等领域的企事业单位的信息公开政策标准汇编成册，进一步推进公开政策制度化、标准化、规范化。采取座谈交流和分批培训的形式，明确了相关主管部门和各企事业单位公开责任，协助工作人员吃透上级文件精神、明确工作目标、理清任务要求，切实提高了公共企事业单位信息公开工作的质量和水平。

（四）三级联动，整体推动协同推进

在省政府办公厅统一领导下，省级主管部门及市、县政府门户网站均建立了公共企事业单位信息公开专栏，实现了信息的统一归集和集中发布，充分发挥各级政府网站信息公开主阵地作用。如省教育厅要求各高校将招生工作、财务工作等重点领域的信息公开，按照9项一级指标、23项二级指标、36项三级指标的方式，逐条逐项在信息公开专栏进行公布，切实满足社会群众和师生员工的知情权。强化纵向指导，教育、卫健、交通、住建、能源、生态环境等省级主管部门组织统一编制各自领域全省公开目录，便于市、县使用和操作。针对专业性、技术性强的领域，由省级主管部门组织邀请国务院相关主管部门、研究院和研究中心的各位领导及权威专家进行指导解读，通过线上线下相结合的方式对各单位企业进行全面宣传培训，进一步加强对公共企事业单位信息披露形式、程序、时限等方面的了解掌握，为高质量信息公开奠定了坚实基础。强化属地管理，各市、县加大调度督导力度，在本辖区各公共企事业单位建立联络员制度，定期对公共企事业单位信息公开开展专项考核评议，加强对网站栏目设置的监督指导，确保栏目清晰、要素齐全、及时更新。强化推进部署，结合国务院主管部门对供水、燃气、供热等文明行业的制定标准，坚持每年制定更新相关行业文明创建工作方案，将信息公开工作和文明行业、窗口创建工作同安排、同部署。

东营等地结合行业特色，不定期组织到各领域公共企事业单位开展实地督导或通过开放日等形式接受社会监督，例如"开学季·阳光校园"开放活动在线直播了某小学阳光分班情况；通过公共企事业单位开放日活动展示有关单位在制度建设、公共服务、信息公开、互动咨询等方面的工作成效等。济宁市以强化组织架构凝聚工作合力，明确各领域主管部门和企事业单位的信息公开专职人员480余人，做好上下级之间的沟通交流，保证公共企事业单位信息公开工作的有序推进，形成横到边、纵到底、全覆盖、无缝隙"大公开"工作格局。

（五）建好平台，实现公开信息便捷权威

山东省各级政府积极探索多渠道、全方位公开模式，全力打造线上线

下同步公开格局，方面群众查询信息。充分发挥网站作为公众了解公共企事业单位工作动态、查询信息、掌握办事程序、反映社情民意的窗口作用，各市、县政府指导已经建立网站的公共企事业单位建立"信息公开"专栏，按照公开目录，规范上传信息，及时维护更新。同时，致力于构建企业直接填报、省市县三级审查、省级统一公布的系统平台，对应进行信息依法披露的企业进行动态管理，实现公共企事业单位信息依法披露的全面、高效、准确。对未建立网站的企事业单位，由所在地政府门户网站为其开设专栏统一公开本单位信息。

坚持信息集成，不断扩宽信息公开服务广度。针对医疗卫生、交通等行业特点，山东各地规范设置线下公开渠道，开展线下市政公用共享营业厅建设，在各市设立水电气暖等实体营业厅350余家，满足不同群体的信息获取和办事习惯。如济宁市积极推进各行业实体营业厅转型，打造"综合型、服务型、智能型、线上线下一体化"的新型智慧营业厅，将之前分散的各领域法规标准、办理流程图、办事指南、价格收费等文件材料进行统一规整，供群众检索查看。其中，曲阜市供电公司建成的集成化营业厅整合了现行水电气热收费标准、业务办理流程图等服务信息，实现了信息公开与业务洽谈有机融合。

注重信息公开平台与公企服务平台相融合。如烟台市依托公共企事业单位信息公开平台，为每个企事业单位设置独立的信息显示页面，并加载企事业单位服务公众号的二维码和自有网站的链接入口，实现信息的相互关联。群众在查阅信息的同时，还可直达"网上预约就诊平台""国家电网综合服务平台""营运车辆查询平台"等公共企事业单位自有平台，实现与其服务平台的有效衔接。

重视多渠道整体公开。如供电领域，济南市除了利用"网上国网"App实现办电信息精准告知外，还利用"网上国网"App推送、供电服务人员通知、短信精准推送等线上线下渠道告知停电信息。日照市集合市、县两级教育部门合力搭建"全照办"等平台，发布义务教育招生入学、日照教育服务等信息，提高教育信息公布的透明度。此外，创新研发"公用事业综合服务平台"，实现水电气暖从报装、维修、报停到缴费、过户全周期线上"一站式"自助服务，实现信息公开的便捷权威，同时为市民提供生活便利。

（六）培训监督，提升认识规范行为

2022年，山东省政府在全国率先组织省属公共企事业单位及行业主管部门分管信息公开负责人专题研讨培训，省教育厅和省卫生健康委也分别组织开展了本系统专题培训。德州等地在各自培训中分领域详细讲解先进案例、工作现状、存在差距及努力方向，对任务目标、工作标准、完成时限进行系统培训，现场解答各部门提出的政策要求、技术实施等方面问题。潍坊市政府主管部门和企事业单位联动，召开政策解读会加强对信息公开工作的指导。由各主管部门主持研究国家部委制定的本领域公共企事业单位信息公开实施办法等政策文件，并对本市信息公开标准化规范化实施方案进行解读，对教育、卫生健康、供气、供热、供水、供电、公共交通、环境保护等领域公开目录逐一进行梳理分析。

为确保工作成效，山东省注重用好社会评议和评估考核，专门开展了公共企事业单位信息公开专项评估考核，委托第三方机构在全省范围内随机抽取203所学校、349家医院、64家水电气热和32家公共交通企业，开展线上、线下信息公开评估工作，有效推动了工作落实。济宁市政府坚持问需于民，用好社会评议，不断提高信息公开的精度和满意度。市政府定期或不定期邀请各领域主管部门、群众与企事业单位面对面座谈交流，针对企事业单位公布的服务、价格、内容、标准等信息积极征求公众意见，努力提升群众满意度。

注重发挥考核"指挥棒"作用。临沂市将公共企事业单位信息公开纳入全市政务公开考核，定期对各公共企事业单位信息公开情况进行"读网"检查，对发现的问题实行台账管理，分类反馈、限期整改，实现公共企事业单位信息公开"工作清单化、清单责任化、责任具体化"。滨州等地明确了教育、卫健、住建、供电、供水、供气、供热等业务主管部门的监督、指导职责，将公共企事业单位信息公开检查情况按比例计入各级业务主管部门年底考核成绩，压紧压实各行业主管部门责任。

四　对全国公共企事业单位信息公开的展望

公共企事业单位信息公开是政务公开的有机组成部分，规范其公开行为，有助于提升经营水平和服务能力，切实关系到群众办事、营商环境、社会治理。结合山东省及各地市的实践，建议今后注意以下内容。

首先，明晰公开工作重点。公共企事业单位信息公开的重点在于规范整合信息公开平台，统一公开标准和业务流程。实际工作中，具有市场支配地位、公共属性较强或者与服务对象之间信息不对称问题突出。因此，要充分调动行业主管部门推进信息公开的积极性，重点加强对公共企事业单位的监管，推进公共企事业单位信息公开与各领域业务深度融合，与优化服务流程、提升服务效率深度融合，强化公开制度落实，才能不断满足人民群众获取信息的需求。

其次，地方推动与行业监督指导相结合。建议各行业主管部门结合特定领域公共企事业单位信息公开规定或办法的制定修订工作，细化公开要求、明确公开标准，指导公共企事业单位梳理好自身公开清单，提升标准化水平，并利用行业监管职能和行业内的考核评价机制，督促公共企事业单位重视并做好公开工作。同时，发挥属地管理优势，利用各地推进政务公开的制度机制和考核监督优势，与行业监督管理的纵向优势相互补，整体系统推进公共企事业单位信息公开。

再次，优化公开平台渠道。针对各领域线上主动公开平台渠道的不同特点，分别制定信息公开平台建设指南或规范。充分利用新闻媒体、小区公示栏、手机短信、微信小程序、微信公众号等，及时公开涉及公众切身利益的供水、供电、供气、供热等信息。加强信息公开咨询窗口建设，与行业服务热线、政府网站互动交流平台、政务公开专区等现有平台渠道实现有机融合。

最后，用好培训监督手段。推动公共企事业单位信息公开培训常态化，重点加强对基层工作人员的业务专项培训。定期邀请专家学者、行业主管人员开展业务培训，着力提升工作素养，打造一支业务能力强、有责任心、政治素养高、相对稳定的工作队伍，切实提高专业化水平。夯实行业主管部门对公共企事业信息公开的监管责任，完善监督考核，加强管理监督，建立健全考核评估机制，适时组织现场督导和随机抽查，全程跟踪督办，及时发现和解决问题，切实提高公共企事业单位信息公开的主动性、规范性、时效性。

山东省威海市交通运输领域政务公开的探索与实践

山东省威海市人民政府课题组[*]

摘　要：交通运输是国民经济中具有基础性、先导性、战略性的产业，是重要的服务性行业和现代化经济体系的重要组成部分，是构建新发展格局的重要支撑和服务人民美好生活、促进共同富裕的坚实保障。随着经济社会的发展，人民群众参与公共决策、关心维护自身权益的积极性增强，对政府信息公开的广度、深度提出了更高要求。威海市交通运输领域政务公开工作存在着技术保障薄弱、基础不足，政务公开载体作用发挥不明显等问题，今后应加强载体建设，完善多元主体的良性互动。

关键词：交通运输　政务公开　品牌创建　治理能力现代化

一　推进交通运输领域政务公开和行业治理的深度融合是构建服务型政府的现实需要

服务型政府是在公民本位、社会本位理念的指导下，在整个社会民主秩序的框架下，通过法定程序，按照公民意志建立起来的以为人民服务为宗旨并承担着服务责任的政府。它以公众需求为导向，提供满足人民合

---

[*] 课题组负责人：于建楠，山东省威海市政府办公室政务公开科科长、四级调研员；夏国栋，山东省威海市交通运输局办公室副主任；田巍巍，山东省威海市政府办公室政务公开科副科长；贾景峰，山东大学生活质量与公共政策研究中心研究员。

理、合法需求的公共服务。聚焦在交通运输领域，推动政务公开和行业治理的深度融合，使其逐步从监督导向转化为监督、治理、服务导向并重，对于深化政府职能转变、推动交通运输行业治理水平和治理能力现代化、加快建设交通强国、建设人民满意的服务型政府，具有重要意义，主要体现在以下几个方面。

（一）适应新时期社会发展趋势的需要

随着信息化时代的到来，信息类无形产业成为关键资源，各行各业对于信息类资源的渴求程度呈爆炸式增长，人民群众对于获取政府信息的需求量逐年增大。加之信息技术发展引发的信息化浪潮，社会各类信息在网络上的便捷传播性，对于处于权威信息拥有者与发布者核心地位的政府，全面、及时、准确公开政府信息产生严峻的考验，同时也对政府信息公开的广度深度、信息化程度提出了更高的要求。中央全面深化改革领导小组第二十次会议中提出，要以制度安排把政务公开贯穿政务运行全过程，权力运行到哪里，公开和监督就延伸到哪里，以公开促落实、促规范、促服务。人民群众对政务公开载体，既要求便捷化、微缩化，掌上信息一键获得，又要求集约化、全面性，一端掌握全面信息，对于政府信息公开的水平提出了更高的要求。同时交通运输与群众出行息息相关，出行信息发布是否及时、公共交通覆盖是否全面等问题极易引发群众投诉，如何提升新时代交通运输领域便民服务水平也面临着巨大挑战。民心所向，便是政务公开覆盖的方向。为有效降低群众投诉率，提升惠民便民出行服务水平，政府在公共交通领域的服务就不能缺位。要针对群众出行需求，实现向注重公开质量、系统集成公开、全面服务思维的跨越，依托大数据、云计算等新技术打造政务公开载体，拓宽公开渠道，增强政务公开的便捷性和实效性，为群众出行提供更多便利。

（二）打造新型社会治理模式的需要

交通运输点多、线长、面广，与人民生活息息相关。推进交通运输行业治理现代化，关键在于治理主体、治理体系、治理模式的突破创新，核心在于维护人民群众的切身利益。政务公开在汇聚众智、凝聚共识、形成合力、推动解决问题方面的积极作用，恰好是构建新型社会治理的"关键之匙"。政务公开与政府施政相伴相生，能否依托政务公开，构建起政、企、民"三位一体"的现代化治理体系，引导社会力量推动行业自治良性发展，从而凝聚起整个交通运输领域上下共谋发展的强大合力，成为新时代下提升交通运输治理能力和治理体系现代化的重大考验。在"政企"关系中，以政务公开打造"亲""清"的交通运输领域政企关系，涉企政策、重点领域、政务服务、行业监管、公共交通保障等方面主动公开，有效降低政务工作对企业影响，维护企业正常经营效率，确保各项惠企政策落实落地，保障企业良性发展；在"政民"关系中，民有所呼，政有所应，推进政务公开，公民有了正式渠道来与政府打交道或获得公共服务，让权力在阳光下运行，这有利于促进社会公平、重塑社会关系、维护社会稳定。就具体工作而言，一方面要打通惠企利企"最后一公里"，持续优化交通营商环境，激发企业拉动经济发展、提供优质服务、主动服务社会的内生动力；另一方面，完善政民互动机制，搭建起与群众沟通的桥梁，更多以群众喜闻乐见的形式主动倾听民声、了解民意，汇聚众智推动政府的理念转变、制度优化与流程再造。

（三）推动行业治理提档升级的需要

政务公开和简政放权都是推进政府职能转变的关键。进入新时代，特别是党的十九届四中全会作出推进国家治理体系和治理能力现代化的重大决策部署，赋予了政务公开工作新的历史定位，更提出了新的更高要求。近年来，交通运输领域新老业态融合发展，行业矛盾加剧，能否深化"放管服"改革，持续优化营商环境，使市场在资源配置中起决定性作用，充分考验政府行政各环节公开水平。政策文件全生命周期管理，"双随机、一公开"监管、交通信用体系建设，促进行业治理水平显著提高；"一网、一门、一次"、审批事项告知承诺制、电子证照场景应用、7×24小时不打烊"随时办"服务，推动交通运输政务服务效能显著提升。而取得这样的成效，不仅离不开政务公开的全程参与，更需要精准把握群众和行业诉求，提升治理和服务水平。因此，实现新时代交通运输行业治理水平的持续提升，加快建设法治政府、阳光政府，建设人民满意的交通，需要更加注重政务公开质量，既要实现决策、执行、管理、服务、结果的全链条公开，也要发布能够满足公众需求的、高质量的政府信息，更要聚焦业户、群众需求提供更高水平的政务服务。

二　威海市交通运输领域政务公开的基本情况

政务公开工作是建设法治型政府、服务型政府、透明性政府的重要内容和必然要求。自2008年《中华人民共和国政府信息公开条例》施行、2019年修订以来，国务院办公厅、山东省人民政府办公厅、威海市人民政府办公厅先后印发《关于全面推进政务工作的意见》《关于推进全省政务新媒体健康有序发展的通知》《2019威海市政务公开工作要点》等制度文件，为政务公开工作规范化、制度化建设提供指引；交通运输部陆续印发《交通运输领域基层政务公开标准指引》《公共交通企业信息公开规定》等，规范了交通运输领域政务公开工作，明确了发展目标。

近年来，威海市交通运输局坚持以习近平总书记新时代中国特色社会主义思想、党的二十大精神为指导，聚焦群众需求，以强化群众观点、创新服务举措、提升服务水平为着力点，全面提升规范化、制度化建设水平，助力深化"放管服"改革、优化营商环境，提高依法行政和政务服务水平，为推动交通运输治理体系和治理能力现代化建设发挥重要作用。

在深化公开成效上，扎实推动政务公开标准化、规范化建设，印发《威海市交通运输局政务公开工作规则》等13项规章，完善局主要负责同志任组长的政务公开领导小组职能，构建了政务公开一体化工作格局，为政务公开常态化工作提供制度和机制保障；规范政策文件公开流程，将"五公开"贯穿政策全生命周期（决策公开、执行公开、管理公开、服务公开、结果公开），全面梳理并完善2016年以来在政府网站主动公开的行政规范性文件和部门文件的22个必填要素和17个非必要因素，实现群众通过关键要素即可一键直达政策文件；开展政务公开品牌化建设，印发《威海市交通运输局政务公开品牌创建工作实施方案》，打造"交通wei你行"政务公开品牌，形成"1+6+5"品牌建设格局，积极拓展公开载体功能，构建具有威海交通特色的政务公开便民服务体系。通过上述举措，推动威海市交通运输领域政务公开工作走在全省、全市前列。

三 威海市交通运输领域政务公开与行业治理融合发展中存在的问题

一是技术保障薄弱、基础不足，政务公开载体作用发挥不明显。对于一个市直部门来说，从事政务公开工作的人员大多是兼职人员，存在明显的知识与能力失衡，仅能满足公开载体日常运维、谋划工作开展，在网站页面改版、栏目设计、制作多样化解读产品方面缺乏专业设计和技术支撑。同时，截至2023年3月，"威海交通"微信公众号粉丝数仅有10000余人，"威海交通运输"微博粉丝为50000余人，粉丝基础较为薄弱，加之公众更多将获取信息的渠道放在抖音、腾讯新闻等App上，间接性造成信息公开渠道不畅，给借助政务公开载体向社会发布时效性强的政策的执行效果、依托政务公开载体打造的惠民小程序的使用效果，造成了一定的影响。

二是新兴行业冲击、公开缺位，政府形象受到严重影响。随着信息化为交通运输行业赋能，新兴行业发展缩小了公共交通领域城乡差距。以网约车行业为例，2010年易到用车在北京成立，率先推出"专车"服务，成为中国网约车行业鼻祖。滴滴和快的打车上线，2014年Uber正式进入中国，网约车行业进入野蛮生长期。而2016年7月交通运输部等7部委印发《网络预约出租汽车经营服务管理暂行办法》，地方政府配套出台相关管理规章，行业合规化才加快。但加快合规化进程中，滴滴平台存在的"黑车"数量虽然在逐年逐月下降，但滴滴公司向"黑车"派单加重了行业冲突。出租车围堵网约车、出租车聚集维权等行业乱象，通过互联网快速传播，政务舆情回应的精准性和时效性不足，使民众对行业治理能力满意度下降。网约车行业管理公开、服务公开的短板，让群众无法及时有效分辨车辆是否合规，致使12345政务热线涉"黑车"类的投诉数量直线上升。

三是公开意识薄弱、互动不足，行业治理高水平发展受到制约。一方面，政务公开指导力度不够，政务公开的队伍有待加强。部分工作人员公开意识薄弱，业务科室工作人员对公开工作欠缺系统有效的培训，对政策发布、解读、回应三联动认同理解不深刻，许多服务事项在筛查核对后才配套制定多样化政策解读。很多创新开展的惠民服务手段，如市域内公交一卡通升级改造工作、"放管服"新举措等，向公众普及仍局限于传统新闻宣传，对于丰富公开形式、提升公开成效欠缺思考。另一方面，在行业治理中公众参与度不高，对接各类主体信息公开需求精准度不高，没有更好地发挥"集民智"作用。

四 威海市交通运输领域政务公开的创新实践

政务公开，晒的是政府，赢的是民心。威海市交通运输局创新打造"交通wei你行"政务公开品牌，大力发展"互联网+政务服务"，创新监管方式，将政务公开覆盖行业治理全过程，助推交通运输治理体系和治理能力现代化，为全面振兴、全方位提升提供坚实保障。

（一）开展政务公开品牌创建，提升交通运输治理能力

近年来，交通运输新老业态融合发展，"黑车"、驾校行业"违规收费"、维修行业"乱收费"等现象的发生，加大了行业管理的难度。威海市交通运输局创新打造"交通wei你行"政务公开品牌，形成"1+6+5"品牌建设格局。建设运维局门户网站"信用交通·威海"模块，在政务新媒体开设"公交查询""网约车合规查询""客运网上购票""驾培考服务""机动车维修服务"五大便民服务主题模块和"出行早知道"话题，部署开展"公共交通企业信息公开、政府开放日、交通运输领域基层政务公开标准指引、特色政策解读和局长办公会会议解读"五大特色行动，以品牌化助推阳光、透明、开放、服务型政府建设。

一是推动政务公开覆盖驾培行业管理全链条。在全市驾培机构推行"先培后付"培训模式改革，全面实行"先学后付、按时计费、学员评价"培训服务举措，设计开发驾培考一体化服务平台并同"威海交通"微信公众号关联，实现"报名缴费—预约培训—找驾校—找教练—成绩查询—意见反馈"掌上办理，全链条纳入行业监管范围，维护学员的切身利益。同时，对全市范围内具备培训经营资质的驾培机构、教练员进行

公示公开，全面展示培训范围、资质资历、从业年限等情况，方便学员学车前充分知情、合理选择。此外，还将定期向社会发布市场供求、价格指数、学员评价、政策动态、举报投诉率、考试合格率、学员满意率等相关信息，为社会群众学车学驾提供全面参考依据。

二是推动行业服务全面提升。依托公交大数据系统，将全市各公交运营企业开发的实时查询接口进行二次开发，统一集成到"威海交通"微信公众号上，市民可以根据需求随时查看各区市公交线路走向、车辆位置、公交站点、发车时间等实时信息，实现群众出行精准候车、掐点出行。目前，"威海交通"微信公众号和"威海公交"App，日均点击量近25万人次，公交满意度达到91.03%。开发"威海市网约车查询"小程序，关联全省运政系统，并将查询端口整合到"威海交通"微信公众号上，市民在乘车前登录小程序输入车牌号码、车牌颜色等车辆信息，即可判断是否为非法运营车辆。2022年全市共有10000余人次通过小程序查询网约车是否合规，通过群众实时反馈，加大查处力度，目前威海市网约车合规率已达83%，位列全省第2位。在"威海交通运输"政务微博上开设"出行早知道"话题，每日更新威海交通运输运行情况，在雨雪等恶劣天气，实时更新最新运行状况，确保群众一键掌握，合理规划自身出行。

三是打造"立体化"监管手段。深化交通运输领域"放管服"改革，实现企业由对政府负责向对社会服务、由被政府监管向社会共治的转变。扎实推进"双随机、一公开"监管和交通运输领域信用建设，采用"线上+线下"的形式，"线下"执法人员和行业管理人员入企业实地检查，"线上"在威海市人民政府网站开设"双随机、一公开"专栏，市交通运输局网站开设"信用交通·威海"模块，定期公布年度"双随机、一公开"监管抽查工作计划，动态调整"双随机、一公开"抽查事项清单，实现企业信用风险分头管理、涉企信息统一归集共享、失信联合惩戒全面公开。结合年度道路运输领域质量信誉考核的分级分类结果，在抽查任务时给相关领域企业设置相应的差异化风险等级，实现了对信用等级高的企业减少抽查比例，对信用等级低的企业增加抽查比例，提高了抽查的效率和精准性，也减少了对信用等级高的企业的干扰，实现了行业管理水平与企业规范经营全面提升。以主动公开的《威海市联合奖惩措施清单》为基础，通过"一超四罚"等措施加大对公路超限超载失信经营者的惩戒力度，近年来共接收各地公安部门抄告的涉及辖区违法超限超载行为的货运业户200余家、货车400余辆次，累计处罚"一超四罚"案件30余起。

（二）实现公众全程参与，全方位回应社会关切

将"决策公开、执行公开、管理公开、服务公开、结果公开"贯穿政策全生命周期，聚焦政务公开"五环节"，积极引导社会公众全程参与，提高决策的科学性和透明度，做到政务公开覆盖权力运行全流程、政务服务全过程。

一是主动公开信息，提升公开质量。坚持"以公开为常态，不公开为例外"，积极发挥政府门户网站、局门户网站、政务新媒体信息公开主阵地优势，扩大主动公开范围。研判近三年依申请公开办件趋势，针对学术研究领域开设数据发布模块；组织编制交通运输领域常用法律法规规章汇编，共梳理交通运输领域法律法规规章等130余件，在局门户网站政策法规模块集中公开；做好文件集中公开和数据联通工作，全面梳理、完善2016年以来在政府网站主动公开的行政规范性文件和部门文件的22个必填要素和17个非必要因素，实现群众通过关键要素即可一键直达政策文件。做好政策解读工作，做好政策文件和解读方案、解读材料同步组织、同步审签、同步部署，解读材料在文件发布后3个工作日内主动发布并与正式文件相互关联。聚焦涉民涉企政策，创新视频解读、动漫解读、图文解读、文字解读等多样化解读模式，以贴近群众需求、公众喜闻乐见的解读产品，使政策解读可视、可读、可感、可评，让群众看得懂、记得住；对于重大行政决策和民生重点事项，依托全市全媒体矩阵对外公开信息，提升公开质量。2022年度，通过政府网站公开信息592条，通过门户网站公布政府信息1122条，同比增长362.5%和133.75%；政务新媒体累计发布信息1782条，同比增长46.9%；依申请公开办件数下降75%；制发多样化政策解读38个，其中领导干部解读4个，文字解读6个，会议解读10个，图文解读2个，音视频解读7个，媒体解读1个，专家解读7个，动漫解读1个。

二是引导群众参与，营造良好氛围。坚持将意见征集作为重大行政决策的前置条件，搭建交通运输决策民意征集平台，探索运用适合群众参与

的方式征集社会意见建议。2022年度通过政府门户网站发布重大决策意见征集和采纳情况7条，通过政府门户网站、"威海交通"微信公众号发布满意度调查问卷2个，共征集群众意见1243条，满意度达91.03%。在政府开放日方面，持续打造"阳光透明·公开入威"政府开放日品牌，深入挖掘活动特色，创新活动方式，确保活动能满足群众需求，切实搭建起与群众沟通的桥梁。在活动主题上下功夫，结合12345政务服务热线、微信和微博留言反馈的热点问题和市交通运输局特约人员社会调研反馈的问题，精准确定政府开放日主题；在参与人员上下功夫，2020年市民杨女士反映华夏山海城群众出行不便问题，市交通运输局修建华夏山海城枢纽站，于2021年8月底正式启用，并同步启动优化调整华夏城区域公交线路。2022年6月邀请杨女士参加政府开放日活动，乘坐观光巴士游览威海，让她感受到了公交基础设施的不断完善、一键候车的智慧赋能、"惠风和畅"的行业品牌，密切了群众关系；在活动形式上下功夫，针对货车司机群体，开展"请进来"和"走出去"的换位式执法体验政府开放日活动，邀请驾驶员现场体验执法，领导干部带头跟随营运车辆体验，拉近市交通运输局和服务对象的距离。

三是突出群众导向，畅通群众参与渠道。坚持线上与线下共同发力，畅通群众参与渠道。线上，充分利用政务新媒体传播速度快、受众面广等优势，结合群众留言和私信，围绕社会热点、群众关心关注的热点问题，广泛收集整理社情民意信息，扩大公开覆盖面。在线下，利用业户办理反馈、座谈交流、政府开放日和现场发放问卷等形式，面对面交流、"零距离"接触，让广大企业、行业协会、专家智库、社区群众全程参与政策制定、实施、监督，切实提升政务公开质效，确保群众诉求件件有落实、事事有回应。2022年度共接收留言信息、意见建议300余条，推动解决疫情防控、公交出行、客运市场整顿等8大领域30余个问题。

（三）夯实制度保障，提升依法行政的治理水平

扎实推进依法行政，为建设职责明确、依法行政的政府治理体系提供根本遵循。提高交通运输依法行政水平是交通运输综合治理体系和治理能力现代化的基础支撑和重要依托，而借助政务公开手段，构建起的"系统完备、科学规范、运行有效"的依法行政制度体系，切实补齐了交通

运输法治政府部门建设的薄弱环节和短板。

一是强化公开保障体系建设。建立全市交通运输系统政务公开一体化工作机制，制发《威海市交通运输局政务公开工作规则》，涵盖保密审查、公开审核、社会评议、政策解读、政务新媒体管理等13项制度，依托标准化、规范化的政务公开工作，完善综合交通法规体系和立法机制，为各项工作有序推进提供制度保障。明确工作目标，结合年度交通运输工作要点和政务公开短板，研究制定《年度政务公开工作实施方案》和《政务公开培训计划》，公开交通运输年度法治政府建设情况，制定《政府信息主动公开基本目录》，细化分解各单位、各科室工作任务，为持续深入推进依法行政打好基础。突出考核抓手，将重点领域信息公开、依申请公开办理、政策解读与回应关切、平台建设和组织管理等方面纳入年度考核体系，激发各单位、科室积极参与政务公开特色工作的内生动力，确保对外发布信息准确、及时。

二是加强公开标准制定。2021年11月交通运输部办公厅印发《交通运输领域基层政务公开标准指引》，威海市交通运输局立足行业实际，强化公开顶层设计，突出"政务公开与服务融合发展"的原则，经3轮次征求意见建议，系统梳理制定符合威海市各区县实际的《威海市交通运输领域基层政务公开标准目录》，明确了公路水运工程基础设施、道路运输、水路运输、综合交通运输及多式联运等4大领域13个方面的公开标准。指导县级交通运输部门综合运用政府公报等纸质媒体，政府网站、政务服务平台、两微一端及其他新媒体等网络平台和政务服务中心、便民服务站、交通运输场站等服务场所以及项目实地等多种渠道，灵活采取集成发布、精准推送、智能查询等多种方式，做好交通运输领域基层政务公开工作，真正让人民群众能看到、易获取、用得上。

三是全面提升政务服务能力。以全程网办为路径，推动政务服务事项同源运行，完善异地通办，持续推进交通运输高频政务服务事项通办工作。印发《威海市道路运输便民政务服务"跨省通办""三检合一"宣传工作方案》，做好"跨省通办""全省通办"事项的确认工作，其中"跨省通办"1项，"全省通办"7项，与泰安市按照确定的对应关系，相互作为收件地和办理地，开展相应事项的"一对一"互查评估，政务服务效能得到提升。深入推进交通运输政务服务事项集成办、网上办、掌上办，推进交通运输领域电子证照相关工作，强化信息互联共享，扩展交通运输领域电子证照应用范围及互通互认。推动证照证明电子化，对标先进地市，开展电子证照证明"用证"情况梳理，共梳理193项，形成"用证"事项清单进行发布，便民服务不断优化。落实关于"证照分离"改革扩面深化要求，进一步降低制度性交易成本，激发市场主体活力。

四是做好听证制度落实。行政处罚听证制度是行政执法中的一项重要的制度设计，其目的是维护公民、法人和其他组织的合法权益，保障和监督行政机关有效实施行政管理，维护公共利益和社会秩序。2023年3月威海市交通运输综合执法支队针对"涉嫌未经许可擅自从事出租汽车客运经营案"举行的听证会，整场听证会严格按照法律程序规定进行，将释法说理贯穿于听证全过程，充分保障了当事人的陈述和申辩权。通过举行听证会，为当事人与行政执法部门提供了一个平等、公平、公开的沟通交流平台，让当事人在亲身参与中感受执法的公正和温度，确保执法决定在阳光下进行，让公平正义在执法工作中可见可感。

五　建议与展望

威海市交通运输局打造的"交通wei你行"政务公开品牌，在打造政务公开便民服务体系、推动行业治理高质量发展方面做了一些初步探索、取得较好成绩，也为其他涉民生部门政务公开品牌化建设提供了有益经验。为做好政务公开和行业治理深度融合，还需要进一步做好以下工作。

一是进一步完善多元主体的良性互动。在推进行业治理能力和治理体系现代化过程中，多元主体的参与能发挥出"一加一大于二"的最佳治理效果，各主体的功能相互弥补、相互促进，使各主体在治理上的合力达到最大化，治理效果达到最佳。特别是面对行业新旧业态融合发展的机遇和挑战，多元主体良性互动对于化解管理危机，抢抓机遇发展具有深远意义。因此，要依托政务公开，进一步明确政府、媒体、行业协会、公众等各主体的权责界限，持续深化"放管服"改革，完善全方位的现代化监督体系，加强信息的透明度与传递效率，强化政民互动，鼓励社会力量协同共进，从而防范化解潜在的风险隐患，形成行业自治良性互动的发展新格局。

二是进一步加强政务公开载体建设。加强政府网站信息发布管理，建立健全政府网站日常管理制度，积极推进各级、各部门政府信息的整合共享，充分利用大数据、云计算、人工智能等互联网新技术，将大量文件信息进行收集、处理、分析、反馈，不断提高服务便捷性、高效能和智能化，满足特定群体的多元化需求，推动政府网站管理服务由规范化、标准化向智能化、精准化转变；打造品牌效应，丰富完善政务新媒体的服务功能，实现公众微缩化、便捷化、可视化获得政府信息，获取优质政务服务。此外，"线上"构建全媒体矩阵和政务新媒体矩阵，拓宽公众信息获取渠道和形式，"线下"打造多功能一体化的政务公开体验区，打通服务群众"最后一公里"。

三是进一步强化政务公开人才队伍建设。做好政务公开工作，关键在"人"。加强政务公开专业队伍建设，是行政机关有效履行职责的需要、深化政务公开建设的基础、消除政务公开建设瓶颈问题的前提。而政务公开专业人员的能力要求具有典型的复合型特征，应达到管理学、行政学、法律法规、信息技术等方面知识和能力及其相应素质的有效集成。但目前政务公开专业人员的能力结构与此相比尚有一定差距。对此，要加强对现有政务公开人员的培训，可以由省、市政府根据不同群体开展不同的培训模式，对各级领导可以依照综合类培训班开展政务公开基本认识和重要性宣讲方面的培训；市直部门自身开展政务公开培训要实现政务公开领导小组成员全覆盖，让公开成为自觉，让透明成为常态，加快整个政务公开专业队伍素质与能力的提升。

第六编 依申请公开规范化建设

四川省内江市依申请公开政府
信息难点及对策建议

蒋学飞　齐志伟　杨维宇　李　科[*]

摘　要：公开透明是法治政府的基本特征，推动政府信息公开、政务公开对推进行政权力公开透明运行，保障公众知情权、参与权、表达权和监督权具有极其重要的意义。依申请公开制度是我国政府信息公开制度的重要组成部分，是公众从"被动接收信息"向"主动获取信息"的转变，是获取信息满足自身需要的重要渠道。内江市政府办公室开展了相关调研，梳理近6年依申请公开案件在数量、申请趋势、工作规范等方面存在的问题和难点，并提出对策建议，以期对全国进一步推进依申请公开政府信息工作法治化、规范化、便民化带来一定启发。

关键字：依申请公开　政府信息公开　法治政府

一直以来，内江市高度重视依申请公开工作，认真贯彻落实《中华人民共和国政府信息公开条例》（以下简称《条例》），政务公开工作总体情况良好，基础不断夯实、制度日趋完善，政策发布、解读、回应及时，较好地保障了人民群众的知情权、参与权、表达权和监督权，增进了人民群众的获得感。一是组织领导有力。成立了由常务副市长为组长的政务公开工作领导小组，领导小组办公室设在市政府办公室，负责推进、协调、

---

[*] 蒋学飞，四川省内江市人民政府秘书长；齐志伟，四川省内江市人民政府副秘书长、办公室主任；杨维宇，四川省内江市人民政府办公室副主任；李科，四川省内江市人民政府办公室副科长。

指导、监督全市各级行政机关做好政务公开工作，多次召开领导小组专题会，研究部署政务公开工作，每年将政务公开工作情况向政府常务会议报告。各级行政机关明确分管领导、责任科室（股室）、经办人员，形成齐抓共管的工作格局。二是处理疑难事项及时。部分申请人向行政机关申请公开的政府信息时间久远、情况复杂、历史遗留问题多，市政府办公室多次组织到省级有关部门汇报、与申请人积极沟通，召开专题会研究，全力协调解决复杂疑难事项。针对个别案件暴露出的普遍性、深层次问题，加强研判分析、总结提炼，及时向全市各级行政机关发出提醒，并提出工作要求。三是沟通交流到位。各级行政机关在办理依申请公开过程中讲方法、讲技巧，注重换位思考，做好事前沟通，引导申请人在提交申请前先电话咨询，向申请人详细解释说明《条例》规定要求，帮助其明确被申请机关、了解如何规范提出依申请公开，并提出合理建议，让申请人申请政府信息公开更有针对性、可行性。

本次调研以四川省内江市各政府门户网站政府信息公开情况、政府信息公开指南、政府信息公开年度报告、依法申请公开答复质量为基础，从申请渠道、申请数量、办件情况、行政复议和诉讼情况等维度分析了2017年至2022年全市各级政府（部门）、乡镇（街道）接收和处理的依申请公开政府信息，了解当前面临的问题和困难，探讨研究解决方案。

一 内江市依申请公开政府信息的现状及问题

（一）申请公开渠道多，但受理有迟延

全市各行政机关均提供了方便、多样的申请方式，如线上、信函、传真、现场等，极大地为公众丰富了依申请公开渠道，2017年以来各渠道共受理依申请公开1383件，其中，线上申请963件、信函申请379件、传真申请23件、现场申请18件（见图6-1）。

从线上申请渠道看，随着互联网的快速发展、线上申请渠道的不断完善，加之线上申请"零成本"，群众通过线上渠道申请政府信息公开的比例逐年上升，但由于网络环境不稳定、线上申请平台偶尔发生故

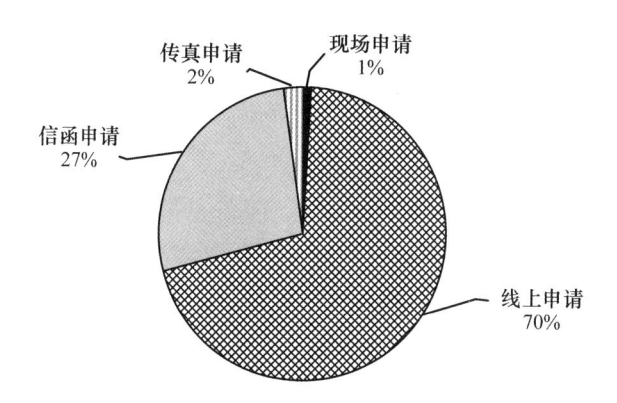

图 6-1　2017—2022 年各渠道受理依申请公开情况

障且不具备来件提醒功能等,存在来件处理不及时、发生多次逾期的情况。

从线下申请渠道看,由于行政机关现场受理点变更、标示不醒目,工作人员查看信箱来件不及时,申请人未在信函上注明依申请公开、投递地址与被申请机关不一致等原因,在给公众提出依申请公开带来不便的同时,造成来件处理延误。2022 年,因快递人员投递信函后未及时告知经办人,且经办人收到信函后未及时与申请人沟通、明确收件时间,某县政府被提起行政诉讼,导致败诉。

(二) 申请公开内容广,办理有难度

全市收到政府信息公开申请平均 231 件/年(见图 6-2),其中,2021 年收到申请量最大,为 306 件。

从申请主体看,专业化程度不断提高。随着公众的法治意识不断提升,通过委托专业律师申请政府信息趋势凸显,2021—2022 年,全市收到此类申请公开 22 件。同时,《条例》中明确了依申请公开"主体无限性"原则,使申请主体范围得以进一步扩大,公众滥用申请权时有发生,如某申请人通过"以文件找文件"方式,2021 年至今先后向市政府提起政府信息公开申请 13 次。

从申请对象看,多处申请情况突出。公众对申请的政府信息获取来源不了解,存在一个申请事项分别对不同层级、不同部门提出申请的情况。

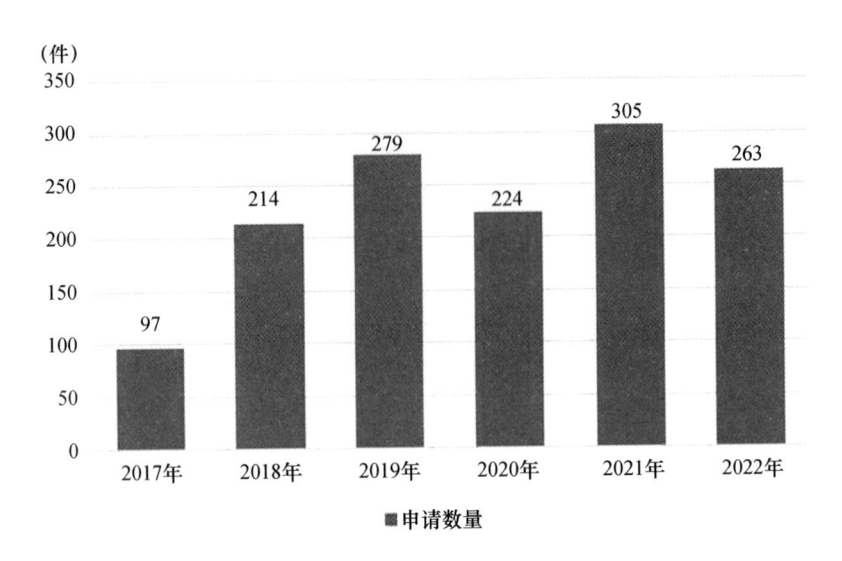

图 6-2　2017—2022 年内江市政府收到申请信息公开情况

2021—2022 年，申请人向多部门提交申请达 34 次，在一定程度上造成了公共资源的浪费。如王某申请公开某县某镇土地征收方面的政府信息，分别向市政府、市自然资源规划局、县政府、县自然资源规划局及项目所在乡镇进行申请。

从申请目的看，目标性针对性较强。大部分申请人申请政府信息公开是为了解与自身生产有关的信息，目的是维护自身合法权益。但存在个别申请人因与某企业存在诉讼纠纷，试图通过政府信息公开途径收集证据，扭转诉讼局面。还有质疑征地补偿标准不一，希望通过政府信息公开申请，找出行政机关施政过程中存在的瑕疵或问题，争取自身最大利益等情况。

从申请内容看，复杂且范围广泛。2017 年以来涵盖土地征收、国土规划、城乡建设、住房建设、环境保护等领域（见图 6-3）。特别是土地征收、房屋拆迁方面的政府信息，关系到申请人的切身利益，一直以来都是群众关注的焦点、热点，存在申请人提出一次公开申请要求获取的信息量大、涉及部门多的情况，增大了办理难度。

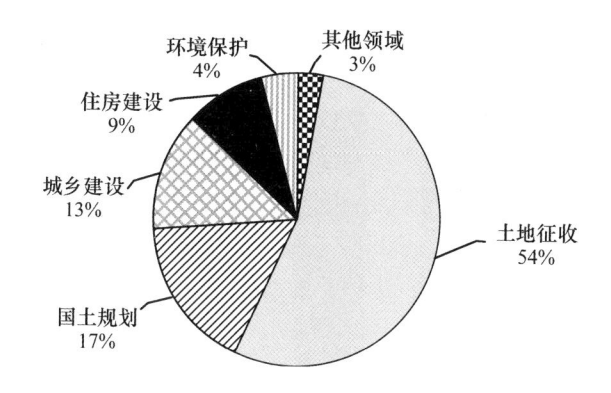

图 6-3　2017—2022 年内江市依申请公开涉及领域

（三）申请公开办理及时，但质量不够高

2017—2022 年全市办理政府信息公开申请 1380 件（见图 6-4），平均每年办理 230 件，按时办结率较高，达 99.3%，但办件质量还需进一步提升（注：办理数量 = 予以公开数量 + 不予公开数量）。

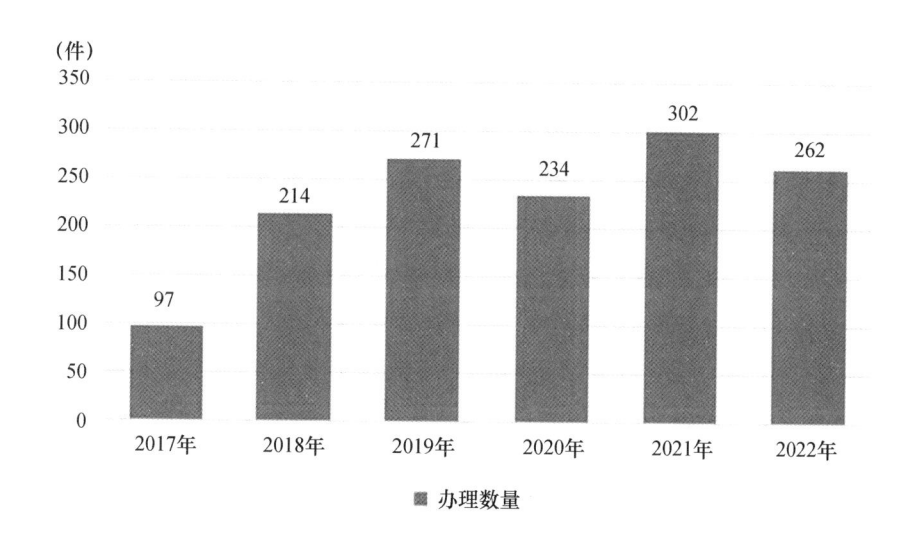

图 6-4　2017—2022 年内江市政府办理依申请公开信息数量

从不予公开情形看，不予公开数量 463 件，占办件总量的 33.55%。其中，"本机关不掌握相关政府信息"不予公开数量为 311 件，占比 67.17%（见图 6-6）。一方面，公众对行政机关职责及政府信息公开权

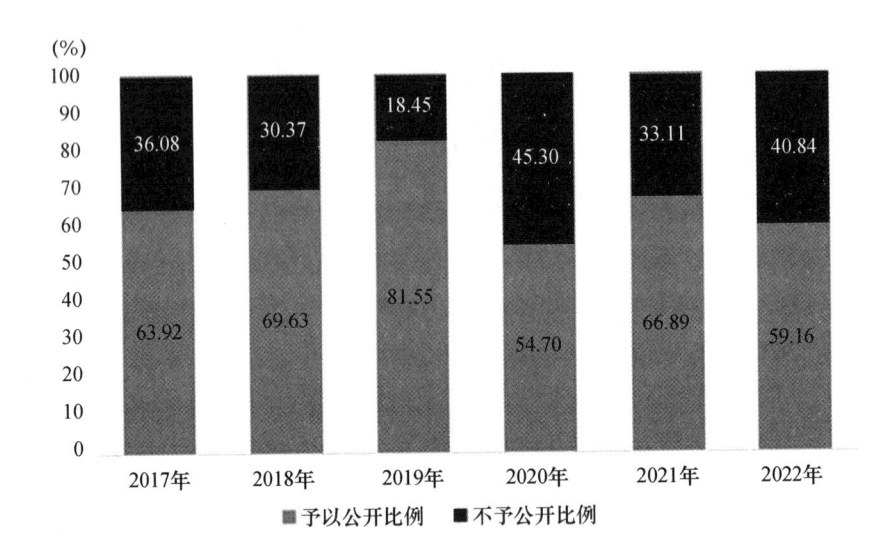

图 6-5　2017—2022 年内江市政府依申请予以公开占比情况

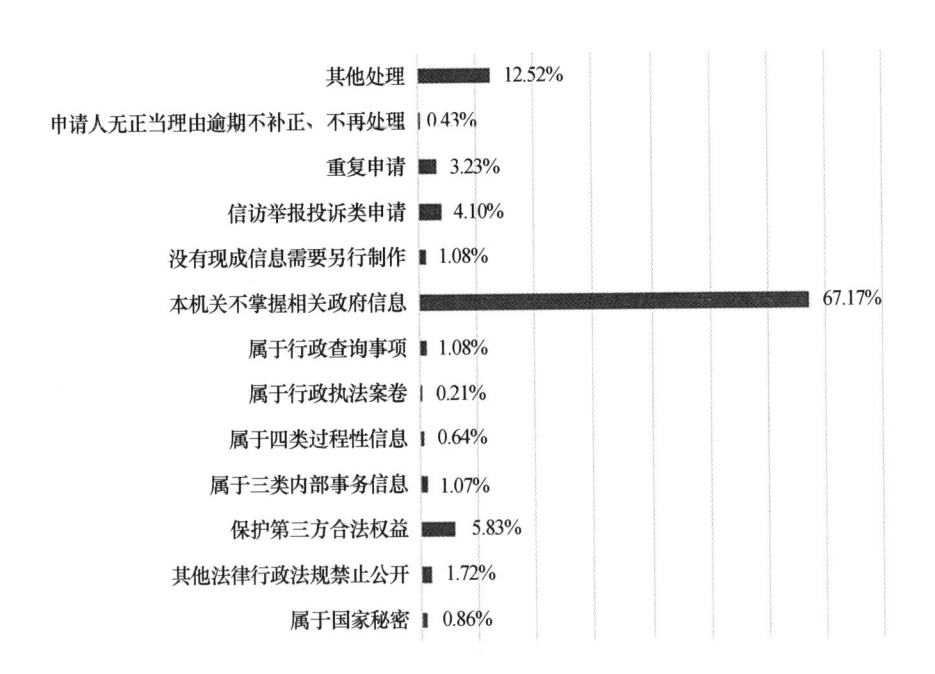

图 6-6　2017—2022 年不予公开情形占比情况

限认知度不高，不能厘清各行政机关之间的职权划分，不能准确确定被申请机关。另一方面，行政机关对本部门行政职权及政府信息公开机制的宣传不到位，在公众申请政府信息过程中释明、指导不够，因程序上不规范，导致不予公开的占比较大。

从办理质量看，整体质量较好。大部分行政机关做到了充分了解申请人需求，办理流程规范，答复要素齐全，按期予以答复。但个别县区部门、乡镇（街道）在办理过程中重视程度不够，未能充分掌握最新政策要求，加之缺乏与申请人有效的沟通交流，存在程序不规范、答复要素不齐全等情况。如申请人需求与行政机关公开的内容大相径庭，答复内容缺失陈述理由、法条依据、救济途径等基本要素。

（四）复议诉讼案件较少，纠错率较高

2017—2022年四川省内江市因依申请公开引起行政复议或诉讼共67件，其中，行政复议43件，未经复议直接起诉18件，复议后行政起诉6件（见图6-7）；结果纠正26件，纠错率38.80%。

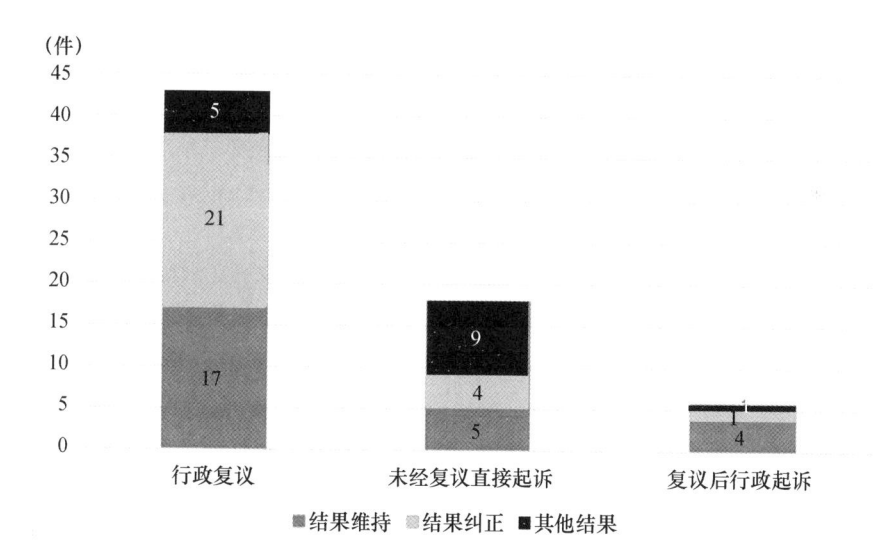

图6-7 不服政府信息公开答复申请复议、提起诉讼情况

从纠错案件类型看，主要集中在超期答复，答复不规范，未能充分陈述理由和不予公开理由缺乏合理性、正当性等问题（图6-8）。超期答复情形较突出，表现在部分行政机关对依申请公开工作重视程度不高，未严格落实限时答复要求，未跟踪督办；个别行政机关以电话要求申请人补正，代替书面出具补正告知书，导致办理逾期，引起行政复议纠错。

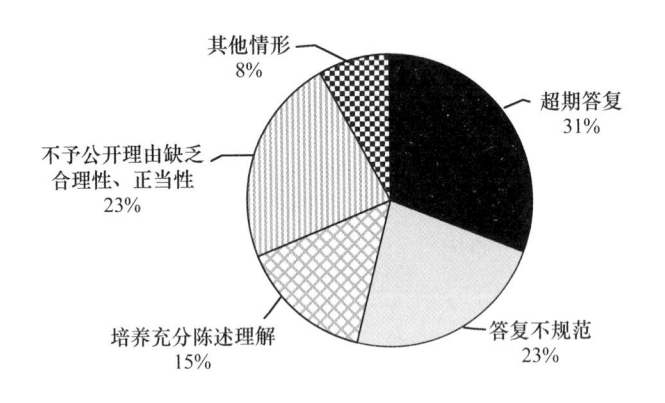

图6-8 纠错案件类型分布情况

从纠错案件部门看，主要集中在自然资源（土地征收）、住房城乡建设（房屋拆迁）、教育（中小学招生）等部门，在办理依申请公开过程中被纠错较多（图6-9）。这一方面反映了土地征收、房屋拆迁领域的依申请公开由于信息生成时间久远（多数在10年以上），且因当时个别重大建设项目赶时间、赶进度，存在审批手续不全、归档资料不齐等历史遗留问题，造成行政机关对于是否公开难以把握，行政机关往往以该信息不存在为由，不予公开，引发行政复议或诉讼纠错；另一方面反映了公众对知名度及教学水平较高的中小学校的招生区域、计划、条件等信息需求度大且关注度高，此类信息公开不规范、不及时，也增大了行政复议或诉讼的纠错率。

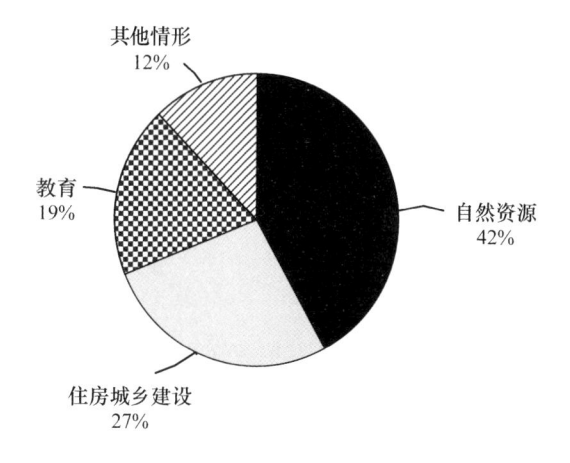

图6-9 纠错案件部门分布情况

二 产生上述问题的原因剖析

当前，内江市依申请公开工作仍存在部分办件有延迟、办理难度较大，办件质量还需提升、行政复议及诉讼纠错率较高等问题，这些问题既有行政机关内部的原因，也有申请人自身的原因，还有委托代理人的原因。

（一）从行政机关角度看

第一，重视程度不够。有的领导干部在思想上不够重视，对政务公开的重要性认识不足，依法行政意识不强，没有从转变政府职能、执政为民、加强党的执政能力建设的高度来认识并推进工作，对政务公开工作"不了解、不研究、不部署"。有的部门未认真贯彻落实党中央、国务院以及省委、省政府对政务公开工作的安排部署，主动谋划工作不够，存在"等靠要"思想及被动应付现象。个别部门政务公开工作机制不健全，至今未落实拟制公文时应明确"主动公开、依申请公开、不予公开等属性"要求，导致公开"无源"，不公开"无据"。个别部门资料管理不善，存在历史资料遗失等情况，以致公众提出申请时，资料"不好找、找不到"，难以满足群众的信息公开需求。

第二，业务水平不精。有的工作人员不主动学习，缺少钻研精神，未站在群众立场开展工作，抱着"多一事不如少一事"的心态，对申请人的合理诉求重视不够，工作中只求过得去，不求过得硬。尤其是县（区）部门和乡镇（街道）负责政务公开工作的人员多数为兼职人员，人员流动较大，个别临时聘用或借用人员，能力素质跟不上形势发展要求，对依申请公开政策不熟悉，缺乏法律专业知识，导致答复错误的情况时有发生。

第三，公开力度不够。一是公开形式还不够丰富，有的部门仅在本单位政府信息公开专栏公开政府信息，未通过新媒体、电视、报纸等媒体进行公开，公开形式单一。有的部门未落实"政府开放日"制度，未通过征求意见、听证座谈、咨询协商、媒体吹风等方式扩大公众参与度，制约了政务公开的覆盖面和影响力。二是公开效果还不够明显，一些部门未充分了解当前公众关注的热点及信息需求，相关政府信息公开不及时。部分政府网站搜索功能不完善、栏目设置不合理、信息展示不友好，政府网站与政务新媒体融合度不高。三是公开质量还不够高，部分县（区）部门、乡镇（街道）公开的信息，数量有余而质量不高，公开随意性大，公众关注的征地拆迁、土地流转承包等信息公开得少；相反，机关工作动态、领导活动等信息多。

第四，考核机制不全。该市不断强化政务公开工作责任追究，每季度开展督查并制发通报，对整改不力的单位进行约谈，严肃批评。但在考核问责机制上仍存在短板，一是考核分值权重较低。政务公开工作考核虽纳入了四川省内江市政府系统办公室工作绩效评价（未单列），但年终考核分值仅0.2分，与国家、省级政务公开工作分值权重不应低于4%的要求，存在较大差距。二是表扬激励机制缺失。该市尚未建立对政务公开工作推进有力、对工作突出的单位和个人的表扬激励机制，只有罚、没有奖，造成基层政务公开工作人员获得感不强、感觉从事政务公开工作"无念想"。

（二）从申请人角度看

申请信息公开程序不规范。有的申请人在提起依申请政府信息公开前，不了解如何确定被申请机关、申请受理条件是什么、申请方式是什么、哪些属于政府信息、哪些不属于政府信息、申请注意事项有哪些等，造成申请时程序不规范、条件不符合。如某申请人向某区政府申请某村的村务信息，某申请人借申请信息公开进行信访活动。

对依申请公开认识有误区。政府信息依申请公开目的是保证公民、法人或者其他组织获取所需要的政府信息。有的申请人把政府信息公开申请作为宣泄自身不满的一种手段，频繁申请与自身生产、生活毫无关系的信息。有的申请人希望通过政府信息公开申请解决长期信访未解决的不合理要求等。

（三）从委托代理人角度看

根据申请人身份信息分析，由申请人提出申请的占73%，由申请人委托专业律师申请的占20%，由申请人委托其他公民申请的占7%。在申请人不了解提起政府信息公开相关要求的前提下，个别代理律师频繁提起政府信息公开、行政复议或行政诉讼，以此获得利益报酬；个别委托代理人利用申请人信息不对称情形，对申请人称有关系、有渠道，能获取政府信息，但事后需由申请人提供报酬，这样既增加了申请人的经济负担，又违背了制定依申请政府信息公开制度的初衷。

三　做好政府信息依申请公开工作的对策建议

习近平总书记强调，要以制度安排把政务公开贯穿于政务运行全过程，权力运行到哪里，公开和监督就延伸到哪里。要依法依规明确政务公开内容、标准、方式，加快制定并公开权力清单、责任清单、负面清单。要重点推进财政预算、公共资源配置、重大项目建设批准和实施、社会公益事业建设等领域政务信息公开，以公开促落实、以公开促规范、以公开促服务。[①] 新时代的政府信息公开，是践行"江山就是人民，人民就是江山"的生动体现，是政府推进自身改革、建设法治政府的重要内容，是

[①] 习近平：《扭住全面深化改革各项目标，落实主体责任拧紧责任螺丝》，新华社，2016年1月11日（https://www.gov.cn/guowuyuan/2016-01/11/content_5032150.htm?cid=303）。

加强反腐倡廉建设的重要举措，也是推进国家治理体系和治理能力现代化的重要手段。政府信息公开申请，作为一种重要的政府信息公开形式，应当以公众的需求为首要标准，使依申请公开更加法治化、规范化、便民化。因此，以优化内江市政府信息依申请公开工作为视角，提出以下八点对策建议，以期助力全国进一步推进依申请公开工作。

（一）进一步提升公开理念

理念是行动的先导，理念的高度决定行动的力度。政府信息的公开有利于促进政府依法行使权力、履行职责，提高政府的公信力和执行力；有利于进一步畅通政府与人民群众的联系渠道，维护好最广大人民群众的根本利益；有利于提升行政透明度，让权力在阳光下运行，从源头上防治腐败。各行政机关应充分认识政府信息公开工作的重要意义，认真贯彻落实《条例》精神，牢固确立"公开为常态，不公开为例外""公民获取政府信息是行使权利，政府提供政府信息是履行义务"的理念，加强组织领导，健全工作机制，主要领导应亲自过问，逐级落实责任，定期研究部署工作，增强工作力量，保持队伍相对稳定，扎实推进政务公开工作。各地应增加政务公开工作考核分值权重，强化考核力度，科学设置政务公开考核评估指标，充分发挥考核的"指挥棒"作用，同时建立健全奖励激励机制，每年对政务公开工作推动有力的单位和个人进行通报表扬，激发政务公开工作者的干事创业热情。

（二）进一步加强教育培训

各地政务公开主管部门应加大政府信息公开工作的培训力度，以问题为导向，针对主动公开、依申请公开等内容定期分层次开展专题培训，不定期开展研讨交流，对因依申请公开引发的行政复议、行政诉讼典型案例进行分析、总结，不断增强政府信息公开工作者的政策把握和处理解决问题的能力；开展"走出去"活动，到上级部门、先进地区考察学习好经验和做法，进一步拓宽视野，增强本领，深入基层开展调研，帮助疏解疑惑、解决问题，切实提升依申请公开工作水平。

（三）进一步加大公开力度

政府信息主动公开和依申请公开相辅相成。《条例》中明确的主动公开范围极大地涵盖了涉及公众利益调整、需要公众广泛知晓或者需要公众参与决策的政府信息，全面、及时、准确地主动公开政府信息，可以大大减少依申请公开数量。行政机关应围绕社会广泛关注、事关群众切身利益的重大事项加大主动公开力度，及时更新政府信息，主动公开目录清单，有序扩大公开范围，强化拟制公文源头属性认定，落实"先审查、后公开"，确保依法及时准确公开政府信息。对涉及公众利益调整、需要公众广泛知晓的政府信息，应及时转为主动公开，减少同一政府信息重复申请和答复现象。同时，通过线上民意调查和网站监测渠道，实时发现公众关心的热点与焦点，及时做好解答与回应，保障公众的知情权和监督权。

（四）进一步提高公开质效

继续将政府网站作为政府信息公开的第一平台，优化展示形式，根据公众日常上网习惯，将重点建设项目、土地征收、房屋拆迁、义务教育等政府信息，在政府网站显著位置进行展示，提升查询便捷度。加大整合力度，开设专题专栏，将各行政机关通过政府信息公开专栏公开的各类信息，分类推送、集中展示，提供"一站式"整合公开，方便公众高效、精准地获取信息。升级网站功能，提供智能搜索、答问知识库、数据开放、依申请公开受理点数字地图、无障碍/长者模式浏览、移动端自适应等功能，打造集成式线上公开专区。落实"政府开放日"制度，严格执行《重大行政决策程序暂行条例》，作出或调整重大行政决策，通过座谈会、听证会、向社会公开征求意见等多种方式扩大公众参与度；推进基层政务公开规范化、标准化建设，优化政府信息公开专栏栏目设置，坚持"专栏姓专"，提升基层主动公开质效。加强政府网站、政务新媒体、电视、报纸等媒体的协同联动，对需要社会广泛知晓的重要政策信息，实现同步公开，形成传播合力，提升传播效果。

（五）进一步完善会商机制

推动建立由各级政府办公室和司法、法院、信访、自然资源、住房城乡建设、教育等部门组成的依申请公开联席会商机制，定期会商研究解决工作中遇到的重点、热点、难点问题，同时加强对典型案例的研究、梳理和汇总。对涉及重大项目、征地拆迁、中小学招生等领域的依申请公开，全程指导、跟踪把关，督促依法依规答复。定期对申请人进行甄别，对个别申请数量、频次超过合理范围的申请人，采取积极沟通争取化解或依法作出不予受理的决定，逐步解决滥申请的问题。对申请人多层级重复申请同一政府信息的，各受理行政机关之间应加强沟通对接，避免答复内容相互矛盾。

（六）进一步规范工作流程

推动依申请工作规范化，各行政机关应在登记、审核、办理、答复、归档等方面加强规范，增强办理时限意识，落实全流程闭环管理。应充分与申请人沟通，了解其诉求，提高答复的及时性和针对性。各联席会商成员单位应根据最新政策要求，及时更新编制适用性广、操作性强的依申请公开政府信息答复书模板文本，提供给各行政机关参考，使答复的方式、格式、不予公开依据等更加规范，有效降低行政复议、行政诉讼发生率和纠错率。加强档案管理，建立健全档案日常管理制度，对产生的档案资料从收集、归档到移交实行统一管理，推动档案资料电子化管理，探索档案资料资源共享。在档案资料移交时应明确交接工作责任，严格交接程序，避免档案资料在部门间交接过程中遗失、损坏。

（七）进一步解决合理诉求

大部分公众申请政府信息公开是为了保障自身合法权益，这就要求行政机关不能孤立看待依申请公开工作，应将依申请公开与走好群众路线为民办实事结合起来，牢固树立为民服务意识，转变"事不关己"的保守意识，在高效便民地做好依申请公开工作的同时，应充分了解申请人申请政府信息公开背后的真实诉求，加强与相关部门协作，开展调查、重大事项组织会商研究。对诉求合理合法的，应尽快提出有效解决方案、积极协调加以解决；对诉求不合理的，应加强与申请人沟通，争取其理解，有效降低依申请公开数量，节约行政运行成本。

（八）进一步加大宣传力度

各行政机关应通过电视、广播、微博、微信等媒介宣传政府信息公开，使公众知晓依申请政府信息公开的途径、要求、流程等，促使公众理解向谁申请、怎么申请，避免盲目申请。同时，加大对申请人的前置指引，在政府门户网站上显著位置公开《政府信息公开指南》，明确信息获取方式、公开渠道、监督救济途径及政府信息公开工作机构、受理机构的详细信息等内容；在政务服务窗口、政务公开专区、信息公开查阅点等地点放置政府信息公开指引资料，由工作人员指导群众填写政府信息公开申请表，确保群众方便快捷地获取政府信息。

从自然资源角度浅析政府信息依申请公开受理与答复的实践与探索

——以山东省济宁市兖州区为研究样本

李兆阁　杨　婷　宓保芹[*]

摘　要：《中华人民共和国政府信息公开条例》实施十多年来，在提高政府工作透明度，促进依法行政，为公众提供服务方面取得了显著成就，政府信息公开制度逐渐为广大民众所熟知。近年来，民众申请政府信息公开的数量猛增，行政机关政府信息公开工作的法律风险明显增加。本文试图以基层自然资源部门政府信息依申请公开受理与答复为切入点，分析政府信息依申请公开的现状和特点，梳理政府信息依申请公开的申请人资格、申请的途径和答复中把握的"五关"，并对政府信息依申请公开实践中需要注意的几个问题进行探讨。

关键词：政府信息公开　依申请公开　"一事一申请"原则

公开透明是阳光政府、开放政府、法治政府的基本特征，政府信息公开是推进依法行政、建设法治政府的重要内容，是建设服务型政府，增强政府公信力、执行力的重要举措。2008年5月1日起施行的《政府信息公开条例》（以下简称《条例》）标志着我国政府信息公开制度的正式建立，我国向建成阳光政府、开放政府、法治政府迈出了重要一步。《条例》的实施在提高政府工作透明度、促进依法行政、为公众提供服务方面取得了显著成就。《条例》实施十多年来，随着实践经验的不断丰富，

---

[*] 李兆阁，济宁市兖州区自然资源局政策法规科科长；杨婷，济宁市兖州区人民政府办公室政务公开科科长；宓保芹，济宁市兖州区人民政府办公室政务公开科科员。

政府信息公开制度不断发展和完善，也为《条例》的修订注入了新鲜血液，2019年5月15日新修订《条例》颁布实施，此次修订是《条例》施行11年来的首次大修，涉及6章共56条，幅度空前，标志着政府信息公开制度发展到一个新阶段。

随着《条例》的颁布实施，政府信息公开制度逐渐为广大民众所熟知，民众申请政府信息公开的数量也出现了猛增。其中，要求自然资源部门公开政府信息的申请占比较大，呈现出类型多样、处理难度大、申请人动机较为复杂等特点，处理过程一旦出现瑕疵，极易增加行政机关政府信息公开工作的法律风险。而且由于政府信息公开涉及的法律、法规、规章多，领域分布广，新情况、新问题不断出现，一旦处理不当容易引发社会矛盾。

一　政府信息公开申请的受理及答复

（一）申请人资格问题

1. 2008年《条例》设置了申请条件

2008年《条例》第13条规定了公民、法人或者其他组织可以根据自身生产、生活、科研等特殊需要，向国务院部门、地方各级人民政府及县级以上地方人民政府部门申请获取相关政府信息。《国务院办公厅关于施行〈中华人民共和国政府信息公开条例〉若干问题的意见》（国办发〔2008〕36号）也规定"行政机关对申请人申请公开与本人生产、生活、科研等特殊需要无关的政府信息，可以不予提供"。据此，《条例》在实施的初期，人为地设置了申请人申请信息公开应满足"三需要"的申请条件，具体来讲，申请公开的信息是基于本人名义和本人的需要，而且是满足自身的合法需要，不是违法之需，与自己的生产、生活、科研等活动有关，不与上述活动有关或是与他人的生产、生活、科研等活动有关，则不具有申请人资格。

政府信息公开的目的不仅在于为人民群众生产、生活和经济社会活动提供服务，更在于提高政府工作的透明度，监督行政机关依法行政。"三需要"条款虽然可以防止申请人滥用申请权、浪费政府信息公开资源，但该条款限定只有与信息具有特殊关联的人才享有获取该政府信息的权利和利益，因此，从政府信息公开制度的初衷来看，并不符合政府信息公开的制度理念。

2. 2019年修订的《条例》取消了"三需要"制度

在2019年《条例》修订时，考虑到"三需要"在《条例》实施以来确实构成对民众申请信息公开的不当限制，而且实践中各级行政机关难以有效准确把握"三需要"的内涵和外延，导致实践中申请人资格把握的宽严程度各有不一，政府信息公开工作推进受到影响，司法部负责人强调，删除"三需要"表述，"能够更加体现建设阳光透明法治政府的总体方向，方便社会公众依法申请获取相关政府信息"，因此2019年修订的《条例》取消了"三需要"制度。

2019年《条例》第27条规定："除行政机关主动公开的政府信息外，公民、法人或者其他组织可以向地方各级人民政府、对外以自己名义履行行政管理职能的县级以上人民政府部门（含本条例第10条第二款规定的派出机构、内设机构）申请获取相关政府信息。"据此，修订后的《条例》只要求申请人为"公民、法人、其他组织"，未设置其他资格条件。

（二）政府信息公开申请的途径

为提高答复的准确性和合法性，降低行政复议、行政诉讼风险，济宁市兖州区自然资源局将政府信息公开的职能调整到政策法规科，由政策法规科负责政府信息公开申请的受理和答复，把好法规关。根据《条例》第31条的规定，济宁市兖州区自然资源局确定了三种申请接受渠道，并通过《政府信息公开指南》在济宁市兖州区政府门户网站公开，具体如下。

1. 当面提交

济宁市兖州区自然资源局在政策法规科设立政府信息公开申请受理点，申请人可到现场当面提交申请。2014—2022年，济宁市兖州区自然资源局通过当面提交接收的申请数量占全部申请的40%。

2. 信函申请

申请人可通过邮政寄送方式向济宁市兖州区自然资源局提交申请。2014—2022年，济宁市兖州区自然资源局通过信函接收的申请数量占全部申请的45%。

3. 网上申请

申请人可在"济宁市兖州区人民政府"门户网站"政府信息公开"—"依申请公开"专栏点击"网上申请",填写申请内容及相关信息。2014—2022年,济宁市兖州区自然资源局通过网络接收的申请数量占全部申请的15%。

以上是政府信息公开申请的主要方式,《国务院办公厅政府信息与政务公开办公室关于政府信息公开申请接收渠道问题的解释》的规定,为进一步便利申请人,鼓励行政机关根据自身实际,开通传真、在线申请、电子邮箱等多样化申请接收渠道,因此一些地方人民政府增加了其他申请方式,如北京市人民政府增加了传真提交的申请方式,临清市人民政府增加了电子邮箱的申请方式。

需要说明的是,行政机关应当将本单位所开通的申请接收渠道及具体的使用注意事项,在《政府信息公开指南》中专门说明并向社会公告,申请人应按照行政机关公布《政府信息公开指南》中的申请接受渠道提交申请,如果申请人未按照行政机关公告《政府信息公开指南》列出的渠道提出申请,行政机关可以不承担相应的法律义务,如果行政机关没有按照要求专门说明并公告的,应当充分尊重申请人的选择。

(三)政府信息公开申请的答复

各地人民政府在贯彻落实《条例》的过程中,积极履行政府信息公开职责,不断探索,积累了丰富的工作经验,为《条例》的修订奠定了坚实基础,有些内容甚至在《条例》修订时被吸收采纳。2020年,江苏省人民政府办公厅研究制定了《江苏省政府信息公开申请办理答复规范》,是全国首个对行政机关依法答复信息公开申请做出统一规范的省份,因其对新条例理解准确、操作性强,由国务院办公厅国办公开办函〔2020〕2号文件在全国转发推广。济宁市政府办公室按照文件精神制定了新的《济宁市政府信息依申请公开答复格式文书》。

《条例》实施以来,济宁市兖州区自然资源局认真贯彻落实《条例》,持续完善政府信息公开申请办理工作,建立健全政府信息公开申请登记、审核、办理、答复、归档的工作制度,切实做到严把"五关",严格按照

《济宁市政府信息依申请公开答复格式文书》规范答复，按照法定时限和程序，严谨规范、慎重稳妥地做好政府信息公开申请答复工作。

1. 把好受理关

在接到政府信息公开申请后，第一时间审核申请人提交的申请内容是否包括《条例》第 29 条规定的三项内容，若申请内容齐全，按照办理程序处理；若申请内容不齐全，在收到申请之日起 7 个工作日内一次性告知申请人进行补正。把好受理关一方面便于行政机关准确、及时地查询申请内容，杜绝因申请内容不全面引起的答复不准确问题，另一方面确保申请人能够规范申请、及时获取需要的政府信息。

2. 把好查询关

主要解决申请人要求获取的政府信息，是否由本机关制作或获取。济宁市兖州区自然资源局制度规定，按照"谁制作、谁公开，谁获取、谁公开，谁主办、谁负责"的原则，各科室、单位是公开的责任主体，负责查询申请中涉及本科室、单位的政府信息。在查询时需要做到严肃、认真，尽到积极的检索、查找义务，重视证据的固定保存，比如检索留痕的截图、纸质版证明等，通过纸质档案查询的，留存查询记录，通过电子档案系统查询的，留存查询截图等，以便在发生争议时作为证据使用。

3. 把好审查关

主要解决本机关对持有的申请人申请公开的政府信息是否予以公开，注意以下几种类型不予公开：（1）涉及国家秘密，法律、行政法规禁止公开的；（2）公开后可能危及国家安全、公共安全、经济安全和社会稳定的，注意此答复方式须有充分的理由方可适用；（3）涉及商业秘密、个人隐私等公开会对第三方合法权益造成损害，第三方不同意公开且有合理理由的，但是第三方不同意公开但行政机关认为不公开可能对公共利益造成重大影响的除外。以下几种类型可以不予公开：（1）属于行政机关工资财务、人事管理、后勤管理、内部工作流程等内部事务信息；（2）属于行政机关在履行行政管理职能过程中形成的讨论记录、过程稿、磋商信函、请示报告等过程性信息，法律、法规、规章规定上述信息应当公开的除外；（3）属于行政执法案卷信息，法律、法规、规章规定上述信息应当公开的除外；（4）属于工商、不动产登记资料等信息，有关法律、行政法规对信息的获取有特别规定的，告知申请人依照有关法律、行政法规的规定办理。需要注意的是，对于不予公开的信息同时要说明不予公开的理由。不能确定政府信息是否可以公开的，应当依照法律、法规和国家有关规定报有关主管部门或者保密行政管理部门确定。

4. 把好核查关

主要审查答复书中理由是否充分、引用依据是否准确，特别是不予公开的理由应当符合《条例》的规定，防止行政机关怠于履行公开职责而影响申请人的合法权益。同时，认真核查答复书中予以公开、不予公开等情形与所引用《条例》条款依据是否对应，避免出现事实理由与适用依据错位情况。

5. 把好答复关

答复质量是依法推进政府信息依申请公开的最终落脚点，也是衡量工作成效的主要标志。答复要切实做到严谨、规范、合法，注重时限，保证质量符合要求。答复书严格按照《济宁市政府信息依申请公开答复格式文书》规范制作，能够当场答复的，当场予以答复；不能当场答复的，严格在收到申请之日起20个工作日内予以答复，并按照申请人提供的答复途径进行答复，切实保障群众依法获取政府信息的权利。

二 济宁市兖州区自然资源局政府信息公开申请形势

（一）政府信息公开申请现状

1. 申请数量呈现逐年增长趋势

根据济宁市兖州区自然资源局政府信息公开年报，政府信息公开申请数据为2014年3件，2015年6件，2016年8件，2017年18件，2018年23件，2019年24件，2020年30件，2021年43件，2022年51件，呈逐年上升趋势。随着《条例》的广泛深入宣传，逐渐被民众熟知，民众对自然资源领域的热点、难点问题关注度日益提高，且土地问题、城乡规划问题关系自己的切身利益，信息公开作为维权的新渠道，民众申请的数量大幅增长。

2. 政府信息公开申请集中体现在土地征收和规划许可环节

2014年以来，济宁市兖州区自然资源局收到的政府信息公开申请主要包括土地征收、土地供应、规划许可和行政处罚等。其中，土地征收和规划许可信息公开申请186件，占比90%，是政府信息公开的主要内容。申请人提出的政府信息公开申请反映出土地征收程序和补偿费支付问题突出，重点是多年以前的征地问题，例如对土地征收环节存在异议、不满意村委会土地征收补偿费分配和支付方式等，且申请事项和信访事项交叉重叠，申请人以取得的政府信息公开答复材料作为支持其信访的材料。

3. 一人多次申请和向多部门重复申请现象突出

申请公开信息大多为涉及农村土地征收和棚户区改造的事项。为达到目的，同一申请人针对同一行为的不同环节或者针对同一行为分别向省人民政府、省自然资源厅、市人民政府、市自然资源和规划局、区人民政府、区自然资源局反复提出申请，以获得相应的证据或依据，从而便于后期的复议或诉讼。如李某某一人多次申请，先后申请棚户区改造项目范堂片区的征地拆迁红线范围、拆迁安置房分配方案和实施细则以及各户所得安置面积、建设用地规划许可、范堂村拟征收土地补偿安置方案、征地公告、征收土地批准文件、土地征收申报材料、勘测定界图、锦绣北里小区的规划许可材料等；张某某同时向省自然资源厅、市自然资源和规划局、区人民政府、区自然资源局提出以下申请：鲁南高铁（曲阜至菏泽段）建设项目所涉及地块的征地补偿安置方案及公告、拟征地公告、征地公告、建设项目用地批准文件及申报材料、建设项目用地批准文件及申报材料、征地批文及申报材料（一书四方案、征地调查确认表、土地利用总体规划图、土地利用现状图、勘测定界技术报告书和勘测定界图、征地红线图等）、用地预审文件。同时向多部门进行申请，对基层受理机关来说，意味着同一内容需按照不同答复要求进行多次答复，进一步加重了基层工作量。

（二）政府信息公开申请特点分析

1. 政府信息公开申请呈多元化、复杂化趋势

政府信息公开申请涉及范围趋于广泛，内容更加敏感，动机更加多样复杂。2019年机构改革前，土地类信息公开，尤其是征地信息公开，是政府信息公开申请的热点和焦点，涉及土地规划、预审、征收、供应、权

属多个环节。2019年机构改革后,土地类和城乡规划类信息公开成为政府信息公开申请的两个重要方面。在实务中,一些申请人除有直接目的之外,还有潜在的动机,主要是收集政府信息以作为后续的行政复议、行政诉讼或民事诉讼证据使用或信访举报的支撑材料使用。

2. 律师代理和政府信息公开的可诉性特征不断显现

随着民众法律意识的逐渐提高,近年来,申请人委托律师参与政府信息公开申请的数量明显增加,且多委托北京律师,申请表的填写更加专业,申请内容也更加细致,由批准文件转向审批的中间环节和相关依据方面。如姜某某通过6张信息公开申请表申请某项目土地征收报批的审批材料,代某某等三人通过7张信息公开申请表申请某项目土地征收报批的审批材料和土地供应材料。随着律师介入情况的明显增多,容易暴露信息公开答复中的问题或瑕疵,即使答复不存在问题或瑕疵,律师也会为达到申请人的目的诉诸法律,加大了信息公开的法律风险,随之而来的是行政复议和行政诉讼。近年来,济宁市兖州区自然资源局涉及信息公开的行政复议有2件,涉及信息公开的行政诉讼有6件。

3. 政府信息公开申请与政策咨询、举报投诉相互交织

近年来,济宁市兖州区自然资源局收到的政府信息公开申请中,申请人以政府信息公开名义咨询政策法律问题、核实情况、举报投诉的现象屡见不鲜,焦点仍集中在征地补偿、土地出让和城乡规划方面,多以维权和争取利益为目的。信息公开申请与信访举报、投诉等相互交织、密切相关,极易形成群体性申请,引发不稳定因素。如沙某某因对拆迁补偿不满申请龙桥街道某棚户区改造项目的征地信息,张某某因对征地补偿不满申请漕河镇某飞机场建设项目的征地信息和土地出让信息,武某某因对征地补偿不满申请新兖镇某高速项目的征地信息。

三 政府信息公开申请实践中需要注意的几个问题

(一)注意区分政府信息公开与信访、业务咨询的不同

随着政府信息公开申请数量的增加,越来越多的民众试图通过政府信息公开申请的途径解决问题。在实践中,出现部分申请人将政府信息公开

申请与其他业务相混淆的情况，最常见的是申请人以政府信息公开申请名义进行信访、投诉、举报或业务咨询。为此，行政机关收到申请人申请后，应首先甄别判断，排除不属于政府信息公开的申请，根据《条例》第 39 条规定，申请人以政府信息公开申请的形式进行信访、投诉、举报等活动，行政机关应当告知申请人不作为政府信息公开申请处理并可以告知通过相应渠道提出。事实上，政府信息公开与信访、投诉、举报、业务咨询无论是概念还是处理方式、救济途径等均存在明显差别。

1. 概念不同

政府信息公开是指申请人向行政机关申请公开该机关在履行行政管理职能过程中制作或者获取的，以一定形式记录、保存的信息。该信息是已经生成的现有信息，无须重新加工、制作，公开的形式是提供复印件或其他适当形式。信访是指公民、法人或者其他组织采用网络、书信、传真、电话、走访等形式，向国家机关反映情况，提出建议、意见或者投诉请求，依法由有关国家机关处理的活动，行政机关对信访事项应当调查核实，并书面反馈信访人。投诉是指公民、法人或者其他组织认为第三人实施的违法行为侵犯自身合法权益，请求行政机关依法查处的行为。举报是指公民、法人或者其他组织认为第三人实施的违法行为侵犯他人合法权益或者国家利益、社会公共利益，请求行政机关依法查处的行为。业务咨询则指公民、法人或者其他组织向行政机关了解、请教业务问题，询问、征求对业务的对策和建议。

2. 救济途径不同

申请人如对行政机关信息公开答复不满，认为侵犯其合法权益的，可以依法申请行政复议或提起行政诉讼。信访人对信访处理意见不服的，可以向原办理机关的上一级机关复查。对复查意见不服的，可以向复查机关的上一级机关请求复核，但不能申请行政复议或提起行政诉讼。投诉人认为行政机关对其投诉作出或者未作出处理的行为侵犯其合法权益的，可以依法申请行政复议或提起行政诉讼。行政机关对举报人的举报作出或者未作出处理的行为，举报人不能申请行政复议或提起行政诉讼。行政机关对业务咨询问题出具答复意见属于行政指导行为，对当事人不具强制力且不直接产生法律效果，当事人不能因此申请行政复议或提起行政诉讼。

(二) 政府信息公开"一事一申请"原则的把握

1. "一事一申请"的具体规定

《国务院办公厅关于做好政府信息依申请公开工作的意见》(国办发〔2010〕5号)第3条明确"一事一申请"原则,"在实际工作中,有时会遇到一个申请要求公开分属多个行政机关制作或保存的政府信息,有的申请公开的信息类别和项目繁多,受理机关既不能如需提供,又难以——指明哪条信息不存在、哪条信息属于哪个行政机关公开,影响了办理时效。为提高工作效率,方便申请人尽快获取所申请公开的信息,对一些要求公开项目较多的申请,受理机关可要求申请人按照'一事一申请'原则对申请方式加以调整,即一个政府信息公开申请只对应一个政府信息项目。同时,对将申请公开的政府信息拆分过细的情况,即申请人就一个具体事项向同一行政机关提出多个内容相近的信息公开申请,行政机关需要对现有的信息进行拆分处理才能答复,受理机关可要求申请人对所提申请作适当归并处理。"根据上述规定,"一事一申请"原则具有两面性:一方面,对要求公开项目较多的申请,行政机关可要求申请人按照"一事一申请"原则加以调整;另一方面,政府信息拆分过细的,行政机关可以要求申请人对所提申请作适当归并处理。该原则主要是为了提高行政效率,同时又保障申请人的知情权而确立的。

据此,申请人向行政机关申请公开政府信息应当符合《条例》的立法宗旨,且符合"一事一申请"原则,否则,政府信息公开的制度功能将无从发挥。

2. 申请人违反"一事一申请"原则如何处理

《条例》第30条规定:"政府信息公开申请内容不明确的,行政机关应当给予指导和释明,并自收到申请之日起7个工作日内一次性告知申请人作出补正,说明需要补正的事项和合理的补正期限。"据此,如果申请人的申请明显违反"一事一申请"原则,行政机关应要求申请人采用"一个政府信息公开申请对应一个政府信息项目的申请方式",重新提出申请。申请人按照要求重新提出申请即可。

3. 行政机关如何把握"一事一申请"原则

行政机关在办理政府信息公开申请时,要正确使用"一事一申请"

原则，要求申请人提出申请公开的信息应内容明确，尽量特定化、具体化，以便使行政机关提高工作效率，尽快寻找、确定并提供给申请人希望获得的政府信息。如果申请人提供的描述过于笼统，必然会增加政府机关检索的工作量，影响政府机关的正常运作。

实践中，对"一事一申请"原则应限制使用，更不能滥用，有时候，申请人的申请书提出的多项政府信息并不违反"一事一申请"原则，而且内容具体明确，但因行政机关嫌麻烦，或者是想给申请人制造心理压力，直接以申请人违反"一事一申请"原则为由，让申请人重新提交申请。显然这种做法违反高效、方便、节约的原则，与"一事一申请"原则的初衷相违背，也存在法律风险。

总之，"一事一申请"原则是为了提高办理时效，行政机关不可滥用该原则，不能作为政府机关刁难老百姓、推诿、官僚的利器，损害申请人的合法权益。

4. 政府信息公开答复中对不存在情形的认定问题

《条例》第36条第四项规定，经检索没有所申请公开信息的，告知申请人该政府信息不存在。在实践中，行政机关经常会作出答复"政府信息不存在"或者答复"未制作""未获取""未保存""未找到"相应的政府信息，在现行立法未对"政府信息不存在"的内涵和外延作出明确界定的情况下，以上情形均可视为属于"政府信息不存在"范畴。

行政机关作出政府信息不存在的答复时，要坚持实事求是的原则，既不能为了不提供政府信息弄虚作假认定政府信息不存在，也不能敷衍了事未查询到政府信息简单作出不存在的结论。法院在审理此类案件时，对政府信息是否存在的判定标准是行政机关是否已经尽了积极的检索义务，判断的通常方法是查明行政机关是否确实尽到了积极的检索、查找义务，将相应查找和检索情况告知申请人，并就应当制作、获取、保存但未制作、未获取、未保存等情况作出合理说明的，即应视为履行了政府信息公开义务。同时，行政机关应当充分重视证据的固定保存，比如检索留痕的截图、纸质版证明等，以此证明已经尽到合理的检索义务。如果行政机关无法提供已经检索的证据，将承担举证不能的败诉后果。

四 结语

政府信息公开申请对建设法治政府和服务型政府，保障公众知情权、推进治理能力现代化具有十分重要的意义。政府信息公开渠道的畅通、答复内容的便民准确能有效提升政府形象、拉近干群关系。下一步，济宁市兖州区将以政府信息公开申请工作为切入点，围绕群众关心关注的热点问题，进一步加强政府信息公开工作的主动性，全力提升服务水平。

第七编 政务公开调研报告

自由贸易试验区政务透明度指数报告（2022）
——以自贸区政府网站信息公开为视角

中国社会科学院国家法治指数研究中心项目组[*]

摘　要：2023年，中国社会科学院国家法治指数研究中心、法学研究所法治指数创新工程项目组从决策公开、管理公开、服务公开、执行公开、结果公开、平台建设、依申请公开等方面，对全国21家自由贸易试验区及各自贸区所辖的65家自由贸易试验区片区公开政府信息的情况进行了第三方评估。结果显示，自由贸易试验区的信息公开缺乏统一标准，各自贸区对于依申请公开问题的理解标准不一致，且各自贸区信息公开情况差距较大，地区之间的差异明显，各自贸区的信息公开情况仍有较大提升空间。为此，应进一步明确信息公开标准，加大信息公开力度，加强公开平台建设，完善自贸区管理体制和制度。

关键字：自贸区　政府信息公开　政务公开　透明度　政府网站

为了推动自由贸易试验区政务公开，助力优化营商环境，促进自由贸易试验区全面发展，2023年，中国社会科学院国家法治指数研究中心、法学研究所法治指数创新工程项目组（以下简称"项目组"）继续对全国各自由贸易试验区（以下简称"自贸区"）和各自由贸易试验区片区（以

---

[*] 项目组负责人：田禾，中国社会科学院国家法治指数研究中心主任，法学研究所研究员；吕艳滨，中国社会科学院法学研究所法治国情调研室主任、研究员，中国社会科学院大学法学院行政法教研室主任、教授。项目组成员：王小梅、王祎茗、车宇婷、刘雁鹏、李玥、栗燕杰（按姓氏笔画排序）。执笔人：李玥，中国社会科学院国家法治指数研究中心学术助理；吕艳滨。

下简称"自贸区片区")的政务公开开展情况进行了调研和评估。

一 评估背景

建设自由贸易试验区是党中央在新形势下全面深化改革、扩大对外开放、优化营商环境的一项战略举措，推动形成了新一轮全面开放格局，对于坚持全方位对外开放，继续推动贸易和投资自由化便利化具有重大意义。《商务部关于支持自由贸易试验区进一步创新发展的意见》提出，要推动自贸区加强国际贸易投资合作，积极参与国际经贸合作，鼓励自贸区构建营商环境科学评价体系，进一步优化政府服务，营造法治化、国际化、便利化营商环境。2019年10月出台的《优化营商环境条例》提出，要坚持市场化、法治化、国际化原则，持续深化简政放权、放管结合、优化服务改革，以公开为常态、不公开为例外，全面推进决策、执行、管理、服务、结果公开，提升营商环境法治化水平，促进外商投资。法治、稳定、规范是良好营商环境的题中之意，公平、透明则是优化营商环境的基础。总之，提高政府透明度对于加强自贸区建设具有十分重要的意义。

二 评估概况

(一)评估对象

截至2023年4月，全国先后设立了21个自由贸易试验区，分别为：2013年9月设立的中国（上海）自由贸易试验区；2015年4月设立的中国（广东）自由贸易试验区、中国（天津）自由贸易试验区、中国（福建）自由贸易试验区；2017年3月设立的中国（四川）自由贸易试验区、中国（辽宁）自由贸易试验区、中国（浙江）自由贸易试验区、中国（河南）自由贸易试验区、中国（湖北）自由贸易试验区、中国（重庆）自由贸易试验区、中国（陕西）自由贸易试验区；2018年10月设立的中国（海南）自由贸易试验区（后建设为"海南自由贸易港"，以下称"海南自由贸易港"）；2019年8月设立的中国（山东）自由贸易试验区、中国（江苏）自由贸易试验区、中国（广西）自由贸易试验区、中国（河北）自由贸易试验区、中国（云南）自由贸易试验区、中国（黑龙江）自由贸易试验区；2020年9月设立的中国（北京）自由贸易试验区、中国（湖南）自由贸易试验区、中国（安徽）自由贸易试验区。

在数据采集期间内（2023年3月1日至2023年4月30日），全国21家自由贸易试验区均建有门户网站，均参与评估。

除海南自由贸易港的实际范围为海南岛全岛，并未涵盖片区外，其余20个自贸区共包含65个自贸区片区。在数据采集期间，中国（浙江）自由贸易试验区宁波片区、杭州片区，中国（重庆）自由贸易试验区西永片区、果园港片区，中国（江苏）自由贸易试验区苏州片区、连云港片区，中国（黑龙江）自由贸易试验区哈尔滨片区，中国（北京）自由贸易试验区科技创新片区、国际商务服务片区、高端产业片区10家自由贸易试验区片区因没有门户网站或门户网站虽经多次尝试仍无法访问，故未参与本次评估。其余参与评估的自贸区片区共计55家。

（二）评估指标

因自贸区和自贸区片区的定位与职能不同，项目组依据《中华人民共和国政府信息公开条例》、中共中央办公厅和国务院办公厅印发的《关于全面推进政务公开工作的意见》、国务院办公厅《〈关于全面推进政务公开工作的意见〉实施细则》《优化营商环境条例》等，设计了分别适用于自贸区和自贸区片区的评估指标体系。

1. 自贸区评估指标

自贸区评估指标涉及决策公开、管理公开、结果公开、平台建设、依申请公开5项一级指标，共涵盖18个二级指标（见表7-1）。决策公开包括规划计划公开、重大决策预公开、规范性文件公开、政策解读；管理公开包括自贸区介绍、机构信息、负面清单；结果公开包括信息公开年报、统计数据公开、建议提案办理结果公开、制度创新；平台建设包括网站建设、新媒体建设、互动平台建设；依申请公开包括渠道畅通性、回复及时性、答复形式规范、答复内容规范。其中，依申请公开指标的评估结果不纳入透明度指数核算。

表 7–1　　　　2022 年自贸区透明度指数评估指标体系

一级指标	二级指标
决策公开（40%）	规划计划公开（20%）
	重大决策预公开（25%）
	规范性文件公开（30%）
	政策解读（25%）
管理公开（25%）	自贸区介绍（10%）
	机构信息（40%）
	负面清单（50%）
结果公开（25%）	信息公开年报（20%）
	统计数据公开（50%）
	建议提案办理结果公开（20%）
	制度创新（10%）
平台建设（10%）	网站建设（50%）
	新媒体建设（30%）
	互动平台建设（20%）
依申请公开（0）	渠道畅通性（0）
	回复及时性（0）
	答复形式规范（0）
	答复内容规范（0）

注：权重为"0"的表示本次仅做统计分析，不计入指数得分。

2. 自贸区片区指标

自贸区片区评估指标涉及决策公开、管理和服务公开、执行和结果公开、平台建设、依申请公开 5 项一级指标，共涵盖 28 个二级指标（见表 7–2）。决策公开包括规划计划公开、重大决策预公开、规范性文件公开、政策解读；管理和服务公开包括机构信息、权责清单、负面清单、财政公开、中介服务事项清单、证明事项清单、行政事业性收费清单、告知承诺制事项目录、"证照分离"改革事项清单；执行和结果公开包括行政处罚公开、行政许可公开、"双随机、一公开"监管、重大项目公开、信息公开工作年报、统计数据公开、建议提案办理结果公开、制度创新；平台建设包括网站建设、新媒体建设、互动平台建设；依申请公开包括渠道畅通性、回复及时性、答复形式规范、答复内容规范。其中，依申请公开指标的评估结果不纳入透明度指数核算。

表 7-2　　2022 年自贸区片区透明度指数评估指标体系

一级指标	二级指标
决策公开（20%）	规划计划公开（20%）
	重大决策预公开（25%）
	规范性文件公开（30%）
	政策解读（25%）
管理和服务公开（35%）	机构信息（10%）
	权责清单（15%）
	负面清单（15%）
	财政公开（10%）
	中介服务事项清单（10%）
	证明事项清单（10%）
	行政事业性收费清单（10%）
	告知承诺制事项目录（10%）
	"证照分离"改革事项清单（10%）
执行和结果公开（35%）	行政处罚公开（15%）
	行政许可公开（15%）
	"双随机、一公开"监管（15%）
	重大项目公开（15%）
	信息公开工作年报（10%）
	统计数据公开（10%）
	建议提案办理结果公开（10%）
	制度创新（10%）

续表

一级指标	二级指标
平台建设（10%）	网站建设（50%）
	新媒体建设（30%）
	互动平台建设（20%）
依申请公开（0）	渠道畅通性（0）
	回复及时性（0）
	答复形式规范（0）
	答复内容规范（0）

注：权重为"0"的表示本次仅做统计分析，不计入指数得分。

（三）评估方法

项目组以各自贸区和自贸区片区的网站平台、微信平台和微博平台为依据，采集评估指标体系中各项信息的公开情况。数据采集区间为2023年3月1日至2023年4月30日。其中网站平台为主要数据来源和评估依据，微信平台与微博平台仅作为平台建设情况板块的部分评估数据来源。

三 评估总体结果

（一）自贸区的评估结果

参与评估的21家自贸区透明度的结果分布区间为：总分在60分以上的自贸区有8家，分别为中国（广东）自由贸易试验区、中国（重庆）自由贸易试验区、海南自由贸易港、中国（湖南）自由贸易试验区、中国（陕西）自由贸易试验区、中国（上海）自由贸易试验区、中国（福建）自由贸易试验区、中国（天津）自由贸易试验区。总分在50分至60分的自贸区有4家，分别为中国（广西）自由贸易试验区、中国（北京）自由贸易试验区、中国（云南）自由贸易试验区、中国（安徽）自由贸易试验区。总分在40分至50分的自贸区有6家，分别为中国（浙江）自由贸易试验区、中国（黑龙江）自由贸易试验区、中国

（山东）自由贸易试验区、中国（四川）自由贸易试验区、中国（湖北）自由贸易试验区、中国（河南）自由贸易试验区。总分在30分至40分的自贸区有2家，分别为中国（河北）自由贸易试验区、中国（江苏）自由贸易试验区。总分在30分以下的自贸区有1家，为中国（辽宁）自由贸易试验区。

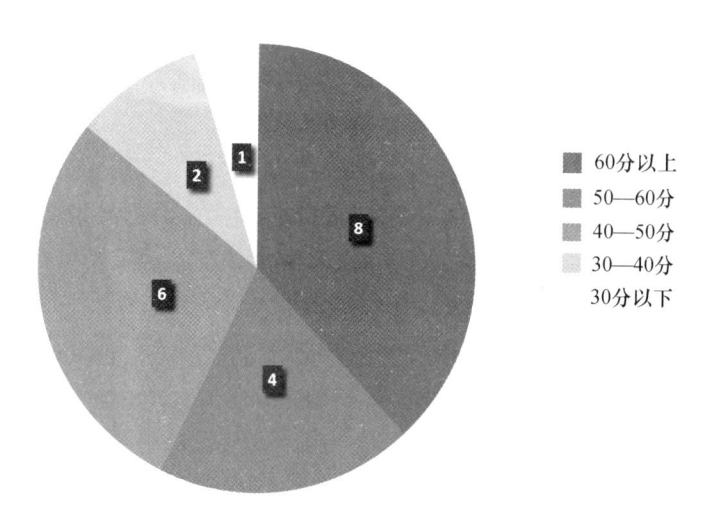

图7-1 自贸区透明度结果分布区间

（二）自贸区片区的评估结果

在此次评估中，自贸区片区透明度成绩较为优异的为：中国（上海）自由贸易试验区世博片区、中国（上海）自由贸易试验区临港片区、中国（广东）自由贸易试验区深圳前海蛇口片区、中国（广东）自由贸易试验区广州南沙新区片区、中国（福建）自由贸易试验区平潭片区、中国（上海）自由贸易试验区张江高科技片区、中国（上海）自由贸易试验区金桥开发片区、中国（上海）自由贸易试验区陆家嘴金融片区、中国（上海）自由贸易试验区保税区片区、中国（湖北）自由贸易试验区武汉片区、中国（辽宁）自由贸易试验区营口片区、中国（云南）自由贸易试验区昆明片区、中国（陕西）自由贸易试验区西安国际港务区片区、中国（辽宁）自由贸易试验区大连片区、中国（浙江）自由贸易试验区舟山片区、中国（广西）自由贸易试验区南宁片区、中国（天津）自由贸易试验区滨海新区中心商务片区、中国（广西）自由贸易试验区钦州港片区、中国（天津）自由贸易试验区天津港片区、中国（广东）自由贸易试验区珠海横琴新区片区、中国（广西）自由贸易试验区崇左片区、中国（福建）自由贸易试验区厦门片区、中国（四川）自由贸易试验区成都天府新区片区、中国（江苏）自由贸易试验区南京片区、中国（福建）自由贸易试验区福州片区、中国（河南）自由贸易试验区洛阳片区、中国（山东）自由贸易试验区青岛片区、中国（湖南）自由贸易试验区郴州片区、中国（陕西）自由贸易试验区杨凌示范区片区、中国（重庆）自由贸易试验区两江片区。

（三）各自贸区评估的加权结果

基于对自贸区和自贸区片区的评估结果，项目组按照自贸区和自贸区片区各占50%的比例，以加权平均法核算了各自贸区的最终评估结果。其中因海南自由贸易港无所辖片区，故以自贸区评估成绩作为最终加权成绩。中国（北京）自由贸易试验区有所辖片区，但无片区网站，故片区部分记零分。

建设情况较好的自贸区为：中国（上海）自由贸易试验区、中国（广东）自由贸易试验区、中国海南自由贸易港、中国（福建）自由贸易试验区、中国（广西）自由贸易试验区、中国（天津）自由贸易试验区、中国（陕西）自由贸易试验区、中国（湖南）自由贸易试验区、中国（云南）自由贸易试验区、中国（湖北）自由贸易试验区。

其中，70分以上的有2家，分别为：中国（上海）自由贸易试验区、中国（广东）自由贸易试验区。60分至70分的有2家，分别为：海南自由贸易港、中国（福建）自由贸易试验区。50分至60分的有3家，分别为：中国（广西）自由贸易试验区、中国（天津）自由贸易试验区、中国（陕西）自由贸易试验区。40分至50分的有4家，分别为：中国（湖南）自由贸易试验区、中国（云南）自由贸易试验区、中国（湖北）自由贸易试验区、中国（辽宁）自由贸易试验区。30分至40分的有7家，分别为：中国（重庆）自由贸易试验区、中国（山东）自由贸易试验区、中国（四川）自由贸易试验区、中国（河南）自由贸易试验区、中国

（浙江）自由贸易试验区、中国（安徽）自由贸易试验区、中国（河北）自由贸易试验区。30分以下的有3家，分别为中国（黑龙江）自由贸易试验区、中国（北京）自由贸易试验区、中国（江苏）自由贸易试验区（见图7-2）。

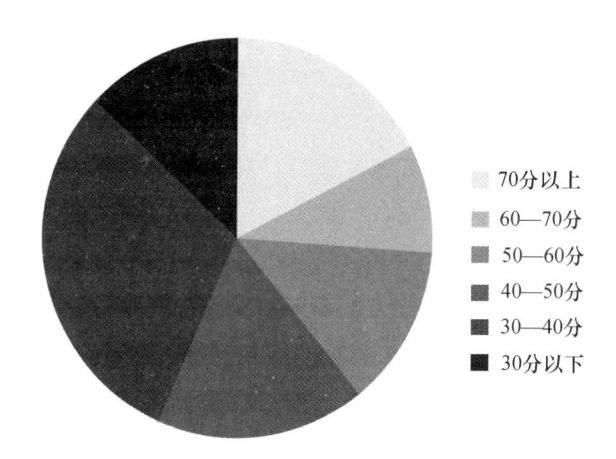

图7-2　2022年各自贸区透明度指数评估加权结果

（四）自贸区政务公开总体情况

1. 各自贸区总体建设水平全面提升，但差距仍然存在

总体来看，各自贸区成绩提升显著，其中，第一名中国（广东）自由贸易试验区得分最高，为69.05分，同比增长32%；第二名中国（重庆）自由贸易试验区66.07分，同比增长15%，两者差距2.98分。值得一提的是，中国（山东）自由贸易试验区同比增幅态势最为强劲，增幅比例为173%；其次是中国（河南）自由贸易试验区，增幅比例为111%。中国（辽宁）自由贸易试验区得分最低，为26.77分，与最高分相差42.28分，同比负增长12%，成绩相差悬殊。另外，在21家评估对象中，60分以上的有8家，成绩呈正比例增长的有18家。

片区之中，70分以上的有10家（见图7-3），分别为：中国（上海）自由贸易试验区世博片区、中国（上海）自由贸易试验区临港片区、中国（广东）自由贸易试验区深圳前海蛇口片区、中国（广东）自由贸易试验区广州南沙新区片区、中国（福建）自由贸易试验区平潭片区、中国（上海）自由贸易试验区张江高科技片区、中国（上海）自由贸易试验区金桥开发片区、中国（上海）自由贸易试验区陆家嘴金融片区、中国（上海）自由贸易试验区保税片区、中国（湖北）自由贸易试验区武汉片区。60分至70分的有6家，分别为：中国（辽宁）自由贸易试验区营口片区、中国（云南）自由贸易试验区昆明片区、中国（陕西）自由贸易试验区西安国际港务片区、中国（辽宁）自由贸易试验区大连片区、中国（浙江）自由贸易试验区舟山片区和中国（广西）自由贸易试验区南宁片区。其中最高分为中国（上海）自由贸易试验区世博片区79.76分，最低分中国（黑龙江）自由贸易试验区绥芬河片区10.10分，相差69.66分，分数悬殊。

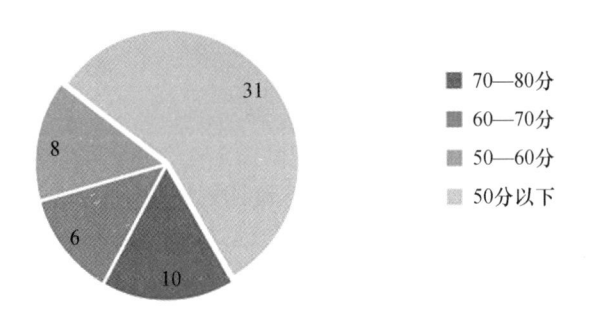

图7-3　自贸区政府透明度评估结果分布示意图

由此可见，各自贸区政务公开情况各不相同，尚未形成统一的自贸区政府信息公开标准，政务公开工作成果差距较大。

2. 各自贸区评估结果地区差异明显

从各自贸区评估的结果来看，地区之间差异明显。评估显示，前五名的中国（广东）自由贸易试验区、中国（重庆）自由贸易试验区、海南自由贸易港、中国（湖南）自由贸易试验区、中国（陕西）自由贸易试验区均位于经济较为发达的地区，与经济发展较为滞后的地区相比，透明度水平相对更高。另外，从南北方来看，位于南方地区的自贸区透明度水平相对较高，在评估结果前十名中，南方地区占7家，北方地区占3家。评估结果显示，前五名的自贸区中位于北方地区的自贸区有1家；相比去年的评估结果，跻身进前十名位于北方的自贸区的3家自贸区依然是上一年度评估报告中跻身进前十名的评估对象。

总体来看，经济发达地区和经济欠发达地区的自贸区透明度差异明显，南北差异也相对突出。经济发达地区自贸区透明度水平整体上要好于经济欠发达地区，南方地区自贸区透明度水平整体上要好于北方地区。

3. 自贸区政务公开平台建设有所改进，但仍需提升

自 2013 年中国（上海）自由贸易试验区建立以来，全国陆续设立了 21 个自由贸易试验区，共涵盖 65 个自贸区片区。最晚的为 2020 年 9 月建立的中国（北京）自由贸易试验区、中国（湖南）自由贸易试验区、中国（安徽）自由贸易试验区 3 个自由贸易试验区。因为各自贸区建立时间的不同，各自贸区在信息公开水平层面也存在差异。但是相比于上一年度的评估结果，2022 年的评估结果在一定程度上有进步之处。

评估发现，部分自贸区政务公开程度有所提高，信息不公开以及信息公开不及时的现象有明显的改善。以中国（山东）自由贸易试验区为例，其网站新增设了政策解读专栏，弥补了以往政策解读文件不集约化的情况，这一举措有利于方便社会公众查询相关政策文件信息。

但部分设立较晚的自贸区以及自贸区片区的网站部分功能依旧相对薄弱、实用性有待提高，应继续明确相关标准和内容，完善相关制度。

四 决策公开水平有所提高，但文件公开质量还有上升空间

决策公开是自贸区网站建设的重要板块之一，是公众和企业了解自贸区政策方向的一项重要途径，也是确保商业投资行为可预期的前提条件，同时《优化营商环境条例》中也指出了，营商环境是影响市场活力和社会创造力的决定性因素。良好的营商环境有利于激发自贸区经济市场的活力。

1. 决策公开工作取得的进展

评估显示，自贸区现阶段在规范性文件公开、政策解读、总体发展规划、决策预公开方面都有比较突出的表现。

（1）规范性文件公开情况良好

评估显示，有 19 家自贸区设置了规范性文件专栏，占 90%，且专栏

大多数位于网站明显位置，便于公众查找检索信息。值得一提的是，专栏内公开的规范性文件类型丰富，涵盖跨境业务、招商投资、产业促进、区域创新和人才引进各类文件，其中以上五种类型的政策性文件均发布的有20家，占95%。另外，为了考察文件上网的及时性，项目组对这21家自贸区的文件发布时间进行了抽查（随机抽查3件），发现有10家自贸区在被抽查文件成文后的20个工作日内，及时将文件公布上网；6家自贸区存在部分被抽查文件公开不及时的情况，还有5家自贸区被抽查的文件发布时间均不及时。从结果来看，各自贸区主体的努力方向应由信息公开向对公众的数据共享转变，高效及时地把相关政策与市场行情传递给投资者，提振投资者的投资信心，促进自贸区经济市场的高速发展，加快构建新发展格局。

同时，政策解读是公众理解政策内容的重要方式，也有助于自贸区内的政策落地实施。评估显示，21家自贸区门户网站中，只有3家自贸区门户网站没有设置政策解读公开专栏，在设置了政策解读公开专栏的19家中，其中12家自贸区门户网站的2022年度政策解读类文件数量超过6件，占57.14%；还有4家自贸区门户网站在专栏公布了2022年度的政策解读类文件，占19.05%。在政策解读的形式丰富方面，有11个自贸区有三种及以上的政策解读形式，占28.51%；8个自贸区有两种政策解读形式，占52.38%。其中，有三种及以上政策解读形式的12家自贸区，分别为中国（上海）自由贸易试验区、中国（广东）自由贸易试验区、中国（天津）自由贸易试验区、中国（福建）自由贸易试验区、中国（四川）自由贸易试验区、中国（重庆）自由贸易试验区、中国（陕西）自由贸易试验区、海南自由贸易港、中国（山东）自由贸易试验区、中国（江苏）自由贸易试验区、中国（广西）自由贸易试验区、中国（北京）自由贸易试验区。其政策解读形式多为图片和文字，其中文字有专家解读、问答收集的形式，问答式的解读用通俗易懂的语言对政策法规进行解读，更有利于民众与企业对政策内容加以理解。

值得一提的是，自贸区片区的政策解读情况也相对较好。根据评估结果，55家自贸区片区门户网站中，48家自贸区片区在门户网站设置政策解读公开专栏，占比87.27%。在这48家自贸区片区中，进一步公开了2022年度政策解读类文件的有42家，其中有27家发布了超过6件及以上的政策解读类文件，剩余15家在门户网站专栏发布了2022年度的政策解读类文件。比如中国（广东）自由贸易试验区广州南沙新区片区、中国（河北）自由贸易试验区雄安片区。在政策解读的形式丰富方面，有24家自贸区片区有三种及以上的政策解读形式，占比43.64%，有18家自贸区片区有两种及以上的政策解读形式，占比32.73%。

（2）自贸区总体发展规划及自贸片区规划计划公开相对较好

自贸区总体发展规划与年度计划是一个地区未来发展的宏图，是合理统筹城市布局和城市建设项目的抓手，是城市建设管理运行的龙头，也是帮助公众了解自贸区发展前景和方向的有效途径，重视规划计划工作并及时向公众公开十分重要。参与评估的21家自贸区门户网站全都公开了本区整体发展规划；55家自贸区片区中有36家评估主体公开了本片区的整体发展规划，占65.45%。自贸区片区显然要比自贸区做得更好。

在21家自贸区中，仅中国（福建）自由贸易试验区1家设置了规划计划专栏；但是55家自贸区片区中，有32家门户网站设置了规划计划公开专栏，其中30家在门户网站专栏内公开了本区域内专项规划、区域规划、项目计划等相关政策，更加方便公众和企业查看和了解本区域内相关的规划计划。

（3）决策预公开和草案公开与意见征集工作比较到位

《关于全面推进政务公开工作的意见》中指出，实行重大决策预公开制度，涉及群众切身利益、需要社会广泛知晓的重要改革方案、重大政策措施、重点工程项目，除依法应当保密的外，在决策确定前应向社会公布决策草案、决策依据，通过听证座谈、调查研究、咨询协商、媒体沟通等方式广泛听取公众意见，以适当方式公布意见收集和采纳情况。

评估显示，有17家自贸区门户网站公开了过往相关决策草案或征求意见，并且在草案公开通知中明确了意见征集的渠道，占80.95%。较上一年度评估数据同比增长41.67%。这有利于推动自贸区营商环境高质量发展，进一步推进政策下沉，也有利于民众在涉及切身利益的重大决策面前拥有充分的知情权与参与权。

有37家自贸区片区在门户网站中公开了过往相关决策草案或征求意见，占52.94%，较之上一年度评估数据同比增长37.04%。另外，在这37家中有24家公布了草案解读，其中14家公布了意见汇总和采纳情况。

2. 决策公开工作中面临的问题

（1）自贸区短期计划公开有待提高

就自贸区规划计划专栏和年度计划公开而言，多数自贸区存在未设置规划计划专栏、未公开年度发展计划的情况。在规划、计划专栏设置一项中，只有1家自贸区在其网站首页设置了"方案与规划"一栏，但其内容仅仅是国务院发布的各自贸区的规划文件。在年度计划一项中，仅有1家自贸区公布了2022年度发展计划，其余20家自贸区并未发布2022年度发展计划。

在参与评估的55家片区中，32家自贸区片区网站设置了规划、计划专栏，占58.18%；仅3家自贸区片区公布了2022年度发展计划，占5.45%。

（2）文件上网及时性有待改善

政府门户网站是公众获取权威信息的重要来源。评估发现，部分评估对象政务公开流于形式，存在信息公开不及时的情况。项目组通过随机抽查3个规范性文件上网情况对规范性文件公开的及时性进行评估。结果显示，共有10家自贸区网站的抽查样本均在文件成文后20个工作日内及时上网，占47.62%；6家自贸区网站有1个文件上传不及时，占28.57%；5家自贸区抽查的文件上传都不及时，占23.81%。

各自贸区片区情况类似，在抽查的3个规范性文件上网情况中，有28家自贸区片区网站的抽查样本均在文件成文后20个工作日内及时上网，占50.91%；有16家自贸区片区网站在3个抽查样本中有1个文件上传不及时，占29.09%；6家自贸区片区网站在3个抽查样本中有2个文件上传不及时，占10.91%；5家自贸区片区抽查的文件上传都不及时，占9.09%。

五 重视管理服务公开，但权责清单、办事指南公开水平待提升

1. 管理和服务公开工作取得的成效

（1）自贸区简介信息公开水平较高

公开自贸区简介有利于公众和投资者初步了解自贸区。评估显示，21

家自贸区都对本区总体情况做了介绍,有 20 家对本区下辖的自贸区片区情况进行了介绍并同时对本区特色项目进行了介绍,约占 95.24%。其中,中国(福建)自由贸易试验区、中国(浙江)自由贸易试验区、海南自由贸易港、中国(天津)自由贸易试验区、中国(广西)自由贸易试验区、中国(北京)自由贸易试验区和中国(河北)自由贸易试验区对本区、下辖片区和本区特色项目均进行了介绍,公开信息完善、全面。

(2) 领导信息公开情况较好

公开自贸区领导的信息有助于公众和投资者更好地对自贸区的日常工作进行监督。评估显示,大部分自贸区都公开了领导信息。在 21 家自贸区中,有 11 家说明了领导信息,占 52.38%。其中,中国(上海)自由贸易试验区、中国(福建)自由贸易试验区和中国(湖南)自由贸易试验区公开的领导信息较为充分,公开的信息包括领导姓名、领导职务、领导经历和分管事项。

在被评估的 55 家自贸区片区中,有 31 家公开了领导信息,占 56.36%。其中,20 家自贸区片区在其门户网站公开了领导的全部信息,包括领导姓名、领导职务、领导经历和分管事项,占 36.36%。从公开项上看,领导信息中的领导姓名、领导职务和分管事项公开情况更好,34 家自贸区片区公开了领导姓名和领导职务,41 家自贸区片区公开了领导的分管事项,分别占 61.82% 和 74.55%。

(3) 机构设置相关信息公开总体较好

自贸区公开机构设置相关信息,能够方便社会公众和企业投资者向有关机构咨询信息、办理业务,有利于实现"政府信息多跑路,人民群众少跑腿"。评估发现,21 家自贸区总区中,有 16 家说明了机构设置信息,并且进一步说明了机关职能,占 76.19%。

在片区方面,有 31 家自贸区片区对机构设置进行了说明,并对机关职能进行了一定程度的说明,占 56.36%。其中,有 26 家自贸区片区公示了机构联系方式,26 家自贸区片区公示了各机构负责人姓名,17 家自贸区片区公示了各机构办公地址和办公时间。有 13 家自贸区片区完整地公布了机构设置有关信息,包括机构职能、联系方式、各机构负责人、办公地址和办公时间等。有 25 家自贸区片区公开了政府人事变动信息。

（4）财政信息公开情况相对较好

公开财政信息是政府主动接受社会监督的重要方面，也是政府依法应当主动公开的信息的重要组成部分。评估显示，各自贸区的财政信息公开情况较好。34家自贸区片区设置了财政预决算公开专栏，占61.82%。27家自贸区片区公开了本区2022年财政预算报告，26家自贸区片区公开了本区2021年财政决算报告，28家自贸区片区公开了"三公"经费情况，分别占49.09%、47.27%和50.91%。有23家自贸区片区公开财政信息全面、详细，设置专栏公开了2022年财政预算报告、2021年财政决算报告以及"三公"经费在内的全部内容。

（5）中介服务事项清单公开情况有待完善

公开中介服务事项清单有利于办事流程优化。评估显示，在55个自贸区片区网站中，有20个片区公开了中介服务事项清单，占36.36%。内容方面，有个4片区公开了中介服务事项清单的全部信息，包括项目名称、设定依据、中介服务时限和收费标准。其中，有11个片区公开了中介服务事项的项目名称与设定依据，有17个片区公开了中介服务事项的服务时限，有13个片区公开了中介服务事项的收费标准。

2. 管理和服务公开工作中面临的挑战

（1）自贸区人事变更信息公开情况不理想

政府人事变更信息反映自贸区工作动态。21家自贸区中，仅有1家在网站上公开了人事变更信息，但信息是在其上级单位政府网站中进行公开，仅公布了部分领导小组组成单位和人员变化，未公布其他的人事变动信息。55家自贸区片区中，有25家在网站上公开了人事变动信息，占45.45%。

（2）负面清单发布不到位

负面清单是优化营商环境的重要因素，有利于提升投资者准入的便利度。也是广大投资者最为关心的问题之一，评估显示，自贸区负面清单公开水平有待提高。在数据采集截止日前，只有少数自贸区网站公开了负面清单。21家被评估对象中有5家发布了2022年版市场准入负面清单，仅有3家自贸区发布了2022年版外商投资负面清单，占14.29%。在被评估的55家自贸区片区中，有15家片区发布了2022年版市场准入负面清单，占27.27%；13家片区发布了2022年版外商投资负面清单。且在这13家片区中，负面清单发布的便捷性和及时性稍有欠缺。

（3）权责清单公开不到位，公开内容不完整

建立权责清单制度有利于规范政府权力，提升政府治理效能，是积极推进自贸区政府治理体系和治理能力现代化的重要举措，是全面深化改革的重要突破口，是保障经济社会持续健康科学发展的必然选择。评估发现，有23家自贸区片区公开了权责清单。其中，3家自贸区片区权责清单需要跳转至当地政务网才能查看，42家自贸区片区未能做到在权责清单公开后20个工作日内上网。

从公开的权责清单内容来看，已公开权责清单的完整度较低。31家公开了权责清单的片区中，13家片区完整公开了权力名称、设定依据、行使主体、责任事项、责任形式五项内容，占全部被评估片区的23.64%；2家片区公开了其中的四项内容，占3.64%；4家片区公开了其中的三项内容，占7.27%；3家片区仅公开了其中的两项内容，占5.45%。

（4）政府采购相关信息公开程度有待提高

政府采购相关信息公开有利于公众更好地监督政府权力的行使，确保政府采购中竞争的公平性。评估显示，自贸区采购相关信息公开情况较差，尤其是在政府采购项目和政府采购合同方面，存在完全未公开或只公开几个的情况。具体而言，24家自贸区片区公开了2021年政府采购项目，占43.64%，其中有12家需要跳转至当地政府网站等其他网站才能查看；11家自贸区片区公开了2021年政府采购合同，占20%，其中9家需要跳转至其他网站查看；27家自贸区片区公开了招标公示信息，占49.09%，其中5家需要跳转至其他网站查看。

（5）证明事项清单公开未达到要求

公开证明事项清单是优化营商环境，便利群众办事的重要举措。评估显示，19家自贸区片区公开了证明事项清单，占34.55%，其中有1家需要跳转至其他网站才能查看证明事项清单。从证明事项清单的内容来看，设定依据、开具单位、索要单位、办理指南四项中，公开的证明事项清单包含四项的有6家，占被评估对象总数的10.91%；证明事项清单包含其中三项的有12家，占21.82%；证明事项清单包含其中一项的有1家，

占 1.82%。

(6) 行政事业性收费公开尚不全面

行政事业性收费目录清单公开有助于监督行政机关收费行为，遏制行政机关乱收费。55 家自贸区片区中，20 家公开了行政事业性收费目录清单，占 36.36%，其中有 3 家需要跳转至其他网站才能查看。在公开了行政事业性收费目录清单的自贸区片区中，有 15 家完整公开了包括收费项目、收费依据、收费标准在内的清单，有 19 个自贸区片区公开了收费项目清单，有 20 个自贸区片区公开了收费依据，有 17 个自贸区片区公开了收费标准这一项内容。

六 政府信息公开工作年度报告公开较好，但执法结果信息公开不理想

1. 政府信息公开工作年度报告发布情况较好，但仍需提升

首先，政府信息公开工作年度报告是全面反映政府信息公开工作情况的基本方式，是加强政务信息管理，展现施政过程及结果的基础；其次，政府信息公开工作年度报告也是向社会公众展示自贸区这一年以来的信息公开工作整体情况的方式；最后，它也是《中华人民共和国政府信息公开条例》所规定的、政府应当履行的义务。在被评估的 55 家自贸区片区中，有 35 家自贸区片区设置了信息公开年报专栏，占 63.64%。其中，有 30 家自贸区片区公开了 2022 年政府信息公开年度报告，占 54.55%；但在 21 家自贸区中，只有 4 家设置了信息公开年报专栏，占 19.05%，6 家公布了 2022 年政府信息公开工作年报，占 28.57%。

2. 自贸区片区公开创新试点相关信息情况较好

多元化、高水平的制度创新能够让自贸区更加充分地释放改革红利和开放红利。经评估发现，在被评估的 55 家自贸区片区中，有 43 家自贸区片区公开了创新试点方案、创新制度，占 78.18%。其中，有 31 家自贸区片区公开了试点成果，占 56.36%。从总体上来看，自贸区片区公开创新试点方案、创新制度、创新试点成果情况较好。

3. 行政处罚公开程度有待提高

行政处罚公开有助于实现公众的监督权和知情权，发挥信息作为监管工具的作用。评估中发现，自贸区片区行政处罚公开情况有所改善，但仍存在一些不足。首先是行政处罚专栏的设置，55家自贸区片区中有20家自贸区片区设置了行政处罚专栏，占36.36%。其次，在公开行政处罚决定文件方面，26家自贸区片区能够做到公开行政处罚决定文件，占47.27%。

从公开的行政处罚文件内容来看，有19家自贸区片区公开的文件要素完整，占34.55%。其他自贸区片区的公开内容都需要进一步细化完善。其中，有32家未公开行政处罚决定书文号，32家未公开案件名称，34家未公开行政相对人统一社会信用代码。

同时，部分自贸区片区的行政处罚申诉、救济渠道公开情况有待提高。有17家公开了行政复议、行政诉讼、投诉渠道，其余38家均未进行公开。

4. 双随机信息公开水平仍需改善提高

"双随机、一公开"是深化简政放权、放管结合、优化服务改革的重要举措，是完善事中事后监管的关键环节。评估显示，部分被调研对象在网站设置专栏集中公布"双随机、一公开"相关信息。有13家自贸区片区设置了监管公开专栏，便于查找相关信息。

但从随机抽查事项清单公开一项来看，公开结果有待提高。在55家自贸区片区中，有18家公开了随机抽查事项清单，其中仅有6家公开的随机抽查事项清单要素完整，其余片区则存在公开内容不全面的问题。

5. 统计数据公开有待提高

统计数据是展现自贸区全年经济运行情况最直观的数据，也是市场主体了解自贸区市场情况的重要依据。评估显示，各自贸区在统计数据公开上工作并不到位。在21家自贸区中，设置统计专栏数据的有7家，占33.33%，其中有10家在专栏完整公开了2022年的经济运行情况数据，分别是中国（广东）自由贸易试验区、中国（福建）自由贸易试验区、中国（陕西）自由贸易试验区、中国（海南）自由贸易港、中国（江苏）自由贸易试验区、中国（云南）自由贸易试验区、中国（黑龙江）自由贸易试验区、中国（北京）自由贸易试验区、中国（湖南）自由贸易试验区、中国（安徽）自由贸易试验区。

55家自贸区片区的统计数据公开总体情况略好于总区。在55家片区中，27家设置了统计数据专栏，占49.09%，其中有21家在专栏完整公开了2020年及2021年的经济运行情况数据，占38.18%。

6. 建议提案办理结果公开有提升空间

《国务院办公厅关于做好全国人大代表建议和全国政协委员提案办理结果公开工作的通知》规定，对于经审查可以公开的建议和提案办理复文，应采用主动公开的方式予以公开，尤其要发挥政府网站信息公开平台的重要作用，集中展示公开的建议和提案办理结果信息，方便公众查阅。但各自贸区在此项工作上完成情况较差。评估显示，只有中国（重庆）自由贸易试验区1家公开了本单位2022年度人大代表建议办理的总体情况，同时也公开了2022年度政协委员提案办理的总体情况。

仅11家自贸区片区公开了2022年度人大代表建议办理总体情况，12家公开了2022年度政协委员提案办理总体情况。其中中国（广东）自由贸易试验区深圳前海蛇口片区基于对上一年度的经验总结对2022年度政协委员提案办理总体情况进行了公开，并介绍了有关情况，进一步提高了政务公开的水平。

七 以平台建设促进公开与互动，但网站功能制约公开效果

1. 平台建设工作中的亮点

（1）网站建设总体情况较为理想

自贸区网站是自贸区向公众展示工作情况、重要信息等的主要平台，是信息集约化公开的主要渠道，方便公众自助获取信息、办理事务，因此自贸区网站建设是自贸区信息公开和提供服务的重要一环。评估显示，21家自贸区总区中，有20家有自己独立的网站，占95.24%，网站建设情况总体较好；18家自贸区总区在网站中设置了直达下辖片区网站的链接，占85.71%；18家自贸区总区网站设置有信息检索功能且功能正常，便于公众通过关键词获取自己想要的信息。在55家自贸区片区中，有43家自

贸区片区建设有独立的自贸区片区网站，占 78.18%，其余的自贸区片区网站，有 12 家和开发区等其他管理机构的网站一体。51 家自贸区片区在网站设置了信息检索功能并且能够正常使用，占 92.73%。

(2) 新媒体建设情况较为完善

新媒体在信息公开方面有着便捷、快速等多方面优势。评估显示，自贸区新媒体平台建设情况总体较好。有 17 家自贸区总区在网站上显示其新媒体平台的入口链接或其他进入方式，其中有 20 家能够及时在新媒体平台上更新信息。有 46 家自贸区片区在网站上显示其新媒体平台的入口链接或其他进入方式，其中有 45 家能够及时在新媒体平台上更新信息。

(3) 政企民沟通平台建设情况较好

政企民沟通平台是政府和企业、社会公众联系的重要渠道之一，建设好政企民沟通平台能够方便企业、公众向政府反馈信息，也便于政府向企业、公众解释方针政策等。有 16 家自贸区在网站设置了政企民沟通平台或建言献策渠道，有 20 家公开了服务热线电话，分别占 76.19% 和 95.24%。45 家自贸区片区在网站设置了政企民沟通平台或开通了建言献策渠道，51 家公开了服务热线电话，分别占 81.82% 和 92.73%。

2. 网站功能建设薄弱制约公开效果

(1) 投诉渠道建设不到位

建设畅通的投诉、举报渠道有助于广泛地收集民意，有利于进一步解决人民群众的急难愁盼。评估发现，有 13 家自贸区和 38 家自贸区片区建立了网络投诉平台，自贸区投诉渠道的建设还需要进一步地提升与完善。

(2) 网站功能仍需完善

自贸区网站运行情况对公众获取数据有着直接的影响，保证自贸区网站各项功能运行畅通对树立良好的政府形象具有重要作用。评估发现，相较于上一年度，自贸区网站功能建设有了全面提升自贸区网站的信息检索功能全面提升，仅有 3 家自贸区、5 家自贸区片区网站的信息检索功能无法使用。另外，部分自贸区及自贸片区的网站并未设置无障碍功能，这对部分人群来说是不友善的，网站的建设应该朝着网页操作更加友善化以及智能化的方向发展。

八 依申请公开仍面临渠道不畅、答复不规范问题

依申请公开是信息公开的重要方式之一，是政府主动公开信息的重要补充，有利于保护公民的知情权，提高政府工作透明度。评估发现，依申请公开仍面临诸多问题。

（1）依申请公开渠道建设不到位

评估发现，多数自贸区设置了依申请公开渠道，分别有11家自贸区和49家自贸区片区有明确的依申请公开渠道，分别占52.38%、89.09%。这表明，自贸区片区在依申请公开渠道的建设上比自贸区建设相对更加完善。

（2）多数单位的依申请公开渠道不畅通

评估发现，多家自贸区的依申请公开渠道并不顺畅，甚至还有一些单位因为渠道存在障碍而导致申请难以进行，主要包括以下几个方面。

首先是申请单位的确定存在困难。在被评估的21家自贸区中，绝大多数没有明确告知申请人自贸区的政府信息公开申请应当向哪个机构提出以及如何提出。项目组在申请过程中通过电话询问得知，多数自贸区的依申请公开并没有设置专门的受理机构，而是依托本级政府的商务厅来接收和处理有关自贸区的信息公开申请，但向商务厅申请又会出现不涉及商务信息的情况，商务厅便会建议向申请问题涉及的部门进行依申请公开。自贸区片区的信息公开申请也存在同样的问题，如有1家自贸区在其门户网站中并未提供联系方式，网站所提供的联系电话是区政府的电话，经电话询问又被转接至该自贸区管委会，多次电话联系均不畅通。又如有1家贸易区，点击自贸区网站会跳转至商务厅网站，申请过程中出现了责任主体相互推诿，无法确定申请主体的现象，这样的情况使政府信息公开申请变得极为困难。

其次是网站功能不全。评估发现，自贸区和自贸区片区中多数单位建立了本单位的独立网站，但是网站中的功能却并不完整，如有的自贸区或自贸区片区设置了在线提交申请的通道，但是其有效性却不佳；有的自贸区片区提供了电子邮件申请方式，却没有提供电子邮件的地址；有的自贸

区片区设置了网上提交的平台,但是并没有提供可提交的机构,导致平台的可用性不高。而有 3 家自贸区虽然有网站,但是并没有提供申请政府信息公开的渠道。

(3) 部分单位答复不及时或未答复

评估发现,自贸区的政府信息公开申请中,在申请成功的情况下,被申请单位均在法定期限内进行了答复,答复率为 100%。但是在自贸区片区的政府信息公开申请中,仅有 38 家单位在法定期限内进行了答复,占比 69.09%,17 家单位未按期答复。

(4) 答复形式规范性有待提高

评估发现,在做出了答复的自贸区和自贸区片区中,多数单位提供的答复形式并不规范。首先,答复方式不规范,在 21 家自贸区中只有 10 家的答复方式采用信函方式进行回复,在 55 家自贸区片区中有 52 家自贸区片区采用信函方式进行回复,分别占 47.62%、94.55%。

(5) 答复内容不规范

首先,答复书形式不规范,要素不全。如某片区的郑州片区虽对申请人的申请进行了答复,但并未对答复内容的法律依据和申请人的救济渠道进行说明。

其次,在救济渠道的列举方面,有 2 家自贸区在答复中列举的救济渠道不全面,没有列明复议机关或者有管辖权法院的具体名称。有 3 家自贸区片区的救济渠道也存在列举不全的问题。除此之外有 9 家自贸区片区在提供的答复中没有列举任何救济渠道,答复书要素不全。

最后,在 21 个自贸总区中成功进行依申请公开申请回复的有 10 家,占比 47.62%,在 55 个自贸区片区中成功进行依申请公开申请的有 44 家,占比 80.00%。

九 展望

自贸区政府透明度指数评估发现的问题与各地对政务公开意识待提升、自贸区主管机关法律地位不明确、开发区合署办公导致公开信息混杂难以区分等有着密切的关系。

建设自由贸易试验区是以习近平同志为核心的党中央在新时代推进改革开放的重要战略举措，在我国改革开放进程中具有里程碑意义，对于探索中国对外开放的新路径和新模式，加快构建以国内大循环为主体，国内国际双循环相互促进的新发展格局，推动加快转变政府职能和行政体制改革，促进转变经济增长方式和优化经济结构都发挥了重要的作用，有利于培育中国面向全球的竞争新优势，构建与各国合作发展的新平台，拓展经济增长的新空间。

世界各国普遍重视自由贸易试验区的建设，将其作为促进对外开放的重要举措，因此自贸区建设更应对标国际高标准，着力创造国际化营商环境。《优化营商环境条例》要求全面推进决策、执行、管理、服务、结果公开，提升营商环境法治化水平，促进外商投资，提升政府管理规范化程度和企业经营的可预期性。为应对错综复杂的国内国际大环境，在党中央的领导下，中国积极发挥自身优势，立足于国内经济大循环，在疏通国内经济大循环的同时，积极助推国际经济循环，构成国内国际双循环的新发展格局，而自贸区作为吸引外资、促进对外贸易的重要窗口，其网站建设和各类信息公开都应该进一步加强和提高，为营造稳定、公平、透明的营商环境发挥基础性作用。提高自贸区信息公开水平，建议做好以下几方面工作。

首先，制定和完善促进自贸区信息公开的专门制度文件。可以参照政府信息公开的相关国务院规定，对各自贸区信息公开制定统一标准，全国各地自贸区信息公开工作则可以有据可循，这不仅能为自贸区信息公开工作起到方向指引的作用，更能为做好自贸区信息公开工作打下坚实基础，也更有利于提高自贸区的透明度和开放度。

其次，明确自贸区主管机关法律地位。多个行政管理区域的合署与主管机关法律权限模糊是相互联系的，这种混杂的管理方式反映在自贸区门户网站上就是信息查找困难，网页跳转混乱，难以分辨自贸区与其他机关信息，责任不明确引起的信息查找不明和信息空白。对于多个行政管理区域的合署的情况，应该明确不同区划和层级的信息公开标准，避免信息混杂现象。

再次，探索按照跨部门业务协同趋势改革政务公开机制。适应自贸区建设以及政务服务改革方向，打破传统的以部门为单位的公开工作机制，建立适应新时期跨部门管理服务所需的公开机制，实现以事项为纽带而不是以部门为纽带的新时期公开格局。

最后，提升信息公开智能化水平，加快自贸区平台建设。依托互联网，运用新科技，实现自贸区信息同步生成、自动归集、定向智能推送，提高信息公开的针对性和到达率，减少信息更新不及时的情况。同时，各自贸区应建设自己独立的网站和平台，避免跳转等现象，做好网站页面的清晰化和专栏条理化，实现一站式、人性化公开，切实提升透明度。

政府信息公开社会评议的现状与展望

中国社会科学院国家法治指数研究中心项目组[*]

摘　要：社会评议制度是政府信息公开工作的监督保障制度，是外部监督的主要形式。社会公众通过社会评议制度对政府信息公开工作进行评价、提出建议，是督促政府信息公开工作落到实处、产生实效的关键一步。社会评议制度对于落实全过程人民民主、实现各方面共同治理、加快推动政府转型、推进政府治理现代化都有实际意义。本文通过检索、梳理各地方政府制定的社会评议制度，进行对比和分析，总结现阶段各地政府制定的社会评议制度的概况；以《中华人民共和国政府信息公开条例》中的要求为标准，考察各地方政府的社会评议制度的开展情况，反思、总结出其存在的不完善之处，提出完善路径，具有重要的现实意义。

关键词：政府信息公开　社会评议制度　外部监督　公众参与　考核

引　言

社会评议制度是政府信息公开制度引入的监督保障机制的有机组成部分，是基于政府信息公开制度以群众需求为导向的理念而设定的制度安

---

[*] 项目组负责人：田禾，中国社会科学院国家法治指数研究中心主任、法学研究所研究员；吕艳滨，中国社会科学院法学研究所法治国情调研室主任、研究员，中国社会科学院大学法学院行政法教研室主任、教授。项目组成员：王小梅、王祎茗、车宇婷、刘雁鹏、李玥、栗燕杰、崔力健（按姓氏笔画排序）。执笔人：吕艳滨；崔力健，中国社会科学院国家法治指数研究中心学术助理。

排，这一制度引入公众参与的机制来对各级政府的信息公开行为与效果做出评价分析，进而推进政府信息公开工作。

一 社会评议制度的意义

《中共中央关于全面推进依法治国若干重大问题的决定》指出，法律的生命力在于实施，法律的权威也在于实施。法律实施的效果怎么样，人民群众是最有发言权的。引入社会评议制度，充分体现了全过程人民民主这一重大理念，是落实公众有序参与、实现共建共治共享治理目标的重要方式，是充分体现政府信息公开需求导向的重要方面，也是推进政府信息公开制度及其他制度不断完善的重要路径。①

（一）落实全过程人民民主

社会评议制度是落实全过程人民民主的重要体现。党的二十大报告提出，全过程人民民主是中国式现代化的本质要求之一，是社会主义民主政治的本质属性，是最广泛、最真实、最管用的民主。报告还提出，加强人民当家作主制度保障，拓展民主渠道，丰富民主形式，确保人民依法通过各种途径和形式管理国家事务，管理经济和文化事业，管理社会事务。在政府信息公开领域引入社会评议制度，就是为广大人民群众发扬民主对各级政府落实公开要求的做法、成效乃至政府管理、法治政府建设进行评价提供法定的渠道和方式，是对人民群众参与权、监督权的具体落实。②

（二）实现各方面共同治理

党的二十大报告提出，健全共建共治共享的社会治理制度，提升社会治理效能。政府管理的主角是政府，但政府权力运行是否得当，政府管理是否规范有效，不能由政府自己说了算，人民群众有权做出点评，肯定成

---

① 谢能重、廖逸儿：《依法行政考评社会评议：公众参与和"专家"理性》，《广西民族大学学报》（哲学社会科学版）2018年第4期。
② 汪家焰：《推动全过程人民民主高质量发展》，《中国社会科学报》2023年4月19日第7版。

效、批评不足、提出建议，这才体现了"有事好商量、群众的事情商量着办"的执政理念。人民群众是政府信息的需求方和接收方，"知屋漏者在宇下，知政失者在草野"，他们最清楚自身需要什么样的信息，最知晓政府信息公开工作存在哪些不足。从这种角度看，社会公众比政府本身更有监督信息公开工作的动力，其提出的意见和建议更有实际意义。在政府信息公开领域引入社会评议制度，让广大群众对政府信息公开工作发表意见、畅谈需求、提出建议，更是充分体现了共同治理的理念，这不但有助于政府信息公开制度的落实，更有助于畅通政民沟通渠道，实现政民有序有效互动。①

（三）加快推动政府转型

现代政府正在经历由管理型政府向服务型政府的转变。服务型政府的本质就是充分贯彻以人民为中心的理念，政府权力运行应以最大限度满足人民群众的各类需求、解决其各类急难愁盼为出发点和落脚点。引入社会评议制度，充分体现了群众满不满意是决定政府工作是否合格的理念，也是向服务型政府转型的重要举措。②

（四）推进政府治理现代化

政府治理现代化的基本目标与战略在于建立和发展以人民为中心的民主参与、社会协同、整体协调、回应负责、开放透明、遵循法治的现代化治理体系。③ 社会评议制度让人民群众协同参与政府信息公开工作，审视政府信息公开工作得失，就是以政府信息公开制度为切入点，推动公众有序参与政府管理，推进政府转变权力运行理念和模式，有助于以点带面推进政府治理现代化。④

---

① 周毅：《公共信息服务社会共治的风险及其控制》，《情报资料工作》2020年第1期。
② 竺乾威：《服务型政府：从职能回归本质》，《行政论坛》2019年第5期。
③ 张成福：《论政府治理现代化》，《公共管理与政策评论》2023年第1期。
④ 马怀德：《加快法治政府建设 推动政府治理现代化》，《中国社会科学报》2023年3月31日第6版。

二 社会评议制度概况

《〈中华人民共和国政府信息公开条例〉若干问题的意见》（国办发〔2008〕36号）要求，要建立社会评议制度，把政府信息公开工作纳入社会评议政风、行风的范围，并根据评议结果完善制度、改进工作。现行《中华人民共和国政府信息公开条例》第46条规定，各级人民政府应当建立健全政府信息公开工作考核制度、社会评议制度和责任追究制度，定期对政府信息公开工作进行考核、评议。《中华人民共和国政府信息公开条例》（以下简称《条例》）第50条规定，各级人民政府的政府信息公开工作年度报告还应当包括工作考核、社会评议和责任追究结果情况。

检索各地政府制发的有关社会评议制度的相关规定，可以发现，各地政府信息公开社会评议制度的规定呈现如下特点。

（一）地方细则制定情况良好

目前，不少地方政府针对政府信息公开的社会评议制定了专门的制度，也有针对某一年的社会评议工作制定细则的。通过百度、北大法宝等渠道检索到各地方政府颁布的有关社会评议的规范性文件，例如宁波市人民政府制定的《宁波市政府信息公开社会评议制度（试行）》、绍兴市人民政府制定的《绍兴市政府信息公开工作社会评议制度》、淮南市人民政府制定的《淮南市政府信息公开工作社会评议制度》、霸州市人民政府制定的《霸州市政务公开工作社会评议办法》、新昌县人民政府制定的《新昌县政府信息公开社会评议制度》、无锡市滨湖区人民政府制定的《2022年政府信息公开工作社会评议制度》、《阜阳市政府信息公开工作社会评议制度》、《宜昌市政府信息公开社会评议制度（试行）》、《赣州市政府信息公开工作社会评议制度》、《上杭县政府信息公开工作社会评议制度》、《隆阳区政府信息公开工作社会评议制度》等。以山东省政府及其16个设区的市为样本，通过搜索引擎检索、查阅各政府信息公开网、政府信息公开工作年度报告的方式调查发现，济南市、泰安市、威海市制定了政府信息公开工作社会评议制度的相关规定，一些县（市、区）政府也出台了相关规定，如青岛市市南区出台了《市南区社会评议制度（试行）》。各地的有关文件基本都对社会评议工作的组织者、主体、对象、内容、方式、程序等方面作了较为全面的规定。

（二）社会评议的界定不统一

如何界定社会评议，目前缺乏统一权威的规定。《条例》规定了社会评议制度，但对其内涵、外延以及其实施细则都未做明确规定。各级政府和有关部门在具体推进社会评议制度的过程中各有探索。按照上海市制定的《2022年上海市政务公开考核评估实施方案》，其将社会评议界定为"委托社会专业调查机构，对政务公开工作效果开展第三方评议，评议结果作为考核评估的重要组成部分"。检索仅发现霸州市人民政府制定的《霸州市政务公开工作社会评议办法》对社会评议的含义做了界定，其第2条规定："本办法所称社会评议，是指全市各级政务公开工作主管部门通过多种方式和渠道广泛听取公民、法人和其他组织对政务公开工作意见和建议的活动。"

（三）社会评议的组织者存在差异

实践中，政府信息公开社会评议的组织者一般为各地政府信息公开主管部门，但从文本看，各地略有差异。如淮南市人民政府制定的《淮南市政府信息公开工作社会评议制度》没有对社会评议的组织者进行规定。而无锡市滨湖区人民政府制定的《2022年政府信息公开工作社会评议制度》中规定，社会评议活动由政务公开领导小组办公室会同监察室、司法所组织实施。《霸州市政务公开工作社会评议办法》中规定社会评议工作的组织者是市各级政务公开工作主管部门。《宁波市政府信息公开社会评议制度（试行）》中规定，政府信息公开社会评议活动实行分级负责制，宁波市政务公开领导小组办公室负责组织对市政府工作部门、其他单位和区（县、市）人民政府的评议。《新昌县政府信息公开社会评议制度》中规定社会评议工作由区人民政府组织，政府信息公开工作主管部门具体实施。《绍兴市政府信息公开工作社会评议制度》规定绍兴政府信息公开社会评议工作由绍兴市人民政府办公室负责组织实施。由于一般情况下地方政府信息公开工作主管部门是县级以上地方人民政府办公厅

（室），所以社会评议的组织者大体包括两种：地方政府政务公开领导小组办公室和县级以上地方人民政府办公厅（室）。

（四）社会评议的主体有差异

社会评议的主体是指由谁来对政府信息公开工作进行评议。有的地方的规定明确了社会评议的主体，即社会公众。如《新昌县政府信息公开社会评议制度》规定公民、法人和其他组织是社会评议的主体。又比如，霸州市人民政府制定的《霸州市政务公开工作社会评议办法》第2条规定："本办法所称社会评议，是指全市各级政务公开工作主管部门通过多种方式和渠道广泛听取公民、法人和其他组织对政务公开工作意见和建议的活动。"

（五）社会评议的对象不统一

社会评议的对象是指接受社会评议的单位，笼统而言应当是各类政府信息公开的主体。无锡市滨湖区人民政府制定的《2022年政府信息公开工作社会评议制度》以及《霸州市政务公开工作社会评议办法》《宁波市政府信息公开社会评议制度（试行）》等都规定社会评议的对象是各级行政机关和法律、法规授权的具有管理公共事务职能的组织。其中，《新昌县政府信息公开社会评议制度》中对社会评议对象的规定较详细，涉及新昌县政府及其工作部门、街道办事处；且法律、法规授权的具有管理公共事务职能的组织公开政府信息的活动，适用该制度；教育、卫生健康、供水、供电、供气、环境保护、公共交通等与人民群众利益密切相关的公共企事业单位，在提供社会公共服务过程中制作、获取的信息的公开工作的社会评议，参照该制度执行。

（六）社会评议的方式大致相同

社会评议的方式是指以何种方式、形式来组织社会公众对政府信息公开工作进行评议。虽然各地政府关于社会评议的方式形式的具体细则存在差异，但总的来说社会评议都是采取公众评议、特邀评议相结合的方式。公众评议是指以问卷调查的方式，请社会公众通过政府信息公开网、微信公众号等平台对政府的信息公开工作进行评议。无锡市滨湖区人民政府制定的《2022年政府信息公开工作社会评议制度》和《宁波市政府信息公开社会评议制度（试行）》还规定公众评议可以委托媒体或有关单位组织进行民意调查。特邀评议是指组织和邀请相关部门人员、人大代表、政协委员、民主党派、企业和群众代表、有关专家进行评议。其中比较特殊的是，《新昌县政府信息公开社会评议制度》将社会评议的方式分为代表监督评议和社会监督员评议，代表监督评议的含义与特邀评议类似，但社会监督员评议是指政府信息公开的主管部门从社会各界选聘政府信息公开工作社会监督员，对本级行政机关的政府信息公开工作进行监督评议，而不是让一般公众参与评议。前述上海的方案则是通过邀请第三方机构进行评估的方式开展社会评议。除此之外，《宁波市政府信息公开社会评议制度（试行）》和《绍兴市政府信息公开工作社会评议制度》等规定了社会评议一般每年开展一次，原则上每年12月底前完成本年度的社会评议工作，将社会评议工作作为一项定期开展的工作，而其他法律法规中没有规定社会评议工作应当定期开展。

（七）社会评议的内容不全面

社会评议的内容是指社会公众对政府信息公开工作的哪些方面进行评议，社会评议的内容直接决定了社会公众对政府信息公开工作的监督权的范围，因此社会评议的内容应当合理、全面、具体，不能缺少关键内容，不能用词含糊抽象、缺乏可操作性。从前述几个地方的制度文本看，社会评议应当包含的内容如下：（1）组织领导情况，即是否明确政府信息公开主管部门，是否有领导主管、有专人负责；（2）有关制度贯彻落实情况，包括政府信息公开工作和依申请公开政府信息工作落实情况，按时编制、公布年度工作报告等的情况；（3）政府信息公开指南和公开目录编制情况，如指南和目录是否具体、全面，是否在政府门户网站和相关政府信息查阅场所公布，是否及时更新；（4）公开的内容是否符合法律要求，如主动公开的政府信息内容是否达到《条例》规定的要求，重点公开的政府信息是否具体全面、符合实际、没有漏项；（5）政府信息公开方式是否多样、便民，是否通过政府网站（部门网站）、政府公报、新闻发布会等载体公开政府信息；（6）政府信息公开申请办理是否依法依规和高效便民；（7）其他需要进行社会评议的内容。

(八）社会评议的程序内容

社会评议的程序是指政府组织社会评议的工作顺序，同时社会评议程序是具体的操作流程，各级政府和有关部门制定社会评议的法律法规中应当包含社会评议的程序，且要做到程序合理具体，可实际操作。从各地公开的制度文本看，社会评议大体包括如下程序：（1）拟定评议方案，确定评议对象、内容、标准、方式等；（2）下发社会评议通知或在政府网站、相关查询平台刊登评议告示；（3）确定参加社会评议人员；（4）组织检查评议，采取听汇报、查资料、看台账、召开座谈会访谈等形式，了解被评议单位信息公开工作情况；（5）开展问卷调查，根据确定的调查样本，统一发放、回收问卷，汇总测评情况；（6）汇总（含网上测评）社会评议情况，并将结果在一定范围内公开；（7）根据社会评议结果，做出恰当处理。

（九）评议结果的运用不充分

社会评议的目的不仅仅是组织社会公众对政府信息公开工作进行评价和建议，更关键的是要将社会评议结果实际运用到政府信息公开工作中。唯有如此，才能使社会评议产生实际效果，推动政府信息公开工作落实和完善。

有的地方将社会评议等次分为满意、基本满意和不满意，评议结果一般被作为被评议单位政务公开工作考核的重要内容，例如《宁波市政府信息公开社会评议制度（试行）》中规定："评议结果作为政务公开考评的组成部分，对于连续两年政务公开工作群众满意率低、排名靠后或社会反映强烈的单位，要按照有关规定，追究有关领导的责任。"《绍兴市政府信息公开工作社会评议制度》中规定："评议结果将纳入政府信息公开考核内容，对于连续两年政府信息公开工作群众满意度低、排名靠后，或社会反映强烈的部门（单位），将按照有关规定要求整改。"社会评议情况列入政府信息公开工作年度报告，向社会公布，接受社会监督。对社会评议中发现的问题和不足，被评议单位应当按要求整改，自接到整改通知20个工作日内向本地区政务公开领导小组办公室报告整改情况。未及时整改或整改不力的，由本地区政务公开领导小组办公室予以通报批评或约谈负有责任的领导人员和直接责任人员，例如《霸州市政务公开工作考核办法》中规定，根据年度考核结果，对政务公开成绩突出的单位和个人按照有关规定予以表彰，对工作不利的予以通报批评。年度考核结果不合格的单位，在考核结果通报后20个工作日内作出书面整改报告；对整改后仍达不到要求的，约谈负有责任的领导人和直接责任人员。有的地方规定，被评议单位的整改报告和专题说明应及时以网上公告、寄发函件、召开座谈会、上门走访等方式进行反馈，例如《淮南市政府信息公开社会评议制度》中规定："评议中发现有问题的，被评议单位要制定整改措施，并向本级政务公开主管机构上报整改结果。"《宁波市政府信息公开社会评议制度（试行）》中规定："被评议单位的整改报告和专题说明应及时以网上公告、寄发函件、召开座谈会、上门走访等方式进行反馈。"。

三　社会评议开展情况

按照《条例》要求，对于各级政府而言，建立健全社会评议制度并实际开展社会评议是"必做题"，而不是"选做题"。如前所述，众多地区制定了社会评议的制度文件。公开的资料显示，一些地方政府也实际开展了社会评议活动并发布了评议结果。如上海市普陀区、上海市静安区、湖南省长沙市芙蓉区、福建省厦门市海沧区、河南省郑州市上街区、湖北省恩施土家族苗族自治州、四川省乐山市、广西壮族自治区南宁经济技术开发区、广西壮族自治区贵港市平南县等。评议方式既有面向一定对象的问卷调查，也有组织特邀人员参与的评议，还有邀请专门机构开展的评估。近年来，不少政府部门委托学术机构等作为第三方评估者对政府信息公开工作开展评价分析，如国务院办公厅政务公开与政府信息公开工作办公室自2014年以来，连续多年组织对政务公开开展第三方评估，北京、上海、山东、湖北、江西等地也以类似方式开展社会评议工作。但各地开展社会评议工作过程中也还存在一些有待完善的地方。

（一）部分地区尚未出台相关制度规范

部分省级政府没有制定政府信息公开社会评议制度的规定，也没有颁布社会评议的具体实施细则，各市各县政府无从参照学习，社会评议工作的推进落实缓慢无序。有些地方政府没有出台社会评议制度的规定和实施细则，没有开展社会评议工作，或以其他类似社会评议的群众评价活动代替社会评议制度。而已经出台的制度文件也大多内容雷同，针对性不足。

（二）对社会评议的规定普遍细致性不足

各个省、市、县已经出台的社会评议制度和实施细则之间差别较大，部分地方政府在公布的政府信息公开工作社会评议制度文件中存在明显问题。如组织主体和实施主体存在较大区别，某市政府制定的政府信息公开工作社会评议制度没有对社会评议的组织者进行规定。又如评议内容和标准太抽象，该市政府信息公开工作社会评议制度中规定对政务公开主体单位公开工作体制、机制情况进行评议。再如，没有对社会评议中发现的问题和不足的整改方式和程序做详细规定，容易导致社会评议工作流于形式，难以产生实际效果。此外，社会评议的程序不明确、不具体，未规定定期进行社会评议工作等。

（三）社会评议结果的精准度有待提高

社会评议结果必须较为精准地揭示存在的问题和不足，才能发挥监督政府和推进政府改进工作的作用。但公开的资料显示，除专门的第三方评估机构在评估报告中揭示较为详细的问题与不足外，其他类型的社会评议结果仍较为笼统。首先，不少地方开展社会评议的公众参与度不高。例如，许多市、区政府大量发放调查问卷，但回收率较低。其次，评议方式不够科学。绝大多数评议是采取问卷调查的方式，以满意度评价为主，而简单的满意或者不满意无法精准揭示政府信息公开工作存在的问题与不足。而且，问卷调查的对象选择也不一定严谨，因为很难确定问卷调查对象是否了解政府信息公开的相关情况、是否真实体验过相关工作，因此，其关于满意与否的作答未必可以真实反映客观情况。

（四）年度报告揭示社会评议情况不理想

《条例》规定，各级人民政府的政府信息公开工作年度报告应当包括工作考核、社会评议和责任追究结果情况。部分地方政府在 2022 年政府信息公开工作年度报告中提到社会评议，比如潍坊市政府2022年政府信息公开工作年度报告指出，其"积极开展社会评议工作，通过邀请市民代表座谈、开展政府开放日等方式，听取群众对政务公开工作的意见建议，全面提升政务公开工作水平"。有的地方政府以其他方式开展了类似社会评议的工作，比如青岛市2022年政府信息公开工作年度报告中提到，畅通沟通交流渠道，打造政民互动平台。连续14年开展"向市民报告、听市民意见、请市民评议"活动，组织开展政府开放日活动220余场，通过"线上+线下"方式，进行互动交流。

但部分地方政府没有落实该规定，所发布政府信息公开工作年度报告缺少社会评议的结果和落实情况。2023年第一季度各地方政府发布的2022年政府信息公开工作年度报告显示，在报告中提及开展社会评议情况的，省级政府中仅8家，占25.81%；291家地级市政府中，仅有65家，占22.34%；抽取的120家县（市、区）政府中，仅有35家，占29.17%。这既表明年度报告有关要求落实情况尚不理想，也表明政府信息公开工作的社会评议开展得还不够好。

（五）评议结果在考核中所占权重不明确

公开的资料显示，社会评议结果在各地政府信息公开工作考核中的权重不明确。比如某市某区政府信息公开工作社会评议制度中规定评议等次为满意、基本满意和不满意，评议结果作为政府信息公开工作考核的重要依据之一，但未具体规定社会评议的结果占政府信息公开工作考核的权重。该区政府信息公开工作考核办法确有规定社会评议的结果作为综合评价的部分，但未明确社会评议结果在政府信息公开工作考核中的所占权重。由此可见是否真正做到了"评议结果作为政府信息公开工作考核的重要依据之一"，尚缺乏说服力。

（六）社会评议的组织者和主体客观性存疑

社会评议的本质是政府信息公开工作的"外部监督"，要发挥社会评议制度的作用、产生实际意义，就要尽可能地与"内部监督"区别开来。在现有的制度中，社会评议的组织者大体分为地方政府政务公开领导小组办公室和县级以上地方人民政府办公厅（室），但社会评议的对象同样也涵括需要做信息公开工作的各级政府和相关单位，所以存在组织者与被评议者有高度联系的情况，可能在规定评议内容和制定评议程序等方面失去客观性和公正性。在社会评议的主体方面，某县政府信息公开社会评议制度将社会评议的方式分为代表监督评议和社会监督员评议。社会监督员评议是指政府信息公开的主管部门从社会各界选聘政府信息公开工作社会监督员，对本级行政机关的政府信息公开工作进行监督评议，而非像公众评议一样，让社会公众都参与到对政府信息公开的监督中来。这种由主管部门在社会中选聘产生评议主体的方式，更加体现了政府在社会评议中起到主导作用，社会公众仍是配角，失去了社会评议"外部监督"的本质。

（七）社会评议结果的公开情况不理想

社会评议是社会公众对政府信息公开工作的评价，社会评议本身的情况和结果应当及时公布给社会，才能起到监督和保障政府信息公开工作的作用，各地方政府不应有"家丑不可外扬"的主观心态。分析本文选取的法律法规可以发现，如某市政府信息公开规定、某市某区政府制定的《2022年政府信息公开工作社会评议制度》等，都规定了"将结果在一定范围公开"，而笔者通过在网上搜索等方式，无法检索到该年的社会评议结果，说明所谓的"一定范围内公开"可能只是"内部公开"，甚至本质上可以说是"不公开"。

四　完善路径

对政府信息公开工作开展社会评议是《条例》规定的监督政府信息公开的重要形式，也是推进公众有序参与、加强政府治理现代化的重要方式。做好政府信息公开社会评议工作还需要从多方面着手推进。

首先，加强并统一认识。作为一项法定的工作，社会评议是为了发现自身工作不足，感知人民群众对政府信息公开的需求，并不断完善自身工作的重要路径。因此，各级政府均应落实好这一制度，重视社会评议工作，并建立健全本地方本部门的社会评议制度，以多种方式切身开展社会评议。特别是，要坚持问题导向开展评议，立足于通过社会评议发现自身工作的不足，尤其是弥补满足群众需求上的差距。

其次，丰富社会评议的形式。社会评议是让广大人民群众对政府信息公开工作评头论足，既不能以人大代表、政协委员等具有特定身份的人员替代普通群众，也不能过度泛化，导致评议看上去热热闹闹但实际效果不佳。因此，应将一般群众评议、具体办事群众评议、辖区内企业评议、人大代表政协委员评议、第三方机构评估等方式方法有机结合在一起。面向群众的调查评议可以将笼统询问满意与否细化为对某些具体制度落实情况的评价，还可以集合政府开放日、政务服务办事、市民热线投诉咨询等场景请相关当事人进行评议。要在针对政府信息公开工作开展情况的评价基础上，引入对政府信息公开需求的调查等内容。此外，还可以考虑将定期或不定期的集中评议与日常面向办事企业和群众的意见或需求调查结合在一起。

最后，加强评议结果的运用。评议方式方法及评议结果本身也应当向社会公开，接受社会评议和监督。在确保评价结果客观真实的基础上，提高社会评议结果在政府信息公开工作考核中的权重，切实推动各级政府部门以发现和整改问题以及满足群众需求为导向改善政府信息公开工作。

2022年度中国地方政府债务信息公开情况研究报告

安徽观知天下数字科技发展有限公司

评估研究组*

摘　要： 政府债务是一个特殊的财政范畴和信用范畴，财政部印发的《地方政府债务信息公开办法（试行）》施行四年来，各地政府债务透明度持续提升。安徽观知天下数字科技发展有限公司项目组（以下简称"项目组"）从2019年开始，跟踪调查地方政府债务信息公开情况，总结地方政府债务在公开渠道、债券发行、存续期、重大事项、违规违法情形、债务管理等方面的公开情况取得的亮点与存在的问题。评估结果显示，地方政府债务在债券发行、债券存续期、政府债务管理制度等方面的信息公开提升幅度较大，但仍有部分地方对政府债务信息公开重视力度不够，公开不规范、内容要素不完整。

关键词： 地方政府债务　地方政府经济　政务公开

一　地方政府债务公开的背景

《中华人民共和国预算法》第14条规定："经本级人民代表大会或者本级人民代表大会常务委员会批准的预算、预算调整、决算、预算执行情

---

* 项目组负责人：吴俊杰，安徽观知天下数字科技发展有限公司董事长；马甜莉，安徽观知天下数字科技发展有限公司总经理。执笔人：代玲玲、张雨晴、王真越、荆秀丽、丁盼盼。

况的报告及报表，应当在批准后二十日内由本级政府财政部门向社会公开，并对本级政府财政转移支付安排、执行的情况以及举借债务的情况等重要事项作出说明。"《国务院关于加强地方政府性债务管理的意见》提出，要完善地方政府债务公开制度，建立地方政府性债务公开制度，加强政府信用体系建设，各地区要定期向社会公开政府性债务及其项目建设情况，自觉接受社会监督。《地方政府债务信息公开办法（试行）》，明确了地方政府债券发行、存续期、重大事项等相关信息的公开范围、公开标准、公开要求，规范了地方政府债务的管理工作。

地方债务信息公开，不是"为了公开而公开"，而是对地方债务的良好治理具有推动作用，同时很大程度上对地方政府举债行为形成舆论监督和社会制约。地方政府债务状况横向比较的一个重要的基础性条件是地方债务信息充分、及时和普遍的公开。因此，推动地方债务信息公开，有利于地方政府更好地防范化解重大风险，促进地方债务规范治理和良性发展，对提升地方政府治理水平和治理能力具有重要意义。

二 地方政府债务研究对象、指标及方法

为了与本书第一编"总报告"中的数据进行对比，地方政府债务研究对象的具体名单与"总报告"一致，分别为31家省级政府、49家较大的市级政府和120家县（市、区）级政府。

项目组根据财政部印发的《地方政府债务信息公开办法（试行）》设定本次评估指标，评估指标覆盖7个一级指标、19个二级指标。一级指标分别为地方政府经济和债务情况、债券发行安排公开、债券发行公开、存续期公开、重大事项公开、违法违规情形公开、政府债务管理制度。其中政府债务状况、债券发行安排公开、债券发行公开、重大事项公开考察31家省级政府，存续期公开、违法违规情形公开、政府债务管理制度考察31家省级政府、49家较大的市级政府和120家县（市、区）级政府。

地方政府经济和债务情况主要考察国民经济生产总值（GDP）、政府负债率、政府偿债率、政府债务负担；债券发行安排公开主要考察新增债券发行公开专栏设置情况、新增债券发行安排、再融资债券发行安排；债

券发行公开主要考察新增债券发行公开专栏设置情况、新增一般债券发行公开、新增专项债券发行公开、再融资债券发行公开；存续期公开主要考察一般债券存续期公开、专项债券存续期公开；重大事项公开主要考察一般债券重大事项公开、专项债券重大事项公开；违法违规情形公开主要考察问责决定公开和公开及时性；政府债务管理制度主要考察本地区本级政府债务管理制度规定。

项目组运用网络检索方式，对各地方政府债务数据进行采集，通过对比近几年来各类数据分布情况、不同单位间横向比对等研究方法对地方政府债务公开情况进行研究分析。数据采集监测平台主要包括地方政府门户网站、财政部门门户网站、中国地方政府债券信息公开平台、中国债券信息网（地方政府债券信息披露门户）。

三 地方政府经济和债务情况

由于各地省级政府2022年决算暂未发布，项目组选取近三年（2019—2021年）的政府债务数据进行统计分析，如表7-3所示。

（一）地方政府债务数据分析

地方政府债务负担是指一般债务余额和专项债务余额之和，通过2019—2021年数据横向对比来看，31家省级政府的债务负担数据均呈逐年递增。

政府负债率是衡量经济总规模对政府债务的承载能力或经济增长对政府举债的依赖程度。通过2019—2021年数据纵向对比来看，31家省级政府负债率最小值和最大值均逐年增长，2019年政府负债率的浮动区间在11.07%—70.88%，2020年政府负债率的浮动区间在13.78%—81.65%，2021年政府负债率的浮动区间在16.30%—83.28%，仅有1家省级政府连续三年的政府负债率超过60%；通过2019—2021年数据横向对比来看，有24家省级政府负债率逐年递增。

政府债务率是衡量债务规模大小的指标。通过2019—2021年数据纵向对比来看，31家省级政府债务率最小值和最大值逐年增长，2019年政府债务率的浮动区间在 11.24%—148.47%，其中有 9 家省级政府债务率超过 100%，2020 年政府债务率的浮动区间在 16.41%—154.95%，其中有 10 家省级政府债务率超过 100%，2021 年政府债务率的浮动区间在 20.55%—157.90%，其中有 21 家省级政府债务率超过 100%；通过 2019—2021 年数据横向对比来看，有 26 家省级政府债务率逐年递增。

政府偿债率是指本级政府当年债务还本付息额/当年地方政府可用收入，该项数据越高，说明偿债压力越大。通过 2019—2021 年数据纵向对比来看，31 家省级政府偿债率最小值和最大值逐年增长，2019 年政府偿债率的浮动区间在 0.72%—18.53%，31 家省级政府偿债率均未超过 20%，2020 年政府偿债率的浮动区间在 1.24%—24.36%，其中有 1 家省级政府偿债率超过 20%，2021 年政府偿债率的浮动区间在 2.27%—25.80%，其中有 4 家省级政府偿债率超过 20%；通过 2019—2021 年数据横向对比来看，有 19 家政府偿债率呈逐年递增。

（二）地方政府经济与债务情况分析

随着地区国民经济生产总值显著的增长趋势，地方政府债务负担增长趋于平缓。2020 年国民经济生产总值增长率在 -5.20%—12.07%，2021 年国民经济生产总值增长率在 7.07%—27.98%，除贵州省、西藏自治区、吉林省 3 家省级政府外，有 28 家省级政府的 2021 年国民经济生产总值增长率比 2020 年国民经济生产总值增长率提高五个百分点以上，其中，有 13 家省级政府 2021 年国民经济生产总值增长率比 2020 年国民经济生产总值增长率高出十至二十五个百分点，总体来看 2019—2021 年省级政府国民经济生产总值增长趋势逐年向好。2020 年政府债务负担增长率在 4.19%—47.60%，2021 年政府债务负担增长率在 3.37%—44.65%，其中，除陕西省、辽宁省、福建省等 7 家省级政府外，有 24 家省级政府 2021 年政府债务负担增长率低于 2020 年政府债务负担增长率，其中，有 12 家省级政府 2021 年政府债务负担增长率比 2020 年政府债务负担增长率降低五个百分点以上，总体来看 2019—2021 年省级政府债务负担的增长趋势逐年减弱。

表7-3　　2020—2021年31省国民经济生产总值增长率、
地方政府债务负担增长率

省份	国民经济生产总值增长率 2020年增长率（%）	2021年增长率（%）	地方政府债务负担增长率 2020年增长率（%）	2021年增长率（%）
甘肃省	3.42	13.60	26.20	24.48
贵州省	6.30	9.87	13.62	8.04
青海省	1.35	11.33	16.75	13.56
陕西省	1.51	13.82	12.86	16.89
宁夏回族自治区	4.59	15.35	12.12	3.37
四川省	4.25	10.81	20.48	19.58
西藏自治区	12.07	9.32	47.60	32.19
新疆维吾尔自治区	1.47	15.84	22.56	17.61
云南省	5.59	10.70	18.30	14.18
北京市	1.85	11.54	22.15	44.65
天津市	-0.15	11.44	28.41	23.77
河北省	3.14	11.56	25.85	20.06
山西省	3.67	27.98	31.34	17.35
内蒙古自治区	0.86	18.17	13.16	7.64
辽宁省	0.82	9.83	4.19	10.75
吉林省	4.98	7.51	19.89	15.32
黑龙江省	1.14	8.62	19.71	14.95
上海市	1.43	11.66	20.44	6.75
江苏省	3.10	13.28	15.79	10.08
浙江省	3.44	13.78	20.14	19.21
安徽省	4.22	11.06	20.96	20.58
福建省	3.03	11.93	15.70	19.91
江西省	3.77	15.29	33.60	26.08
山东省	3.67	13.63	26.39	20.50
河南省	1.36	7.07	24.08	26.30

续表

省份	国民经济生产总值增长率		地方政府债务负担增长率	
	2020年增长率（%）	2021年增长率（%）	2020年增长率（%）	2021年增长率（%）
湖北省	-5.20	15.12	25.36	18.39
湖南省	4.13	10.88	16.12	15.15
广东省	2.93	11.89	28.19	33.29
广西壮族自治区	4.16	11.84	20.33	12.42
海南省	4.21	17.04	17.58	14.68
重庆市	6.08	11.39	21.33	26.63

四 地方政府债务公开现状

（一）债券信息公开渠道

1. 评估发现的亮点

虽然财政部发文明确了政府债务统一公开的平台为"中国地方政府债券信息公开平台"，但地方政府在多年实践中也已经形成了各自固定的发布渠道，主要是政府门户网站、财政部门门户网站、中国地方政府债券信息公开平台、中国债券信息网（地方政府债券信息披露门户）。债券发行安排公开平台渠道方面，31家省级政府中，2022年有6家省级政府在政府门户网站开设政府债务信息公开专题专栏，相比2021年增加了4家；有18家省级政府在财政部门门户网站单独开设政府债务专题专栏或在公示公告栏目内集中公开政府债务相关信息，相较于2021年增加了8家，且2022年有4家省级政府在政府门户网站及财政厅门户网站均设置政府债务栏目公开相关信息。债券发行公开平台渠道方面，有5家省级政府在省政府门户网站和省财政部门网站均设有新增债券发行公开专栏，相较于2021年增加了2家；有2家省级政府仅在省政府门户网站设有新增债券发行公开专栏，相较于2021年增加了1家；有16家省级政府仅在省财政部门网站设有新增债券发行公开专栏，相较于2021年增加了9家。总体来看，相较于2021年，2022年有更多省级政府在不同的平台开设了政府债务栏目公开政府债券发行安排、披露、结果等信息，推动了信息公开的透明度，拓宽了信息公示范围，为人民群众了解政府债务提供更多便利。

2. 评估发现的问题

部分政府债务信息公开渠道较为单一。政府债券的重大事项的公开渠道为中国地方政府债券信息公开平台和中国债券信息网（地方政府债券信息披露门户）；政府债务管理制度公开渠道为政府或财政部门门户网站。建议多平台渠道高质量地公开地方政府债务信息，积极发挥社会监督对防范政府债务风险的促进作用。

（二）债券发行安排

1. 评估发现的亮点

债券发行安排公开程度有所改善。2022年有5家省级政府每月20日前完整及时地公开了本地区下一月度新增地方政府债券和再融资债券发行安排，其中，完整及时公开新增地方政府债券发行安排的单位数量较2021年增加了2家，完整及时公开再融资债券发行安排的单位数量较2021年增加了4家。

2. 评估发现的问题

多数债券发行安排公开不及时、月份缺失。31家省级政府中，有3家省级政府未在门户网站、财政部门网站、中国地方债券信息公开平台"发行安排"栏目、地方政府债券信息披露门户"信息披露文件—发行计划"栏目公开2022年度新增地方政府债券和再融资债券发行安排；有19家省级政府2022年债券发行安排存在公开不及时的情况，例如，某省财政厅"政府债务领域信息公开"栏目中2022年1—10月本地区下一月度新增地方政府债券和再融资债券发行安排均未在每月20日之前公开；有10家省级政府2022年债券发行安排存在月份缺失的情况，例如，某省未发布2022年1月、2月、4月、7月、8月、9月、11月、12月新增地方政府债券和再融资债券发行安排。

（三）债券发行公开

1. 评估发现的亮点

（1）债券发行公告公开比例保持较高水平

地方政府债券发行公告公开比例连续两年达到100%，2021年与2022年新增一般债券、专项债券和再融资债券发行公告公开比例均为100%。

（2）债券信息披露透明度较高

债券信息披露是增强债券市场透明度、保护投资者权益、保证债券市场公开、公平、公正的基本要求。31家省级政府公开的新增一般债券发行公告均包括本地区国内生产总值、居民人均可支配收入、地方政府一般公共预算情况及信用评级报告；30家省级政府新增一般债券发行公告信息包括规模、期限、项目、偿债资金安排，公开比例高达96.78%。31家省级政府公开的新增专项债券发行公告均包括本地区国内生产总值、居民人均可支配收入、拟发行专项债券信息（包括规模、期限及偿还方式）、财务评估报告（含项目预期收益和融资平衡情况评估）、法律意见书、信用评级报告等内容。31家省级政府公开的再融资债券发行公告均包含再融资债券发行规模。债券信息披露高度透明对地方政府债务的持续健康发展和金融市场的持续开放具有重要意义。

（3）地方政府债券资金用途较为广泛

31家省级政府均公开了地方新增债券及再融资债券的资金用途，实现资金用途的全面化、透明化，有效增强了社会对政府行为的监督，有利于进一步提高财政管理的规范度。根据31家省级政府发行的地方新增债券资金用途来看，地方政府发行的新增一般债券和专项债券主要用于社会保障、水利、乡村振兴、医疗健康、教育、生态环境保护和修复治理、交通基础设施、市政建设、公益性资本支出、其他社会事业、自然灾害防治体系建设、保障性住房等基础设施建设方面，对我国民生工程、基础设施建设、城镇化发展有着重要的支撑作用。再融资债券主要用于偿还到期地方政府债券，有效缓解了地方政府债务偿还压力，对防范化解地方政府债务风险起到积极作用。

2. 评估发现的问题

（1）债券发行公告中信息要素不全

2022年新增一般债券发行公告中关于一般债务的信息公开不全，有4家省级政府2022年新增一般债券发行公告中缺少债务地区分布、期限结构，有2家省级政府2022年新增一般债券发行公告中缺少债务期限结构。

2022年新增专项债券发行公告内容不完整。一是31家省级政府2022年新增专项债券发行公告中地方政府性基金预算情况公开不全面，例如，某省发布的2022年该省第二批新增专项债券发行公开中缺少拟发行专项债券对应的地方政府性基金预算收支；某省2022年第三批该省政府债券信息披露文件中缺少本级或使用专项债券资金的市县级政府地方政府性基金收支情况和拟发行专项债券对应的地方政府性基金预算收支情况。二是6家省级政府2022年新增专项债券发行公告中专项债务信息要素不全，某省2022年新增专项债券发行公告信息中未公开专项债务限额、地区分布等要素；有2家省级政府2022年新增专项债券发行公告信息中未公开专项债务期限结构；有3家省级政府2022年新增专项债券发行公告信息中未公开专项债务地区分布、期限结构等要素。三是15家省级政府2022年新增专项债券发行公告中拟发行专项债券对应项目信息要素不完整，有10家省级政府公开的2022年新增专项债券信息中对应的项目缺少主管部门责任信息；有2家省级政府公开的2022年新增专项债券信息中缺少分年度投资计划信息；有3家省级政府公开的2022年新增专项债券信息中既缺少主管部门责任信息又缺少分年度投资计划信息。

2022年再融资债券发行公告中原债券要素公开不理想。有11家省级政府2022年再融资债券发行公告中缺少原债券代码；有1家省级政府再融资债券发行公告中缺少原债券代码、到期本金规模信息；有1家省级政府再融资债券发行公告中缺少原债券名称、代码、发行规模、到期本金规模等信息。

（2）债券发行结果公开不规范

31家省级政府中，新增一般债券发行结果方面，有18家省级政府新增一般债券发行结果公开不及时，未在债券发行后2个工作日内公开；有5家省级政府新增一般债券发行结果中缺少债券编码；有2家省级政府新增一般债券发行结果公开时间早于债券发行公告。新增专项债券发行结果方面，有 18 家省级政府新增专项债券发行结果公开不及时，未在债券发行后 2 个工作日内公开；有 4 家省级政府新增专项债券发行结果中缺少债券编码；有 2 家省级政府新增专项债券发行结果公开时间早于债券发行公告。

（四）债券存续期公开

1. 评估发现的亮点

2022 年末债券存续期信息公开要素较齐全。截至 2023 年 4 月 18 日，在公开了 2022 年年末一般债券存续期的 2 家市政府及 4 家县（市、区、旗）政府中，有 4 家单位公开的信息中均包含一般债券的资金利率、期限及一般债券资金使用情况。在公开了 2022 年年末专项债券存续期的 2 家市级政府及 4 家县（市、区、旗）政府中，有 3 家单位公开的信息中均包含专项债券利率、期限、专项债券资金使用情况。

由于本次数据监测时间早于要求公开时限（2023 年 6 月底前），为了更加科学全面地了解各级政府对于存续期信息公开的情况，项目组对 2021 年年末存续期公开的情况也进行了统计，2021 年年末债券存续期的公开情况相较于 2020 年年末的公开情况有所改善。有 20 家省级政府、23 家市级政府及 69 家县（市、区、旗）级政府发布了 2021 年年末债券存续期信息；2021 年省级政府债券存续期公开单位数量相较于 2020 年增长了 42.86%；2021 年市级政府债券存续期公开单位数量相较于 2020 年增长了 76.92%；2021 年县（市、区、旗）级政府债券存续期公开单位数量相较于 2020 年增长了 30.19%。

2. 评估发现的问题

2022 年年末债券存续期公开情况仍不理想。数据采集截至 2023 年 4 月 18 日，经项目组采集各级政府门户网站、财政部门网站、中国地方债券信息公开平台"存续期公开"栏目、地方政府债券信息披露门户"信息披露文件—存续期披露"栏目发现，仅有 2 家市级政府及 4 家县（市、区、旗）级政府发布 2022 年末债券存续期信息，公开占比仅为 3%，其余 31 家省级政府、47 家市级政府、116 家县（市、区、旗）级政府未发布 2022 年年末一般债券和专项债券存续期相关信息。

（五）债券重大事项公开

1. 评估发现的亮点

专项政府债券不定期跟踪评级报告随同重大事项——资金调整信息公开情况较好。通过监测31家省级政府门户网站、财政部门网站、中国地方债券信息公开平台"重大事项"栏目、地方政府债券信息披露门户"信息披露文件——其他公告通知"栏目，有26家省级政府公开了2022年专项债券重大事项——关于调整专项债券资金用途的公告，其中，有19家省级政府在公开专项债券调整资金用途公告的同时发布政府债券不定期跟踪评级报告，报告中均分析了2022年财政部门在对资金用途进行调整的过程中，调整前后各期债券本息的保障程度均未发生重大变化。

2. 评估发现的问题

一般政府债券不定期跟踪评级报告随同重大事项——资金调整信息公开情况不理想。31家省级政府中，仅11家省级政府公开了2022年一般债券重大事项——关于调整一般债券资金用途的公告，除3家省级政府发布的政府债券不定期跟踪评级报告分析了资金调整前后对一般债券未产生的重大影响以外，其余8家省级政府均未公开重大事项对一般债券产生的影响及具体的补救措施等。此外，截至2023年4月18日，有20家省级政府在一般债券存续期内，未公开可能影响使用一般债券资金地区的一般公共预算收入的重大事项公告信息和重大事项对一般债券产生的影响以及具体的补救措施等。

（六）违法违规情形公开

政府债务违法违规情形公开透明度较低。在2019—2022年的监测中，被观察的31家省级政府、49家市级政府和120家县（市、区）级政府均未在各级政府门户网站、财政部门网站、财政部门户网站"查处问责""地方问责"栏目中公开涉及违法违规举债担保行为问责相关信息。

（七）政府债务管理制度

1. 评估发现的亮点

本地区、本级制定的政府债务管理相关制度的比例逐年提高。2022

年有 31 家省级政府、40 家较大的市政府和 65 家县（市、区）政府公开本地区本级制定的政府债务管理相关制度，公开占比 68%，较 2021 年（130 家）增长了 4.62%。按层级划分，省级政府、市级政府 2022 年公开政府债务管理制度的单位数量与 2021 年持平；县（市、区）级政府公开水平有一定提升，由 2021 年的 59 家增长为 2022 年的 65 家，增长率为 10.17%。

2. 评估发现的问题

县（市、区）级政府债务管理制度公开情况有待提升。2022 年有 19 家县（市、区）级政府仅转发上级制定的政府债务管理相关制度，还有 36 家县（市、区）级政府未公开本地区本级制定的政府债务管理相关制度，建议相关县（市、区）级政府进一步加强对政府债务管理制度的公开力度。

（八）政府债务随同决算公开

政府债务随同决算公开主要考察了随同决算公开上年年末本地区、本级及所属地区地方政府债务限额、余额决算数，地方政府债券发行、还本付息决算数、债券资金使用安排等信息。具体公开情况在本书第一编"总报告"中均进行了详细分析，项目组主要从 2018—2021 年地方政府债务限额、余额、还本、付息随同决算公开的发展趋势进行对比分析，具体情况如下。

1. 评估发现的亮点

项目组对比了 2018—2021 年地方政府债务有关数据发现，地方政府债务还本付息数随决算公开力度逐年提升。

2018—2021 年发布本地区和本级政府债务还本决算数的单位数量持续提升，2019 年较 2018 年同比增长 79.45%、75.00%，2020 年较 2019 年同比增长 27.48%、34.69%，2021 年较 2020 年同比增长 5.39%、3.03%。

2018—2021 年发布本地区和本级政府债务付息决算数的单位数量持续提升，2019 年较 2018 年同比增长 84.21%、60.87%，2020 年较 2019 年同比增长 45.71%、72.97%，2021 年较 2020 年同比增长 15.03%、3.13%。

2018—2021 年发布所属地区政府债务限额决算数的单位数量持续提升，2019 年较 2018 年同比增长 48.00%，2020 年较 2019 年同比增长

51.35%，2021 年较 2020 年同比增长 14.29%。

2018—2021 年发布所属地区政府债务余额决算数的单位数量持续提升，2019 年较 2018 年同比增长 46.15%，2020 年较 2019 年同比增长 44.74%，2021 年较 2020 年同比增长 16.36%。

2. 评估发现的问题

项目组对比了 2018—2021 年地方政府债务有关数据发现，本地区、本级 2021 年地方政府债务限额余额决算数随决算公开力度相较于 2020 年有所减弱。2021 年发布本地区、本级 2021 年地方政府债务限额决算数的单位数量较 2020 年同比减少 5.24%、4.17%，2021 年发布本地区、本级 2021 年地方政府债务余额决算数的单位数量较 2020 年同比减少 7.14%、6.67%。

五 评估研究发现的优秀典型案例

（一）政府债务栏目建设

1. 安徽省

安徽省人民政府网站政府信息公开平台设置"政府债务"栏目，点击后跳转至安徽省财政厅政府信息公开平台"政府债务领域信息公开"栏目，保障信息的同源性。该栏目中公开了安徽省政府债券发行安排、发行公告、还本付息公告、调整地方政府新增专项债券资金用途公告以及相关政策文件等信息。

2. 山东省

山东省人民政府网站政府信息公开平台设置"政府债务"，栏目内公开各类债券信息披露文件；山东省财政厅"重点领域信息公开"中设置"政府债务信息"专栏，栏目细分"债券发行公告及债券存续期公开""政府债务预决算公开""债务管理""政策文件""外债"子栏目，归类发布各类政府债务信息。

（二）债券发行安排

湖北省、湖南省、黑龙江省、广西壮族自治区等地区债券发行安排公开良好，按时发布 2022 年新增地方政府债券和再融资债券发行安排。其中湖北省同时公开 2022 年 11 个月债券发行情况，湖南省财政厅在"湖南省地方政府债务信息公开"栏目内按季度公开债券发行信息；黑龙江省在中国地方债券信息公开平台"发行安排"栏目内，按月公开了 2022 年的债券发行安排，且在每月 20 日前公开了本地区下一月度新增地方政府债券和再融资债券发行安排。

（三）政府债务状况

北京市、上海市、广东省、西藏自治区等省份政府债务状况较好，政府负债率、政府债务率、政府偿债率均控制在合理范围内，如北京市 2019—2021 年政府负债率分别为 14.00%、16.87%、21.37%，政府债务率分别为 53.84%、67.18%、88.95%，政府偿债率分别为 4.93%、8.53%、8.02%。

（四）新增一般债券、新增专项债券和再融资债券发行

湖北省依托"中国地方政府债券信息公开平台"公布了 2022 年新增一般债券发行公告及结果、新增专项债券发行公告及结果、再融资债券发行公告等信息。

新增一般债券发行公告及结果公开完整及时。"2022 年湖北省政府新增一般债券第三批（20220630）新增一般债券发行公开"中包含信息披露文件、信用评级报告以及湖北省经济、财政和债务有关数据等信息，拟发行一般债券的规模、期限、项目、偿债资金安排等要素完整，并在发行后 2 个工作日内公布债券编码、利率等信息。

新增专项债券发行公告及结果公开完整及时。"2022 年湖北省政府新增专项债券第七批（20221028）新增专项债券发行公开"中包含实施方案、财务评级报告、法律意见书、信用评级报告、项目详细信息表、信息披露文件等信息，对应项目信息公开完整，包含项目概况、分年度投资计划、项目资金来源、预期收益和融资平衡方案、潜在风险评估、主管部门责任等要素，并在发行后 2 个工作日内公布债券编码、利率等信息。

再融资债券发行内容完整规范。"2022 年湖北省政府再融资专项债券（第八批）再融资债券发行公开"包含再融资债券发行规模和原债券名

称、代码、发行规模、到期本金规模等要素。

(五) 重大事项公开

北京市、江西省等地区通过"中国地方政府债券信息公开平台""重大事项"栏目公开"北京市财政局关于调整部分新增地方政府债券资金用途的公告""江西省财政厅关于调整地方政府新增一般债券和专项债券资金用途的公告"。

(六) 债券存续期公开

广州市一般债券存续期公开较全面,包括了截至上年年末的一般债券资金余额(预算值、执行数)、利率、期限、地区分布、一般债券资金使用情况等要素。

福建省泉州市晋江市在政府门户网站"政府债务公开"栏目发布"2021—2022年末地方政府新增债券存续期情况表"信息,其中函括一般债券存续期、专项债券存续期均明确债券基本信息(债券名称、债券编码、债券类型、债券规模、发行时间、债券利率、债券期限)、债券项目总投资、债券项目已实现投资以及2021—2022年新增一般债券资金收入、2021—2022年新增一般债券资金安排的支出等信息。

六 发展与展望

(一) 规范债券信息公开,确保公开及时完整

各级政府要及时规范发布债券有关信息,建议在政府门户网站及财政部门网站开设政府债券相关栏目,在每月20日前公开本地区下一月度新增地方政府债券发行安排;规范公开新增一般债券、新增专项债券以及再融资债券发行公告和发行结果,包含要素完整;及时公布一般债券、专项债券重大事项,做好存续期公开。

(二) 科学分析政府债务数据,确保地区经济稳定发展

地方政府可通过举债融资支持地方重点工作,因地制宜通过扩大有效

投资、推进重点产业发展、增强内需发展动力、加快城乡协调发展等方式，推动地区经济稳定发展。使用政府债务的同时，做好政府负债率、政府债务率、政府偿债率、地方政府债务负担等关键数据的统计和分析工作，确保科学可控，防范债务风险。

（三）合理规范债务使用方向，提高使用效益

各地区要强化政府债务资金使用效益，通过加强产业发展，实现创收，强化政府还本付息能力，发挥政府投资对经济社会发展的拉动作用。加强对投资项目的绩效评价，并将评价结果作为政府投资计划调整的重要依据；培育专门的资产运营队伍，把政府所有的资产资源包括政府债务形成的资产全部"统"起来、"管"起来、"活"起来，切实避免资产长期闲置和收益长期低于预期现象。

（四）加强地方政府债务制度建设，加大管理和考核力度

各地区要加强制度建设，加大政府债务管理力度，出台本地区债券发行办法、信息披露办法以及绩效考核等管理办法，建立地方政府债务信息披露机制，及时公开地方政府债务信息；加大对地方政府债务管理的监督检查力度，加大考核力度，对于信息公布不及时、不完整的情况纳入绩效考核；对地方债务可能产生的风险要严密监控，做好防范化解地方债务风险的工作。

政务公开视野下的就业服务水平调研报告

中国社会科学院国家法治指数研究中心项目组[*]

摘　要： 针对58个地方政府围绕健全公共就业服务体系、扩大就业容量、服务创业、支持重点群体就业、提升劳动者素质、保障劳动者权益、防范规模性失业风险六个方面开展就业服务政府信息公开情况的调查显示，大部分地方政府能做到信息公开较为完善和及时，在借助"互联网+"方便从业手续办理、针对化服务重点群体就业等方面，各地政府的做法不乏亮点。但也存在就业歧视现象、失业预警仍有待改进等不足之处。对此，应善用技术、建章立制、加强主动公开，以帮助政府提高就业服务水平，增加政府工作的透明度，实现人民更高质量就业的目标。

关键词： 政务公开　就业服务　政府透明度

为分析当前就业创业领域信息公开的状况，中国社会科学院法学研究所法治指数创新工程项目组（以下简称"项目组"）以政府门户网站为观察对象，总结政府在就业创业、助企纾困领域信息公开取得的成就，分析当下就业服务存在的问题，并尝试以提升政务公开为切入点，对加强就业服务提出完善建议，以期推动各级政府更好地满足公民的就业创业需求，助力优化各地营商环境。

---

[*] 项目组负责人：田禾，中国社会科学院国家法治指数研究中心主任、法学研究所研究员；吕艳滨，中国社会科学院法学研究所法治国情调研室主任、研究员，中国社会科学院大学法学院行政法教研室主任、教授。项目组成员：马铭泽、王小梅、王祎茗、车宇婷、刘雁鹏、李卫、李玥、胡洋、袁晴、栗燕杰、彭馨宇（按姓氏笔画排序）。执笔人：马铭泽、李卫、胡洋、袁晴、彭馨宇（按姓氏笔画排序），中国社会科学院国家法治指数研究中心学术助理；吕艳滨。

一 做好就业服务信息公开的意义

（一）做好就业服务的意义

1. 保障民生

就业问题涉及经济社会发展和民生福祉。为了促进经济持续稳定发展，各级政府有义务提升就业服务水平以保障就业、稳定民生。就业是民生的基本保障，是维持人民基本生活需求的最根本的途径，因此，保障就业也是践行以人民为中心发展思想的重要体现。此外，就业是促进经济社会发展水平的重要动力，是增加居民收入、扩大内需、构建国内国外双循环、推动经济高质量发展的关键举措，是增进人民福祉、提高人民生活水平的重要手段，是全面建设社会主义现代化国家的重要基础。

保障就业还有助于实现社会公平正义，是消除贫困、缩小收入差距、提高人民幸福感、维护社会和谐稳定的基本手段。现阶段，我国社会的主要矛盾是人民日益增长的美好生活需要和不平衡不充分的发展之间的矛盾，在此背景下，政府更应将就业摆在经济社会发展和宏观政策优先位置，实施就业优先战略，制定和实施一系列促进就业的政策措施，扩大就业容量，努力提升就业质量。

2. 服务双创战略

大众创业、万众创新是我国政府为应对经济下行压力和转型升级采取的重要举措。双创战略旨在通过深化改革开放，激发社会创业创新活力，培育新动能，促进就业增长，推动经济结构优化和创新驱动发展。双创战略可以培育更多充满活力、持续稳定经营的市场主体，能够促进高校毕业生、农民工等重点群体多渠道创业就业，增强中小微企业吸纳就业的能力。双创战略可以推动产业结构调整，带动大数据、互联网等技术的发展和应用，为创新企业提供良好土壤。双创战略可以深入实施创新驱动发展战略，各地政府通过营造有利于创新创业的良好发展环境，能够更大限度地激发市场活力和社会创造力。

3. 优化营商环境

营商环境是影响经济增长、创新创业和民生福祉的重要因素，是一个国家或地区经济软实力和竞争力的重要体现。其中，劳动力就业环境也是反映一地营商环境的重要指标，《国务院办公厅关于进一步优化营商环境降低市场主体制度性交易成本的意见》明确指出"优化营商环境、降低制度性交易成本是减轻市场主体负担、激发市场活力的重要举措"。各级政府通过"放管服"简政放权，消除就业创业的制度障碍，优化营商环境，对我国经济社会发展大有裨益。

（二）公开提升就业服务水平

在就业保障领域加强政府信息公开具有其独特作用。一方面政府相比就业者对就业市场具有更宏观、更精准的认识，能够帮助就业者获知各个行业的劳动力供需情况以及薪酬待遇；另一方面，政府的就业政策是就业市场变化的关键要素之一，及时公开政府信息有助于就业者把握政策走向、了解政策目的，以更好地实现就业者与政府的联动。

2020年10月《中共中央关于制定国民经济和社会发展第十四个五年规划和二〇三五远景目标的建议》提出了"实现更加充分更高质量就业"的目标，并明确"强化就业优先政策"的主要任务。而全面推进就业创业领域政务信息公开，既是保障公民知情权的现实需要，有助于提升人民群众就业创业质效，缓和失业人口就业矛盾，增进民生福祉，也有助于增强政府活动的透明性，规范权力运行，实现运用大数据提升国家治理现代化水平的核心目标。

二　调研方法

1. 调研对象

项目组根据国家统计局2022年公布的国内生产总值情况及各省份相继披露的2022年经济运行数据，选取4个直辖市和各省省会及GDP总量排名前列的城市为调研对象，在22个省、5个自治区中共选取54家地市级政府，总计选取了58个城市作为调查对象。

2. 调研内容

国务院2021年8月23日印发《国家"十四五"就业促进规划》

(以下简称《"十四五"就业促进规划》)。《"十四五"就业促进规划》提出七项重点任务：一是坚持经济发展就业导向，不断扩大就业容量；二是强化创业带动作用，放大就业倍增效应；三是完善重点群体就业支持体系，增强就业保障能力；四是提升劳动者技能素质，缓解结构性就业矛盾；五是推进人力资源市场体系建设，健全公共就业服务体系；六是优化劳动者就业环境，提升劳动者收入和权益保障水平；七是妥善应对潜在影响，防范化解规模性失业风险。本次调研据此形成七项一级指标。

同时围绕《"十四五"就业促进规划》，佐以各级部委出台的促进创业就业意见办法，扩充细化一级指标，首先确定了政府平台应当公布的二级基础指标。其次，依据2019年12月国务院办公厅印发的《国务院办公厅关于全面推进基层政务公开标准化规范化工作的指导意见》，对部分群众热切关心讨论的就业创业基本问题加以整合，确保二级指标设计紧紧围绕群众需求（见表7-4）。

表7-4　　　　　　　　　　调研指标体系

一级指标	二级指标	公开依据
人力资源市场与公共就业服务体系建设情况信息公开	政府官网就业创业服务专栏设置情况公开（为方便群众查询）	《"十四五"就业促进规划》（国发〔2021〕14号）《国务院办公厅关于印发全国一体化政务服务平台移动端建设指南的通知》（国办函〔2021〕105号）《关于组织申报2023年公共就业服务能力提升示范项目的通知》（财办社〔2023〕22号）
	打造"互联网+人力资源服务"模式举措公开	
	基础性保障服务提供情况信息公开（为满足群众基础性就业需求）	
	根据"十四五"规划各地政府简政放权情况信息公开	
	打造集政策解读、业务办理等于一体的人工智能服务模式，逐步实现服务事项"一网通办"相关举措公开	
	满足群众创业就业资金需求，政府及时提供补贴保障的政策公开	

续表

一级指标	二级指标	公开依据
以经济发展为就业导向，就业容量改善扩大情况信息公开	促进就业，重大政策规划、重大工程项目、重大生产力布局情况公开	《"十四五"就业促进规划》（国发〔2021〕14号）《国务院关于加快构建大众创业万众创新支撑平台的指导意见》（国发〔2015〕53号）《国务院办公厅关于优化调整稳就业政策措施全力促发展惠民生的通知》（国办发〔2023〕11号）
	中小微企业和个体工商户扶持政策公开	
	平台经济发展政策公开	
	灵活就业政策公开	
	职业更新情况信息公开	
放大就业倍增效应，服务创业引进人才情况信息公开	创业服务政策公开	《国务院办公厅关于进一步做好高校毕业生等青年就业创业工作的通知》（国办发〔2022〕13号）《国务院办公厅关于进一步支持大学生创新创业的指导意见》（国办发〔2021〕35号）
	科研政策公开	《国务院办公厅关于改革完善中央财政科研经费管理的若干意见》（国办发〔2021〕32号）
	人才引进政策公开	《关于加快推进乡村人才振兴的意见》
就业保障能力增强，重点群体就业支持体系建设情况信息公开	各政府是否公开重点群体如高校毕业生、退役军人、农村劳动力、贫困人口、农村劳动力、残疾人、零就业家庭、大龄劳动者等相关文件	《"十四五"就业促进规划》（国发〔2021〕14号）《国务院办公厅关于印发促进残疾人就业三年行动方案（2022—2024年）的通知》（国办发〔2022〕6号）《国务院办公厅关于进一步做好高校毕业生等青年就业创业工作的通知》（国办发〔2022〕13号）《国务院办公厅关于优化调整稳就业政策措施全力促发展惠民生的通知》（国办发〔2023〕11号）

续表

一级指标	二级指标	公开依据
缓解结构性就业矛盾，劳动者技能素质培养信息公开	技能培训政策公开	《"十四五"就业促进规划》（国发〔2021〕14号）《国务院办公厅关于优化调整稳就业政策措施全力促发展惠民生的通知》（国办发〔2023〕11号）
	技能补贴项目信息公开	
	技能大赛信息公开	
劳动者权益保障信息公开	薪酬改善信息公开	《"十四五"就业促进规划》（国发〔2021〕14号）《关于建立企业薪酬调查和信息发布制度的通知》（人社部发〔2018〕29号）《中共中央国务院关于构建和谐劳动关系的意见》（中发〔2015〕10号）《人力资源和社会保障事业发展"十四五"规划》（人社部发〔2021〕47号）
	劳动权益保障措施公开	《"十四五"就业促进规划》（国发〔2021〕14号）《重大劳动保障违法行为社会公布办法》（人力资源和社会保障部令第29号）《中共中央 国务院关于新时代加快完善社会主义市场经济体制的意见》（中发〔2020〕10号）
	平等就业保障举措公开	
	改善劳动环境政策文件公开	
	询问、投诉、举报等沟通渠道是否畅通	
防范化解规模性失业风险	监测预警机制改善情况	《"十四五"就业促进规划》（国发〔2021〕14号）
	强化风险应对处置措施文件公开	

三 就业服务领域信息公开的亮点

就业是事关国计民生的大事，这一领域涉及的信息范围广、种类多、数据量大，人力资源和社会保障局门户网站是相关信息公开的前沿阵地。调研显示，大多数被调研对象能做到信息公开较为完善和及时，部分被调研对象不乏亮点。

1. 互联网+技术深度绑定，促进人力服务便民高效

随着经济社会发展，全国范围内跨地域流动人口数量逐年增多，但我国幅员辽阔，人口基数众多，传统的线下人力服务模式已经逐渐难以适应社会发展的新形势，如流动人员及高校毕业生档案接收查询工作确实面临一定程度的地域跨度问题，线下办理模式往往需要人和资料多地折返。互联网+人力资源服务模式的建立可以帮助缓解劳动者线下办理、异地办理的不便，58家被调研对象均在人力资源及社会保障局政府门户网站或政务服务平台开通业务咨询、办理渠道，线下线上办理双管齐下，提升了相关服务的便利性。同时，58家被调研对象针对创业就业失业等情况均开通线上办理通道，且线上服务通道多样，56家被调研对象的人力资源和社会保障局政府门户网站具备五项以上的业务办理通道，其中就业失业登记通道建立情况为86.21%。

2. 就业创业信息高度整合，补贴政策助力提质升级

为满足群众基础就业需求，各地积极结合自身实际条件开展招聘工作服务。58家被调研对象中，有57家在政府门户网站公示相关招聘信息，约占总数的98.28%。同时，以被调研的各地政府门户网站检索数据为例，仅有5家只公开线上招聘活动，其余91.38%的城市招聘会线下线上同步开启，这更加有助于求职者根据自身需求选择招聘形式。

创新创业战略是解决就业问题的重要渠道，也是维护社会稳定、提升社会创新活力的重要方法。《国务院关于推动创新创业高质量发展打造"双创"升级版的意见》明确指出，"创新创业与经济社会发展深度融合，对推动新旧动能转换和经济结构升级、扩大就业和改善民生、实现机会公平和社会纵向流动发挥了重要作用，为促进经济增长提供了有力支撑"。一方面，要注重提升"双创"战略信息获取的便利性。为此便需要打造完备便捷的就业创业网络一体化平台，逐步实现求职、就业、政府服务事项"一网通办"。58家被调研对象中有49家以政府为依托打造人才网、大学生创业就业平台，且在人社局政府门户网站附有相关链接，保障求职创业人员能够发现就业机遇，约占全部被调研对象的84.48%。同时，有49家被调研对象发布促进就业创业服务事项"一网通办""一站式办理"的政策文件，约占全部被调研对象的84.48%，提升了群众办事效率、群

众的获得感和幸福感。

另一方面，要加强"双创"战略补贴政策公开，消除创新创业人员的后顾之忧。调研显示，在58家被调研对象中，有52家被调研对象公开了鼓励创新创业的专项文件，约占全部被调研对象的89.66%。在一次性创业补贴申请和创业担保贷款申请两项具体事项上，分别有40家和41家政府门户网站提供了线上申请通道，占全部被调研对象的68.97%和70.69%，为创业群体办理相关业务提供了便利。其中，尤其值得一提的是，重庆市和广州市还为补贴申请提供了视频解读，增强了创新创业补贴申领的便利性。

3. 扎实推进项目落实公开，重点群体就业有序运行

《"十四五"就业促进规划》高度关注高校毕业生、城镇青年、退役军人、农村劳动力以及残疾人、零就业家庭人员等其他重点群体就业情况，强调"坚持市场化社会化就业与政府帮扶相结合，促进多渠道就业创业"。调研发现，被调研对象为重点群体提供的就业服务和保障亮点纷呈。

高校毕业生基层服务项目均有落实且公开。《国务院关于今年以来国民经济和社会发展计划执行情况的报告》中提出："加快落实促进高校毕业生等青年就业各项补贴政策，启动实施未就业毕业生服务攻坚行动，继续实施'三支一扶'计划、农村特岗教师计划、大学生志愿服务西部计划等基层服务项目，持续开发科研助理岗位。"三支一扶计划、农村特岗教师计划、大学生志愿服务西部计划等基层服务项目实施在58家被调研对象的信息公开栏目中均有公开，占比100%，项目落实成效明显。

退役军人相关安置服务平稳进行。《"十四五"就业促进规划》中指出要"改革完善退役军人安置制度"。在58家被调研对象中有22.41%的样本公开了专门的退役军人安置规定，如昆明市政府发布的《昆明市退役士兵安置规定》。另有70.69%的被调研对象有相关信息公开证明相关退役安置服务确有落实。

残疾人按比例就业制度公开程度日益规范。58家被调研对象中有48家公开了残疾人按比例就业的相关规定，占比82.76%，有32.76%的样本还制定了关于残疾人按比例就业制度的专门规定，例如南京市人民政府

便制定了《南京市按比例安排残疾人就业规定》，促进残疾人就业保障有法可依。

零就业家庭关注度稳中有进。零就业家庭是政府帮助就业的重要关注板块，在58家被调研对象中，有51家落实了零就业家庭相关规定的公开，占比87.93%。值得一提的是，苏州市、深圳市、鄂尔多斯市等12家被调研对象为此制定并公开了专门文件，占比20.69%。

公益性岗位安置相关规定公开持续向好。在被调研的样本中有25家制定了公益性岗位的专门文件，占比43.10%，以日喀则市政府为例，其制定的《日喀则地区公益性岗位管理细则》，为本地区公益性岗位管理进行了详细指引。各地政府对公益性岗位安置的重视程度空前高涨（见图7-4）。

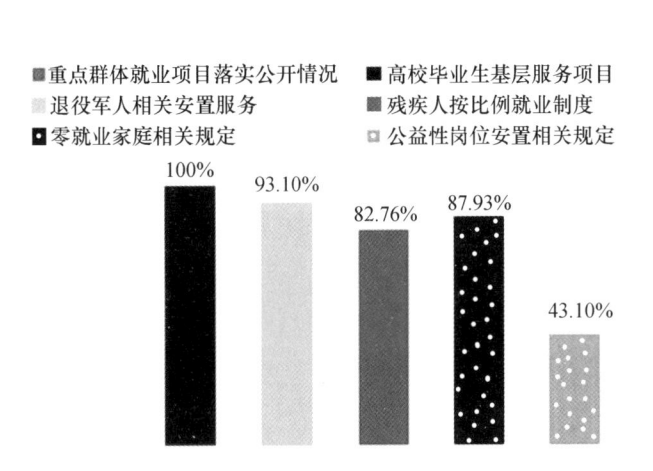

图7-4 重点群体就业项目落实公开情况

4. 公开技能提升配套政策，畅通技能人才发展通道

技能是强国立业的坚实根基，是解决结构性就业矛盾的关键一环，加强技能人才培养是实现技能强国的重要依托。党的二十大报告明确指出要加快建设国家战略人才力量，努力培养造就更多高技能人才。加快完善并公开技能等级认定制度，支持企业自主开展技能等级认定，有利于构建更加合理的职业技能等级制度，促使职业等级与薪酬、岗位晋升相衔接、相协调。职业培训机构在技能人才培养和发展中发挥着固根本、利长远的作

用，有利于技能人才筑牢业务根基，提升技术能力。而对本地区职业技能等级认定制度、职业技能等级认定机构和职业技能培训机构相关信息的公开，有助于推动本地区技术人才对相关政策的理解与接受，真正做到畅通技能人才发展通道。

58家被调研对象中，有31家公开了本地区职业技能等级认定政策，约占全部被调研对象的53.45%；有44家公开了本地区职业技能等级认定机构名单，约占全部被调研对象的75.86%；有35家提供了本地区职业培训机构方式，约占全部被调研对象的60.34%。在这些进行了相关公开的被调研对象中，仍有部分被调研对象表现尤为亮眼。以上海市为例，上海市人社局提供的职业培训机构查询系统，不仅可以直接看到机构的基本信息，还能看到机构的信用等级。一方面，降低了公众遇到不良机构的风险；另一方面，也鞭策各个机构不断提升自身业务能力，严格约束自身职业道德（见图7-5）。

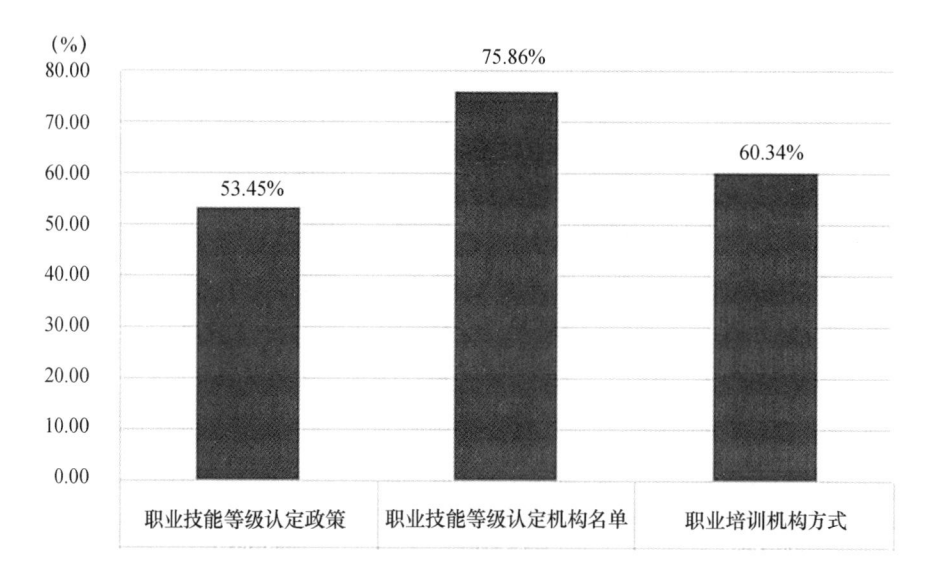

图7-5 技能提升配套政策公开情况

5. 注重技能竞赛信息公开，促进技能激励扩面增效

大力推动宣传各地区、各级别技能竞赛，通过技能比赛的切磋促进高技能人才交流成长，同时通过竞赛的激励机制，在全社会范围内形成良好

的示范带动作用,通过公开高技能人才典范,培育社会对于技能培养和技术人才的重视氛围。

所有的58家被调研对象,均公开了本地区举办的技能大赛,占全部被调研对象的100%,对推进职业技能教育的发展、引领社会重视技能、尊重技能人才奠定了坚实的基础。其中,部分被调研对象自主办赛内容不仅丰富,而且充分融合了本地区的经济发展和历史文化,真正地做到了以技能弘文化、以竞赛促发展。如山东省青岛市举办"鲁菜师傅"职业技能大赛,为本地区鲁菜文化和烹饪技能的发展,起到了良好的推进作用。

6. 公开欠薪治理信息,源头化解工资拖欠难题

劳动者提供劳动后依法享有按时、足额获得工资的权利,任何单位或个人都不得拖欠劳动者的工资薪金,政府通过公开欠薪企业黑名单、公示欠薪整治活动等措施,能够有效地为本辖区内劳动者获得工资提供服务和保障。调研发现,被调研对象对欠薪问题常抓不懈,扎实推进欠薪治理工作走向深入,尤其体现在根治拖欠农民工工资工作上。58家被调研对象全数公开了针对欠薪问题的整治措施,整体上看,欠薪治理的立体化工作机制基本形成。具体表现为如下四个方面。

一是公开相关政策法规。部分被调研对象在切实遵守《保障农民工工资支付条例》《工程建设领域农民工工资保证金规定》《拖欠农民工工资失信联合惩戒对象名单管理暂行办法》和《工程建设领域农民工工资专用账户管理暂行办法》等法规规章、规范性文件的基础上,还因地制宜出台了本地区有关欠薪治理的细化规定(见表7-5)。

表7-5   部分地区治理欠薪的细则规定

被调研对象	细则规定
北京市	《北京市工程建设领域农民工工资保证金实施办法》
上海市	《上海市企业欠薪保障金筹集和垫付的若干规定》《贯彻〈工程建设领域农民工工资保证金规定〉实施办法》
杭州市	《杭州市欠薪应急周转资金管理暂行办法》《杭州市建设领域农民工"无欠薪"管理实施细则》

续表

被调研对象	细则规定
青岛市	《关于健全完善治理拖欠农民工工资工作机制的通知》
西安市	《预防和解决拖欠农民工工资问题若干措施》
重庆市	《重庆市人民政府办公厅关于全面治理拖欠农民工工资问题的实施意见》
深圳市	《深圳经济特区欠薪保障条例》
苏州市	《苏州市工程建设领域农民工实名制管理实施细则》《苏州市工程建设领域农民工工资保证金管理细则》
岳阳市	《岳阳市农民工欠薪应急周转金管理实施细则（暂行）》
长治市	《长治市进一步加强治理欠薪工作机制实施办法》
赣州市	《赣州市欠薪应急周转金管理暂行办法》
日喀则市	《日喀则市欠薪应急周转金管理办法》

二是公开专项行动信息。北京市、上海市、天津市、青岛市、广州市、重庆市、苏州市、杭州市等被调研对象公开了在夏季、冬季（特别是春节前）开展根治欠薪专项行动的情况，通过专项行动确保特定时间内欠薪案件动态清零。

三是公布欠薪典型案例。苏州市、南京市、洛阳市、襄阳市等被调研对象向社会公布了重大欠薪违法案件。

四是公布欠薪"黑名单"、无欠薪"白名单"。北京市、南京市、洛阳市、拉萨市等被调研对象公布了欠薪企业"黑名单"。泉州市、曲靖市、银川市等被调研对象公布了无欠薪示范企业或项目。

五是畅通反映渠道。调研发现，58家被调研对象全部在政府门户网站上设置了在线沟通专栏并公开了人社联系电话，约69%的被调研对象在政府门户网站设置专门的投诉平台。此外，重庆市、苏州市和哈尔滨市等被调研对象还公布了欠薪维权专项举报投诉电话。

六是以平台整合为助力。各地注重在门户网站设置专栏公开治理欠薪的信息。深圳市、苏州市、济南市等被调研对象的人力资源和社会保障局政府门户网站设置有根治欠薪专栏，尤其是苏州市"根治欠薪 苏州在行动"栏目还分门别类地设置有"政策法规""欠薪入罪""曝光台""工作情况""维权渠道"等子栏目。此外，各地还加强了欠薪治理的平台建设。重庆市将劳动监察执法、农民工工资支付监控预警和网上办案等各类平台集成智慧人社大系统，联通不同渠道信息，实现人社大数据共享；石家庄市整合全国根治欠薪线索反映平台、农民工工资支付监管云平台和劳动保障监察平台数据，建立大数据可视化决策平台；大连市联合运用"互联网+"技术和大数据技术，融合多部门系统平台数据，建设全市统一的信息化治理欠薪工作平台。

四 就业服务领域信息公开的不足

尽管各被调研对象在促进、服务和保障就业方面下了大力气，做了真功夫，也不同程度地对就业领域的相关信息进行了公开。但应当指出的是，在就业这一最大民生面前，政府的就业服务不应止于合格，而应当不懈追求优质高效的就业服务能力和水平，并着力提升就业服务领域信息公开的力度和效率。调研发现，被调研对象还存在一些短板和弱项。

1. 动能培育信息尚不完备，人才引进政策公开不佳

《"十四五"就业促进规划》明确提出，各级政府"培育接续有力的就业新动能"，主要从"促进数字经济领域就业创业"和"支持多渠道灵活就业和新就业形态发展"两个方面入手。平台经济是指利用数字技术和互联网平台将生产要素和需求方进行有效匹配，提供各种商品和服务的经济模式，能够对就业产生积极影响，其既能够提高就业市场的弹性，也可以提升服务业就业的比重。调研发现，仅有12家被调研对象公开了鼓励平台经济发展的专项文件，占比约为20.69%；34家被调研对象在其他文件中提及平台经济，占比约为58.62%；12家被调研对象未提及平台经济的相关内容，占比约为20.69%（见图7-6）。平台经济能够催生新的就业形态，为相当一部分灵活就业者提供工作机会，例如网约车司机、外卖骑手、直播带货员等。在58家被调研对象中，仅有17家被调研对象持续开发新职业，发布新职业标准，占比约29.31%，被调研对象在就业新动能培育及其公开上尚有较大增进空间。

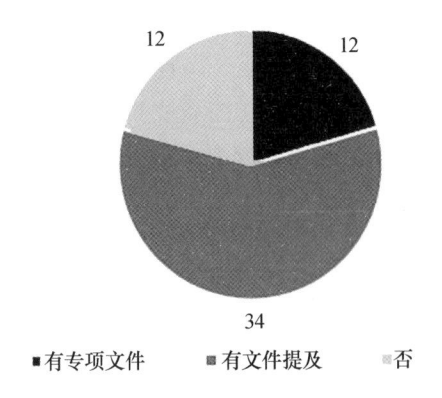

图7-6 鼓励平台经济发展文件公开情况

人才引进能够释放人才所蕴藏的巨大活力和潜力，满足城市产业转型升级的需求，在增强城市经济竞争力的同时促进就业。"栽下梧桐树，引得凤凰来。"人才引进需要完善的配套政策和服务，如降低落户门槛、提供购房租房等各类补贴、优化就业创业环境、保障劳动权益等。各地区需要以优惠的政策和优质的服务彰显求贤若渴、敬贤礼士的决心，从而吸引人才、留住人才、用好人才。人才引进相关政策和服务的有力公开是各地区人才引进举措发挥作用的有效手段，调研发现，被调研对象在人才引进相关配套政策和服务的公开上有待进步，在58家被调研对象中，仅有8家被调研对象设置了人才引进专栏，占比约为13.79%；25家被调研对象公布了人才引进专项政策，占比约为43.10%。

2. 重点群体就业信息不足，就业保障公开有待提升

高校毕业生、退役军人、农村劳动力、脱贫人口以及大龄劳动者等重点群体人数多、涵盖领域广、涉及就业问题复杂，确保重点群体的就业服务和保障各项要求有效落实并公开是全面系统解决就业问题的关键所在。调研发现，在重点群体就业服务和保障的政务公开方面，各地区仍有不足，具体表现为以下几点。

第一，全国大学生职业规划大赛信息公开欠佳。在58家被调研对象中，仅有3家公开了全国大学生职业规划大赛相关信息，占比约为5.17%。在就业形势严峻的当下，举行全国大学生职业规划大赛有利于高校毕业生提早进行职业规划、理性选择合适职业，各地区在今后应当加强

相关信息的公开。

第二,退役军人就业实名台账设立公开有待提升。根据《"十四五"就业促进规划》中"设立退役军人就业实名台账,强化退役军人服务中心(站)就业服务功能,及时提供针对性服务"的规定,各地应设立退役军人就业实名台账,提升对退役军人的就业服务。然而,在58家被调研对象中,仅有10家提及相关信息,占比约为17.24%。

第三,农村劳动力就业相关制度公开理应重视。我国农村人口占比大,农村人口对我国经济社会发展做出了重要贡献,在工业化和城镇化持续深入的进程中,更应重视农村劳动力的就业问题。各市级政府应当在开展区域间劳务协作、培植带动农村劳动就业的劳务品牌、创造大量就地就近就业岗位、提高基本公共服务均等化水平等方面深耕细作,推进农村劳动力转移就业。但调研发现,仅有16家被调研对象制定并公开了专门文件,占比约为27.59%。

第四,脱贫人口就业帮扶长效机制公开亟须完善。尽管我国已经取得脱贫攻坚战役的胜利,全面建成小康社会,但防止脱贫人口返贫仍是不容忽视的工作重点,健全脱贫人口、农村低收入人口就业帮扶长效机制势在必行。58家被调研对象中仅有14家制定并公开了专门文件,占比约为24.14%,各地区对此板块仍需重点突破。

第五,大龄劳动者就业帮扶和权益保护公开有待强化。老龄化趋势加速是我国必须面对的客观现实,加强对大龄劳动者的就业服务和权益保障是积极应对人口老龄化的题中应有之义。58家被调研对象中有15家对此予以关注并在公开文件中提及大龄劳动者就业服务,占比约为25.86%,总体来看重视程度仍需提高。

3. 技能补贴申领指引不足,技能大赛选拔信息公开不到位

技能补贴是推进技能提升的重要手段,通过补贴给予切实做好技能提升的公众和企业货真价实的利益,提升公众和企业对技能提升的积极性,进而形成良性循环,最终助力实现全社会范围内技能提升的扩面增效。但是调研发现,技能补贴相关信息的公开并不理想。调研组针对单位技能提升补贴、创业培训补贴、企业新型学徒制培训补贴、以工代训补贴等6项补贴的申领政策和获补名单的公开情况进行调研。结果发现,仅有21家被调研对象公开了3项及以上补贴申领政策,约占全部被调研对象的

36.21%，有3家被调研对象没有对任何一项补贴申领政策进行公示，约占全部被调研对象的5.17%。而对上述补贴获补名单的公示情况也不理想，没有被调研对象公开5项及以上技能补贴的获补名单，有52家被调研对象仅公开了3项及以下补贴的获补名单，约占全部被调研对象的89.66%。

虽然前文指出，各地区均在本地区举办了一定数量的技能提升大赛，但是，58家被调研对象在进行信息公开时，对本地区选拔国家级技能大赛参赛选手相关信息的关注程度明显较低。调研组选择了《"技能中国行动"2021—2022年重点工作安排》中涉及的乡村振兴职业技能大赛、新职业技术技能大赛、全国职业技能大赛、世界技能大赛4项技能竞赛作为参考，展开调研。调研发现，公开本地区3项比赛选拔信息的被调研对象仅有6家，约占全部被调研对象的10.34%，而公开本地区4项比赛选拔信息的地区更是仅有3家，约占全部被调研对象的5.17%。

4. 企业薪酬调查理当坚持，工资价位发布仍有提升空间

《关于建立企业薪酬调查和信息发布制度的通知》指出："建立企业薪酬调查和信息发布制度是深化企业工资分配制度改革的重要任务，是完善人力资源市场公共信息服务的重要内容。"科学合理开展企业薪酬调查，按时如实公布工资价位信息不仅源于国家做出了清晰明确的成文规定，还在于制度本身所具有的现实意义。其一，对政府而言，可以通过企业薪酬调查掌握本地区不同行业和职业工资价位信息的一手数据，从而真正实现合理施策、科学执政。中央政府也可以依托贯穿国家级、省级、市级的企业薪酬调查和信息发布体系从宏观上研判国民收入情况、国家就业形势，从而有的放矢地进行收入分配调节，推进收入分配制度改革。其二，对企业而言，可以通过政府发布的本地区工资价位信息合理确定本企业工资薪酬水平，从而建立、巩固、提升企业竞争优势。其三，对劳动者而言，公开透明的工资价位信息有助于劳动者跨越就业创业的信息鸿沟，选择合适心仪的工作岗位，将择业自主权牢牢掌握在自己手中。

调研发现，仅有31家被调研对象发布了本地区2022年度企业薪酬调查信息，仅有9家被调研对象在发布本地区2022年度企业薪酬调查信息的基础上又发布了本地区2022年度企业工资指导线。整体上，2022年度工资指导信息公开率约为53.45%（见图7-7）。

图 7-7 2022 年度工资指导信息发布情况

与制度预期相比，2022 年度工资指导信息实际发布情况并不理想。究其原因，可能是部分被调研对象的确未能按照规定开展企业薪酬调查，也可能是部分被调研对象虽开展了企业薪酬调查活动但未能将收集整理的工资价位信息在政府门户网站等渠道进行公开。此外，部分被调研对象对发布工资指导线的理解停留在转载本省发布的工资指导线上，导致 2022 年度市级企业工资指导线发布率过低。偏低的工资指导信息发布率使得企业薪酬调查和信息发布制度所具有的强大实践价值难以得到有效发挥，也在一定程度上反映了部分被调研对象的便民服务意识仍需加强，为民服务能力有待提升。

5. 就业歧视信息依旧存在，平等就业信息公开欠佳

我国历来重视保障劳动者依法享有的平等就业和自主择业的权利，坚决打击和消除一切就业歧视行为。2005 年 8 月 28 日，第十届全国人民代表大会常务委员会第十七次会议决定：批准于 1958 年 6 月 25 日经第 42 届国际劳工大会通过的《1958 年消除就业和职业歧视公约》。《中华人民共和国就业促进法》在第三章专章规定了"公平就业"，第 25 条规定："各级人民政府创造公平就业的环境，消除就业歧视，制定政策并采取措施对就业困难人员给予扶持和援助。"第 26 条规定："用人单位招用人员、职业中介机构从事职业中介活动，应当向劳动者提供平等的就业机会和公平的就业条件，不得实施就业歧视。"在新冠疫情期间，为依法保障康复者平等就业权益，解决康复者面临的就业歧视问题，人力资源和社会保障部与国家卫生健康委联合发布了《关于坚决打击对新冠肺炎康复者就业歧视的紧急通知》。

遗憾的是，国家层面的重视并未促使就业歧视偃旗息鼓，《"十四五"就业促进规划》指出"就业歧视仍然存在"。调研发现，约18.97%的被调研对象在2022年度有就业歧视方面的负面新闻报道，新闻报道揭露的就业歧视内容包括但不限于年龄歧视、学校学历歧视、对新冠康复者的歧视、对有吸烟习惯求职者的歧视、对有特定手机号码求职者的歧视。尽管有约55.17%被调研对象公布了打击就业歧视的举措，但是这些举措的实际效果如何仍有待观察。一方面，公开的有关打击就业歧视的条文散见于促进就业创业、保障妇女权益等大切口法律规范中，被调研对象公开的专门打击就业歧视的法规规章、规范性文件凤毛麟角。另一方面，公开的有关打击就业歧视的行动包含在疫情常态化防控、人力资源市场秩序专项整治、促进大学生就业创业等大范围治理活动中，被调研对象公开的集中打击就业歧视的行动寥寥无几。

6. 失业预警信息有待透明，失业应对公开仍需精进

《"十四五"就业促进规划》从"健全监测预警机制""全面强化风险应对处置"两方面指引了妥善应对潜在影响，防范化解规模性失业风险的出路。

调研发现，仅有28家被调研对象公开了失业预警机制建设的进展情况，其中，仅有10家被调研对象公开了失业预警实施方案、失业动态监测实施方案等有关失业预警的政策性文件。覆盖全面、系统完备的立体化失业监测网络尚未建成，市级政府的失业风险预警预判能力亟待加强。应当肯定的是，58家被调研对象全数公开了失业保险金、失业补助申领发放指南，广州市、襄阳市、遵义市等被调研对象还以视频形式对申领操作进行了讲解。但是，仅仅凭借失业保险金、失业补助金解决失业人员的燃眉之急终归不是长久之计，为从根本上实现对失业人员的保障，还需要生活保障与失业登记、技能培训、职业规划、职业介绍等其他措施联动协调，形成合力。调研发现，仅有半数被调研对象公开了失业登记、技能培训等方面的举措，对于健全失业应对机制、完善失业保障体系这一底线任务而言，措施出台和信息公开仍有提升空间。

五 就业服务领域信息公开的改革建议

就业是社会发展的重要指标，也是人民生活的基本保障。政府是社会经济生活的引导者，提供就业服务是政府践行为人民服务宗旨的题中之义。而公开是增加政府透明度和公信力的重要抓手，是将权力放在阳光下运行的必要手段。政府就业服务行为的政务公开既是对政府履职的监督，也是对公众获取政府服务的极大便利。根据《"十四五"就业促进规划》对新时期就业提出的规划和展望，针对调研过程中发现的在政府信息公开方面的不完善之处，提出以下几点建议。

1. 加强公开适时，助力解放思想

在当前的时代背景下，如何扩大就业容量，保障劳动者多元化、多渠道就业，促进社会稳定和人民幸福，是一个亟待解决的问题。必须解放思想，创新发展模式，激发市场活力，培养素质人才，提高就业效率。通过公开就业市场实时情况，帮助人民大众突破既往择业观念，避免某些岗位"人头攒动"而某些岗位"无人问津"的现象。要坚持市场化社会化就业方向，破除制约就业的体制机制障碍，充分发挥市场配置劳动力资源的决定性作用。通过公开就业市场的新发展、新变化、新趋势，有序引导与支持新就业形态，完善制度环境，保护各方合法权益，让新型就业创造更多高质量就业岗位。

2. 建章立制，着眼长效治理

虽然周期性治理行动、不定期检查和培训、组建领导小组等形式能在一定时期、一定范围内发挥促进就业的作用，但是这些措施难以持续发力，某种程度上带有"水过地皮湿"的意味。要从根本上解决问题，各级政府应当立足长远，充分理解和运用制定规章、规范性文件的权力，针对本地区常见多发、久治未愈的就业领域顽疾出台相应的规范文件，针对信息公开中体现出的问题制定相应的制度，完善保障就业的法律法规体系及其配套措施，如针对重点群体制定专门的规章文件，完备人才引进配套措施等。

3. 善用技术，赋能就业保障

在技术迅猛发展的时代，智慧行政、智慧司法早已不是奇闻轶事，各市级政府大多建立起自身政务服务系统并接入上级政府的政务服务平台，这为劳动者寻找就业机会、保障劳动者权益、应对失业问题提供了技术解决的端口。各市级政府应当妥善运用既有智能治理平台，充分利用互联网、大数据、人工智能等新技术新平台，推动数字化、智能化、网络化就业，打造新型就业形态，以新思想、新技术扩大就业容量，提高就业质量，用技术的翅膀助力各类劳动者就业腾飞。如更新政务服务平台系统，加快搜索速度，避免政府门户网站卡顿，提供智能就业咨询服务，对平台进行整合建设，增加线上就业办理事项数量，全面实现"一网通办"保障就业等。

4. 主动公开，同步工作进程

各市级政府不仅应当做到法定要求公开的就业领域相关政府信息一律在政府门户网站等公众可以触及的渠道公开，还应当将本地区关涉人民群众切身利益、可能对劳动者就业创业产生重大影响的信息，反映本行政机关机构设置、职能、办事程序等情况的内容有意识地主动公开。保障人民群众依法获取政府信息，提高政府工作的透明度，促进依法行政，充分发挥政府信息对人民群众就业创业活动的服务作用。应当注意的是，各市级政府不能仅注重结果的公开，还要注重过程的公开，不能仅注重形式的公开，还要注重实质的公开，比如对整治行动对象、领导小组成员、统计评估指标等信息进行公开。

5. 鼓励创业，资金保障透明

创业是就业的一种隐性形式，是创业者及其搭档通过对资源的整合和努力经营，从而创造出更多的经济价值或者社会价值，创业能够创造更多的就业岗位，促进社会经济发展，就业稳定，人民幸福安康。创新是发展的第一动力，是保障一个地方、一个民族、一个国家繁荣昌盛的不竭动力。全社会应当激发创新意识，提振创业精神，推动创新创业高质量发展，鼓励更多适合的人创业，使创新创业精神在整个社会蔚然成风。同时，应当加强各种创业项目活动的资金保障，辅之以完备的申领教程或政策解读，以较小投资激发更大经济回报。如鼓励高校毕业生、各行各业高质量人才进行创业，增加创业资金扶持，增加创业就业技能培训课程资金保障，举办各种形式的创业比赛，提供创新创业大赛奖金，吸引人才，引进人才等。

6. 加强监督，全面促进公开

《政府信息公开条例》中规定政府信息公开工作主管部门、公民、法人和其他组织有权对行政机关政府信息公开情况进行监督。但公权力机关的监督毕竟是有限的，不能覆盖方方面面。公民、法人和其他组织作为社会的主体，有权利对就业信息公开进行监督，促成政府及其机关"把权力关在笼子里"。首先，公民、法人和其他组织要树立自己拥有监督权利的意识，提高对权益维护的敏感程度，其次，对于损害权益的行为应当勇于制止，积极维护。另外，应当建立完善的奖惩制度，对公民、法人和其他组织监督设立合理激励机制。实现相关领域信息公开的全面、便利和透明，从而为保障全社会各类群体满意就业保驾护航。

法规、规章、规范性文件集中公开平台建设情况调研报告

中国社会科学院国家法治指数研究中心项目组[*]

摘　要：法规、规章、规范性文件集中公开平台是政务公开的重要载体，也是国家基础数据库建设的重要组成部分。围绕"查找便利度""内容完备性""内容准确性"三个方面，对各地地方性法规、地方政府规章、行政规范性文件的集中公开平台建设情况开展的调研分析显示，集中公开平台已经基本建成，并在集中发布法规文件方面发挥了重要的作用，但各个地区的平台建设水平仍不均衡。为此，今后有必要统一集中公开平台建设标准，提升平台的友好性与便民性，健全常态化工作沟通机制，加强监管并完善救济渠道。

关键词：地方性法规　地方政府规章　行政规范性文件　集中公开平台

地方性法规、地方政府规章、行政规范性文件是政府权力行使的重要依据，也与公民的权利义务紧密相关，公开并方便公众查询这些文件是法

---

[*] 项目组负责人：田禾，中国社会科学院国家法治指数研究中心主任、法学研究所研究员，中国社会科学院大学法学院特聘教授；吕艳滨，中国社会科学院法学研究所法治国情调研室主任、研究员，中国社会科学院大学法学院行政法教研室主任、教授。项目组成员：丁晨妤、王祎茗、王小梅、王淑敏、伍南希、刘雁鹏、刘定、刘海啸、牟璐宁、李莫愁、李璐、周远平、栗燕杰、葛鑫鑫、曾小玲、詹雨青（按姓氏笔画排序）。执笔人：王淑敏、伍南希、牟璐宁、李莫愁、李璐、葛鑫鑫，中国社会科学院国家法治指数研究中心学术助理；王祎茗，中国社会科学院法学研究所副研究员。

治政府、透明政府建设的必然要求。建设集中公开平台有助于提升地方性法规、地方政府规章、行政规范性文件公开效果，推动依法行政，保障公众合法权益。为了观察地方性法规、地方政府规章、行政规范性文件集中公开平台建设进展与面临的问题，中国社会科学院法学研究所法治指数创新工程项目组选取中国31家省级单位和49家较大的市①进行评估，对其集中公开平台建设成效等进行了调研分析。

一 调研背景

建设法治政府是全面推进依法治国的重点任务和主体工程，制定发布地方性法规、地方政府规章、行政规范性文件关系到行政机关依法履行管理职能，也对法治政府建设进程有重要影响。2020年11月16日至17日，习近平总书记在中央全面依法治国工作会议上强调，要全面依法治国，法治政府建设要率先突破。2021年1月10日，中共中央印发《法治中国建设规划（2020—2025年）》，提出建设完备的法律规范体系的要求，以良法促进发展、保障善治，逐步建设全国统一的法律、法规、规章、行政规范性文件信息平台。

国务院办公厅2018年5月16日发布的《国务院办公厅关于加强行政规范性文件制定和监督管理工作的通知》对加强行政规范性文件公开工作提出了系列要求，也对探索应用信息化手段辅助行政规范性文件公开提出了要求。《法治政府建设实施纲要（2021—2025年）》要求各省（自治区、直辖市）根据实际情况，实现现行有效的行政法规、部门规章、行政规范性文件的统一公开查询，并逐步实现本地区现行有效地方性法规、地方政府规章、行政规范性文件统一公开查询。

2022年4月22日国务院办公厅发布的《国务院办公厅关于印发2022年政务公开工作要点的通知》，也强调深化行政法规和规章集中公开，开

---

① 此处"较大的市"的概念为《中华人民共和国地方各级人民代表大会和地方各级人民政府组织法》在2015年的修正前规定的"省、自治区的人民政府所在地的市和经国务院批准的较大的市"，其中省会城市27个、经济特区城市4个、国务院批准的其他城市有18个。为了行文方便，此处仍沿用该概念。

展行政规范性文件集中公开工作。并计划在2022年年底前，各省级政府及其部门与市、县级政府及其部门结合实际情况，逐步探索建立本地区、本系统统一的现行有效行政规范性文件库，建立健全动态更新工作机制。

可以说，搭建地方性法规、地方政府规章、行政规范性文件集中公开平台，是我国推进政务公开和推进法治政府建设的重要举措。其不仅方便公众查询办事，也有助于规范各级政府制定、发布地方性法规、地方政府规章、行政规范性文件的规范化程度，提升政府法治建设的水平。

二 调研方法

基于《法治中国建设规划（2020—2025）》《法治政府建设实施纲要（2021—2025）》《国务院办公厅关于加强行政规范性文件制定和监督管理工作的通知》《2022政务公开工作要点》等文件的要求，项目组围绕"查找便利度""内容完备性""内容准确性"三个维度对集中公开平台建设情况进行了调研分析（见表7-6）。

其中，查找便利度方面围绕"集中公开平台""无障碍浏览功能""检索功能""分类方式""市级平台链接（仅评估省级）"五个方面，考察各省级单位、较大的市是否建立了地方性法规、地方政府规章、行政规范性文件的集中公开平台以及普通民众和残疾人是否能够简单快捷地获取所需信息。

内容完备性方面围绕"发文字号""发布单位""发布日期""生效日期""修改记录""官方解读"6项内容进行调研。根据《国务院办公厅政府信息与政务公开办公室关于做好规章集中公开并动态更新工作的通知》，规章集中公开时，只公开标题、题注和正文，不重复公开负责人签署的命令。题注应当包含公布时间及文号、修订时间及文号、施行时间等标识性信息。因此，调研组以同样的指标对地方性法规和行政规范性文件进行评估。

内容准确性方面围绕"文件状态""与其他公开渠道的一致性"2项内容进行调研。根据《国务院办公厅政府信息与政务公开办公室关于规范政府信息公开平台有关事项的通知》，政府信息公开平台集中发布的法定主动公开内容，有些可能与本行政机关网站的其他栏目内容存在交叉，因此，要注意加强衔接，坚持数据同源。为此，调研特别关注各集中公开平台内文件的数量和内容与国家规章库或国家法律法规数据库是否一致。

表7-6　　地方性法规、地方政府规章、行政规范性文件集中公开平台建设调研指标

一级指标	二级指标
查找便利度	集中发布平台
	无障碍浏览功能
	检索功能
	分类方式
	市级平台链接（仅评估省级）
内容完备性	发文字号
	发布单位
	发布日期
	生效日期
	修改记录
	官方解读
内容准确性	文件状态
	与其他公开渠道的一致性

评估主要采取外部观察法，即通过各级政府网站内地方政府规章集中公开平台和行政规范性文件集中公开平台、地方人大法规集中公开平台来分析相关平台建设和法规文件的公开情况。数据采集时间为2023年4月28日至2023年5月28日。

三　各地重视公开平台建设且多有创新

运用集中公开平台推进地方性法规、地方政府规章、行政规范性文件公开，是新形势下政务信息公开的必然趋势。调研发现，各地地方性法规、地方政府规章、行政规范性文件集中公开平台基本建成。其中，地方政府规

章与行政规范性文件集中公开平台功能配置完整，地方性法规集中公开平台总体建设不佳，二者建设情况差距较大（见表7-7、表7-8、表7-9）。

表7-7　　　　地方性法规集中公开平台建设情况汇总

调研指标		省级政府建设情况		市级政府建设情况	
		数量	比例	数量	比例
设有集中发布平台		27	87.10%	47	95.92%
提供无障碍浏览服务		3	9.68%	5	10.20%
提供检索功能		20	64.52%	5	10.20%
支持分类查找		8	25.81%	7	14.29%
公布市级地方性法规		10	32.26%		
标注通过日期	在集中发布平台首页和文件内部标注	7	22.58%	1	2.04%
	仅在文件内部标注	19	61.29%	45	91.84%
标注生效日期	在集中发布平台首页和文件内部标注	6	19.35%	1	2.04%
	仅在文件内部标注	20	64.52%	46	93.88%
标注修改记录	在集中发布平台首页和文件内部标注	2	6.45%	1	2.04%
	仅在文件内部标注	23	74.19%	45	91.84%
提供官方解读		8	25.81%	4	8.16%
标注文件状态		8	25.81%	7	14.29%
与国家法律法规数据库数量一致		0	0	3	6.12%
与国家法律法规数据库内容一致		22	70.97%	44	89.80%

表7-8　　　　规章集中公开平台建设情况汇总

调研指标	省级政府建设情况		市级政府建设情况	
	数量	比例	数量	比例
设有集中发布平台	31	100.00%	49	100%
提供无障碍浏览服务	15	48.39%	25	51.02%
提供检索功能	31	100%	49	100%
支持分类查找	3	9.68%	3	6.12%

续表

调研指标		省级政府建设情况		市级政府建设情况	
		数量	比例	数量	比例
提供市级规章发布平台链接		25	80.65%	/	/
标注文号	在集中发布平台首页和文件内部标注	29	93.55%	49	100%
	仅在文件内部标注	1	3.23%	0	0
标注发布日期	在集中发布平台首页和文件内部标注	30	96.77%	49	100%
	仅在文件内部标注	1	3.23%	0	0
标注生效日期	在集中发布平台首页和文件内部标注	28	90.32%	41	83.67%
	仅在文件内部标注	3	9.68%	8	16.33%
标注修改记录	在集中发布平台首页和文件内部标注	23	74.19%	39	79.59%
	仅在文件内部标注	4	12.90%	2	4.08%
提供官方解读		6	19.35%	27	55.10%
标注文件状态		2	6.45%	11	22.45%
与国家规章库数量一致		13	41.94%	20	40.82%
与国家规章库内容一致		29	93.55%	49	100%

表7-9　　**行政规范性文件集中公开平台建设情况**

调研指标		省级政府建设情况		市级政府建设情况	
		数量	比例	数量	比例
设有集中发布平台		31	100%	48	97.96%
提供无障碍浏览服务		18	58.06%	28	57.14%
提供检索功能		31	100%	46	93.88%
支持分类查找		25	80.65%	29	59.18%
提供市级行政规范性文件集中发布平台链接		27	87.10%	/	/
标注文号	在集中发布平台首页和文件内部标注	24	77.42%	34	69.39%
	仅在文件内部标注	7	22.58%	14	28.57%

续表

调研指标		省级政府建设情况		市级政府建设情况	
		数量	比例	数量	比例
标注发布单位	在集中发布平台首页和文件内部标注	20	64.52%	24	48.98%
	仅在文件内部标注	7	22.58%	24	48.98%
标注发布日期	在集中发布平台首页和文件内部标注	19	61.29%	39	79.59%
	仅在集中发布平台首页标注	3	9.68%	0	0
	仅在文件内部标注	9	29.03%	9	18.37%
标注生效日期	在集中发布平台首页和文件内部标注	0	0	0	0
	仅在文件内部标注	26	83.87%	48	97.96%
标注修改记录	在集中发布平台首页和文件内部标注	0	0	1	2.04%
	仅在文件内部标注	7	22.58%	2	4.08%
提供官方解读		18	58.06%	43	87.76%
标注文件状态		24	77.42%	39	79.59%

（一）法规、规章、规范性文件集中公开平台基本建成

整体来看，80家评估对象的集中公开平台建设较为完整。自2021年8月11日中共中央、国务院印发《法治政府建设实施纲要（2021—2025年）》以来，各地认真贯彻党中央、国务院对建设法规、规章、行政规范性文件统一公开查询平台的要求，集中力量建设法规、规章、行政规范性文件集中发布平台，于短时间内建成了基本符合要求的平台网站。目前，尽管各地集中发布平台仍存在诸多问题，但公众基本可以在平台网站中查询到本行政区域内制定的地方性法规、地方政府规章、行政规范性文件。调查发现，80家调研对象均建有地方政府规章集中公开平台；31家省级政府和48家较大的市级政府建有行政规范性文件集中公开平台，分别占100%、97.96%；27家省级人大和47家较大的市级人大建设有地方性法规集中公开平台，分别占87.10%、95.92%。公众基本可以在平台网站

中公开查询到本行政区域内制定的地方性法规、地方政府规章、行政规范性文件等法律文件。

（二）规章、规范性文件集中公开平台功能配置完整

在本次调研中，地方政府规章集中公开平台与行政规范性文件集中公开平台在功能配置方面总体较为完整。在无障碍浏览功能方面，3家省级人大和5家较大的市级人大地方性法规集中公开平台，分别占9.68%、10.20%；15家省级政府和25家较大的市级政府的地方政府规章集中公开平台，分别占48.39%、51.02%；18家省级政府和28家较大的市级政府的行政规范性文件集中公开平台，分别占58.06%、57.14%。设有无障碍浏览功能，设置无障碍浏览功能的地方性法规集中公开平台数量明显少于地方政府规章、行政规范性文件集中公开平台。如北京市、山西省、上海市等地区，三大集中公开平台的无障碍浏览功能均建设较为完整，可以方便老年人和残疾人查阅相关文件。

在检索功能方面，各评估对象的地方政府规章集中公开平台设置完整，公众均可在平台内进行搜索，31家省级单位和46家较大的市的行政规范性文件集中公开平台设有此功能，方便公众快速、精准地查找所需文件，分别占比100%、93.88%。

在分类方面，25家省级政府和29家较大的市政府对行政规范性文件进行了分类，分别占80.65%、59.18%。分类标准包括文件状态、发布主体、文件主题、发布年份等。有19家省级政府和14家较大的市政府按照发布主体对行政规范性文件进行了分类，分别占61.29%、28.57%。另有内蒙古自治区、上海市、江西省、海南省、贵州省、甘肃省、青海省、宁夏回族自治区八家省级政府和淄博市、郑州市、武汉市、贵阳市四家较大的市政府按照文件主题对行政规范性文件进行了分类，为使用者提供更加多样化的政策查询方式，也方便公众了解同一领域内的相关政策。

（三）法规、规章、规范性文件集中公开平台内容完备准确

在内容完备性方面，文号标注、发布日期、生效日期、修改记录4项指标公开情况较好，除极个别未建设集中公开平台的省市外，各省市或在

集中公开平台首页注明以上四项基本信息，或在文件内部注明四项基本信息，增强了所发布文件的权威性和完备性。通过文件抽查发现，22家省级人大和44家较大的市级人大所公布的地方性法规与国家法律法规数据库内容一致，分别占70.97%、89.80%；另有29家省级政府和49家较大的市级政府所公布的地方政府规章与国家规章库在内容方面一致，分别占93.55%、100%。而数量的一致性则表现一般，仅有13家省级政府和20家较大的市级政府所公开的地方政府规章与国家规章库在数量方面保持一致，分别占41.94%、40.82%。地方性法规与国家法律法规数据库的数量一致性则表现较差，仅有3家较大的市级人大地方性法规数量与国家法律法规数据库保持一致，占6.12%。

（四）部分地区探索创新值得借鉴

调研发现，贵州省地方性法规、地方政府规章、行政规范性文件集中公开平台建设情况整体较好，检索方便。贵州省设置了按文件名称检索、按所属领域检索、按制定机关检索、按文件状态检索、按发文字号检索、按公布日期范围检索等多项检索选择。这有助于方便公众检索。除此之外，贵州省还创新性地在集中公开平台底部增加了"统计分析柱状图"，以行政规范性文件为例，公开平台对最近三年的现行有效行政规范性文件数量、文件入库量、已失效文件数量进行统计。这可以更加直观清晰地展示贵州省每年行政规范性文件制定情况和统计数据。

上海市政府创新性地将语音播报功能应用在地方政府规章集中公开平台建设上，且提供普通话和上海方言两个版本，公众使用起来方便快捷，此举既提高了公开平台的人性化水平，又展现了上海的地方特色。

山西、安徽、珠海等省市在地方政府规章集中公开平台内提供政策解读且形式多样。以安徽省为例，政府网站中为"政策解读"单设一栏，包括"部门解读""媒体报道"和"政策解读"三种解读形式，并且在解读中链接有对应的规章，在规章中链接有对应的解读。

四　平台质量待优化　公开质量待提升

（一）仍需优化的问题

1. 各平台建设情况差距较大

总体来看，地方政府规章集中公开平台和行政规范性文件集中公开平台位置较为统一，易于查找；且平台内大多提供无障碍、检索、分类查找等便民服务，网站建设相对完善，公开效果较好。地方性法规集中公开平台位置较为多元，虽然大部分都在人大网站内公开，但其具体的分属专栏各不相同，查找起来相对困难，且平台内缺少无障碍、检索、分类等便民服务，内部大多仅为简单的文件堆砌，这一定程度上加大了群众查找相关信息的难度，公开效果较差。

另外，截至调研结束，仅有11家省级单位建设有法规规章规范性文件数据库。2022年9月21日召开的"全国人大常委会法工委召开省级法规规章规范性文件数据库建设工作推进会"要求，加快推动省级法规规章规范性文件数据库建设，有条件的地方在2023年10月前，其他地方最迟在2024年3月前完成省级数据库第一阶段建设工作。显然，目前的建设成果与会议要求还有较大差距。

2. 大部分地区地方性法规集中公开平台建设总体状况不佳

从地方性法规集中公开平台建设总体情况来看，各省市的地方性法规集中公开平台的功能配置均不够完善，无法满足普适性、便利性要求。在无障碍浏览功能方面，仅有北京市、山西省、上海市三家省级单位和鞍山市、宁波市、合肥市、淮南市、珠海市、兰州市、拉萨市七家较大的市提供无障碍浏览功能。在分类方面，仅有上海市按照文件状态、主题和发布年份，广东省按文件类型、制定形式和发布年份，重庆市按照文件主题，太原市、洛阳市按文件状态，大连市、淄博市、深圳市、珠海市、西安市按发布时间对地方性法规进行了分类。

3. 集中公开平台普遍不提供官方解读

调研发现，各省市的集中公开平台在是否提供官方解读方面仍需改进。仅山西省、安徽省、甘肃省、青海省4家省级政府和19家较大的市级政府在规章集中公开平台内提供官方解读。行政规范性文件集中公开平台的官方解读功能相对较好，有14家省级政府和29家较大的市级政府的行政规范性文件集中公开平台提供官方解读，分别占58.06%、87.76%，但仍有较大的进步空间。而对于地方性法规，不提供官方解读的现象较为严重。无论是在集中公开平台首页还是文件内部还是人大网站内，提供解读的都非常少。仅有3家省级人大的地方性法规集中公开平台有提供官方解读，这种现象显然有悖于政府信息公开的目的。

4. 集中公开平台普遍仅公布现行有效文件

调研发现，大部分调研对象在集中公开平台内只公布现行有效的文件。个别调研对象会公布已失效文件清单，如宁波市人民政府公布了无效规章清单，但不可查阅其具体内容。而只有极个别调研对象会继续公开已失效文件的内容，如河北省行政规范性文件集中公开平台就采取在平台首页标注文件效力状态的方式，保持了已废止文件的可查性；山西省行政规范性文件集中公开平台分设废止、失效文件链接，亦使已废止失效文件内容得以查看。公开已废止文件和已修改的文件确有必要，因为新规定只适用于其实施后的事件和行为，不适用于其实施前的事件和行为，当发生法律争议时，公众应当能够从相应的公开平台获得行为时所依据的相关规定。

（二）原因分析

1. 缺乏统一标准

集中公开平台建设缺乏统一的政策支持和网站模板。目前与集中公开平台建设相关的文件对此规定仍较为笼统，多为原则性、指导性的规定。《2022年政务公开工作要点》《国务院办公厅关于加强行政规范性文件制定和监督管理工作的通知》《法治中国建设规划（2020—2025年）》《法治政府建设实施纲要（2021—2025年）》等文件虽然都提出建设地方政府规章、行政规范性文件以及地方性法规集中公开平台的要求，但其既没有制定专门政策，也没有对集中公开平台规定统一标准。如应该由哪个主体来牵头建设，应该公开哪些内容，应该以什么样的形式进行公开等。集中公开平台也缺乏统一的模板，各省级、市级单位集中公开平台建设水平差距较大，公开的位置不统一，内容也有较大差异，给公众在不同省市之间查询相关文件造成一定困难。

2. 用户导向性不足

建设集中公开平台的主要目的是方便公众查询相关文件，但各级政府在设计集中公开平台时，用户导向性不足，并没有从公众实际需求的角度出发。缺乏用户导向性，是很多政府网站有多个集中公开平台或者一个平台存在多个入口混乱现状的根本原因。并且大部分地方性法规集中公开平台都不提供无障碍浏览，无法服务有特殊需要的群体。此外，仅有较少的政府为公开内容配有解读，地方性法规、地方政府规章、行政规范性文件与公众的生活紧密相连，但由于公众文化水平的差异或者文件语言表达的不同会导致公众对文件的理解出现困难。增强用户导向性是解决上述问题的关键。

3. 公开协同机制欠缺

地方与国家之间、地方政府部门之间的公开协同机制欠缺，存在公开不协同的问题。由于国家与地方政府部门之间协同机制欠缺，存在公开的时间差，导致调研中一部分地方政府规章集中公开平台公布的文件数量与国家规章库中该省份的文件数量不同，极个别政府甚至存在同一份文件在两个平台公开内容不同的情况，这可能是由于一些已经修改或者废止的文件没有及时向上级机关备案公开。地方政府部门之间的协同机制也存在一定的问题，绝大部分政府的地方政府规章、行政规范性文件数量与其2022年政府信息公开工作年度报告中公布的现行有效文件数量不一致。这一现象出现的原因可能是不同政府和部门对"现行有效"的理解存在偏差，一方面可能理解为截至2022年12月31日有效的文件数量，另一方面可能理解为截至信息公开年报统计之日。但最重要的原因还是部门之间的协同机制存在问题，在文件发生增删修改等变化时不能及时进行信息同步。

4. 公众参与渠道不畅通、监督不到位

集中公开平台建设存在公众参与渠道不畅通、上级部门有效监督不到位的问题。地方性法规、地方政府规章、行政规范性文件对公众的日常生活具有重要的指导作用，集中公开平台的建设水平，直接影响公众对政策文件的查找和解读。但目前各级政府并没有提供一个专门的公众参与法规文件公开反馈的渠道，公众在集中公开平台中遇到的问题也无法获得相应的协助。这导致了政府无法及时了解公众在使用集中公开平台时遇到的问题和困难，不利于平台的更新与完善。

同时，上级部门监督不到位也是导致集中公开平台建设水平有待进一步提高的原因。上级监管不到位，导致下级政府对集中公开平台的建设工作重视程度不够，仅仅将集中公开平台初步建立起来，但是在便利度、完整性、准确性等实质内容建设上仍存在很多问题。地方性法规、地方政府规章、行政规范性文件都属于法定公开的内容，集中公开平台仅是国家要求的一种新的公开方式，因此应当遵守《中华人民共和国政府信息公开条例》第五章监督和保障的相关规定。

五 完善集中公开平台的展望

在信息化、大数据方兴未艾的今天，大力推进地方性法规、地方政府规章、行政规范性文件的集中公开平台建设，是法治建设积极适应信息化时代发展的必然要求。当今世界已经步入互联网时代，习近平总书记深刻指出"没有信息化就没有现代化"，法律是治国之重器，法律法规数据是国家重要信息资源，其汇集、整理工作是国家信息化工作的重要组成部分。搭建集中公开平台，有利于强化地方性法规、地方政府规章、行政规范性文件的标准化、精细化、动态化管理，实现国家治理现代化。

（一）统一集中公开平台建设标准

建议针对地方性法规、地方政府规章、行政规范性文件集中公开平台的具体建设制定统一的国家标准，一方面使各级政府能够更高效地进行平台建设和完善工作，另一方面公众在跨省检索时也能更加方便快捷地进行精准查询。在此方面，可借鉴政府信息公开工作年度报告的经验，由国务院有关部门制定统一标准，明确公开平台建设的具体要求。

（二）提升平台的友好性与便民性

提升集中公开平台的友好性和便民性，要求各级政府在进行文件公开时以公众需求为导向,充分考虑公众查阅地方性法规、地方政府规章、行政规范性文件的实际需求,设身处地地为公众服务,做到想公众所想、急公众所急。首先,要将集中公开平台设置在政府网站、人大网站首页醒目的位置,方便公众查找咨询。其次,要完善平台的检索和分类等基础功能,使公众可以方便快捷、精准高效地搜寻所需要的文件,借鉴贵州省的先进经验,从细节入手搭建集中公开平台。再次,要求各集中公开平台设置无障碍浏览功能或长者模式,方便有特殊需求的公众查阅使用。最后,各省市应当积极提供官方解读,做好解读工作,不仅有助于提高法治化营商环境,也有助于建设法治政府和法治社会,提升城市竞争力。提供官方解读还有利于公众和执法人员深入理解法律法规,贯彻执行法律规定和党的意志,将纸上的规定灵活运用到实践当中。

(三)健全常态化高效公开协同机制

良好的工作沟通机制是保障公开工作顺利高效开展的重要前提。在地方性法规、地方政府规章、行政规范性文件集中公开平台的建设过程中,应该完善地方政府和国家政府之间、地方政府与地方政府部门之间相关文件的传递机制。制定沟通传递细则,确定沟通渠道以及规范沟通的内容、方式和时间,保证相关文件传递及时准确。明确相关责任人,建立内部跨层级跨部门的工作沟通系统,显示工作流程进度,确保文件沟通传递全过程留痕,使各阶段人员迅速了解工作开展进度,以便及时发现问题并解决。此外,应当结合文件特点,为初次制定文件、修改和废止文件明确不同的沟通传递机制,及时在各平台同步修改废止情况。

(四)加强监管并完善救济渠道

监督是提高行政水平和工作效率,防止和减少工作失误的有效手段。在地方性法规、地方政府规章、行政规范性文件的集中公开平台建设工作中,也应当建立健全完善的监督渠道。各公开主体可以设立监督专线、邮箱等专门的监督反馈渠道,扩大公民对集中公开平台建设的参与。同时,当出现因公开不及时或公开有误而导致公民权利受损的情况时,应向公众提供合理的维权途径。可以扩大行政复议和行政诉讼的受案范围，将公民在集中公开平台内产生的问题纳入公民行使行政复议权、行政诉讼权的范围，并允许公民在行政主体存在违法行政行为时向赔偿义务机关主张行政赔偿。

政务网站智能问答系统建设情况调研报告

中国社会科学院国家法治指数研究中心项目组[*]

摘　要：智能问答系统是数字政府的重要组成部分。为更好促进各地智能问答系统建设，充分发挥智能问答系统优化政策信息数字化发布、做好政策传播、畅通互动渠道等作用，调研组从智能问答系统的便捷性、智能性、应答能力三大方面，对49家"较大的市"政府智能问答系统进行调研。调研结果显示，各地区智能问答系统建设存在一定差距，智能化发展仍有很大空间，但也摸索出了一些有益的建设经验。基于调研结果，调研组提出了搭建统一的智能问答机器人应用标准、加强政府网站智能问答系统的问题解决能力等发展建议。

关键词：智能问答　数字政府建设　政务公开

智能问答系统是融合了自然语言处理技术和信息检索技术的人工智能产品，通常由用户以语音或文本的方式提出问题，进而交至机器人进行识别回应。随着"互联网+政务服务"模式的深入发展，各地政府门户网站陆续引入智能问答系统以更好提供政务服务——政府作为信息提供者，

---

[*] 项目组负责人：田禾，中国社会科学院国家法治指数研究中心主任、法学研究所研究员、中国社会科学院大学法学院特聘教授；吕艳滨，中国社会科学院法学研究所法治国情调研室主任、研究员，中国社会科学院大学法学院行政法教研室主任、教授。项目组成员：丁晨好、王小梅、王祎茗、王淑敏、车宇婷、伍南希、刘定、刘海啸、刘雁鹏、牟璐宁、李玥、李璐、李莫愁、周远平、栗燕杰、葛鑫鑫、曾小玲、詹雨青（按姓氏笔画排序）。执笔人：丁晨好、刘定、刘海啸、周远平、曾小玲、詹雨青（按姓氏笔画排序），中国社会科学院国家法治指数研究中心学术助理；吕艳滨。

事先在智能问答系统的数据库中设定了对应的问题答案，并借助这一系统以人机交互的方式向公众提供政务服务，回应公众对当地政策与政务事项的疑问。智能问答系统是数字政府建设的重要组成部分，是落实深化政务公开、提高政策到达率的重要手段，也是提升服务企业群众能力、优化营商环境的重要体现。

为了推动各地政府加强数字政府建设，提升政务数字化、智能化水平，中国社会科学院法学研究所法治指数创新工程项目组以49个"较大的市"政府门户网站的智能问答系统为调研对象，对其功能建设情况进行了调研。

一　调研背景

政府门户网站是数字政府建设中政务公开与便民服务的重要平台。随着移动互联网的发展，政务服务从线下向线上转移，带来了巨大的咨询服务量。国务院2022年6月6日发布的《关于加强数字政府建设的指导意见》指出，要推进公开平台智能集约发展，提升政务公开水平，以政府网站集约化平台统一知识问答库为支撑，灵活开展政民互动，以数字化手段感知社会态势，辅助科学决策，及时回应群众关切。

政府网站智能问答系统作为政府门户网站中的重要功能，涉及互联网、人工智能与政务服务的交叉领域。通过政府门户网站中的智能问答系统，公众与企业可以通过提问的形式快速查询政务办事项目或政策法规信息，有助于突破时空限制，即时获得所需政策文本与咨询解答服务，在一定程度上缓解政务服务人力资源紧缺、区域发展不均衡、供需对接不充分等问题，提高政务服务供给品质与效能。

自2016年的《政府工作报告》中提及"互联网 + 政务服务"以来，我国不断以"互联网 +"为引擎推动政务服务升级。2017年，国务院办公厅印发《政府网站发展指引》，在其中的"创新发展"部分中要求，强化个性化服务，通过自然语言处理等相关技术，自动解答用户咨询，不能答复或答复无法满足需求的可转至人工服务，对"智能问答系统"的建设工作进行了初步布局。有的部门也对此做出了要求，如《民政部2022

年政务公开工作要点及任务分工》中指出,加强人工智能等技术运用,优化完善部门户网站智能问答平台,围绕民政相关领域高频政策咨询事项,以视频、图解、文字等形式予以解答,形成政策问答库,并不断丰富完善,及时回应社会公众的咨询,精准传达政策意图,助力营商环境持续改善,明确提出了智能问答系统建设的具体要求。

党的十九届四中、五中全会分别提出推进和加强数字政府建设。中央全面深化改革委员会第二十五次会议审议通过的《关于加强数字政府建设的指导意见》更是强调把数字技术广泛应用于政府管理服务,从优化政策信息数字化发布、做好政策传播、畅通互动渠道三方面明确了政府网站平台适应数字政府建设的要求,这也明确了智能问答的发展方向。

二 调研方法

(一) 调研对象

截至2023年4月,项目组通过查询各较大的市的政府统一门户网站,抽调全国49家"较大的市"[①]的智能问答功能建设情况。在调研期间,49家"较大的市",有44家政府在政府统一门户网站网页上提供了智能问答功能。

(二) 调研内容

2017年1月12日国务院办公厅印发的《"互联网+政务服务"技术体系建设指南》中明确指出,"咨询问答是互联网政务服务门户网站依据'我'的困惑和问题,为'我'提供人工客服与智能客服相结合的咨询服务,保证'我'在事前、事中、事后均可'有疑就问',相关政务服务实施机构'有问必答'、'答必释惑'"。2017年6月8日国务院办公厅印发的《政府网站发展指引》指出,"通过自然语言处理等相关技术,自动解

---

① 此处"较大的市"的概念为《中华人民共和国地方各级人民代表大会和地方各级人民政府组织法》在2015年的修正前规定的"省、自治区的人民政府所在地的市和经国务院批准的较大的市",其中省会城市27个、经济特区城市4个、国务院批准的其他城市有18个。

答用户咨询，不能答复或答复无法满足需求的可转至人工服务"。2019年4月18日国务院办公厅秘书局发布的《政府网站与政务新媒体检查指标》和《政府网站与政务新媒体监管工作年度考核指标》明确将"提供实时智能答问功能且内容准确的"作为加分项指标。2021年11月12日，国务院办公厅发布的《全国一体化政务服务平台移动端建设指南》中，在关于"优化政务服务平台移动端服务功能和方式，为企业和群众提供更加便利高效的移动政务服务"层面强调，"优化搜索服务和智能客服。需要运用人工智能等技术，优化政务服务平台移动端搜索服务功能，在移动端实现政务服务事项和应用的统一检索，提升搜索服务便捷度和智慧化水平"。调研组依据上述文件精神，设计了本次调研的各项指标。

  本次调研指标体系主要由便捷性、智能化、应答能力3项一级指标构成，一级指标下共涵盖12个二级指标。便捷性包括搜索便捷性、平台稳定性、入口查找便捷性、服务便捷性；智能化包括互动性、承接性、识别性、联想性；应答能力包括群众服务问答、企业服务问答、问答一致性、知识库结构。该调研指标体系旨在全面推进政府履职和政务运行数字化转型，统筹推进各行业各领域政务应用系统集约建设、互联互通、协同联动，创新行政管理和服务方式，全面提升政府履职效能。调研组还围绕老年人、残疾人等特殊群体需求，推动完善线上线下服务渠道，推进信息无障碍建设，切实解决特殊群体在运用智能技术方面遇到的突出困难等智能系统建设要求进行了观察。

表7-10　　　政府门户网站智能问答建设调研指标体系

一级指标	二级指标
便捷性	搜索便捷性
	平台稳定性
	入口查找便捷性
	服务便捷性
智能化	互动性
	承接性
	识别性
	联想性

续表

一级指标	二级指标
应答能力	群众服务问答
	企业服务问答
	问答一致性
	知识库结构

（三）数据获取

项目组在调研对象的网站平台、微信平台、微博平台，结合各较大的市智能问答模块的回答内容，利用观察、实际体验验证等方式，采集调研指标体系中各项指标的实现情况。采集期间为 2023 年 3 月 1 日至 2023 年 4 月 30 日。其中网站平台为主要信息来源和调研依据，微信平台和微博平台仅作为便捷性情况板块的部分调研信息来源。

三 智能问答系统建设总体情况

借力数字化技术，推进政务公开工作，这是新形势下政务公开的必然趋势。《2022 年政务公开工作要点》中提出，要加强人工智能等技术运用，建设统一的智能化政策问答平台，围绕各类高频政策咨询事项，以视频、图解、文字等形式予以解答，形成并不断丰富完善政策问答库。

调研发现，不少地方结合本地区工作实践制定了推动智能问答系统建设的相关规划、出台了相关举措。例如，《安徽省12345政务服务便民热线管理暂行办法》规定，按照"谁提供、谁维护、谁更新"的原则，承办单位对政策文件、政策解读、热点问答等相关信息进行整理，形成规范一致的答复口径；《广东省贯彻落实国务院办公厅2022年政务公开工作要点分工方案》要求各较大的市以上人民政府等依托政府网站加强人工智能技术运用，集成政策问答库，完善智能化机器人政策问答功能；《2022年浙江省政务公开工作要点》提出，建设统一的智能化政策问答平台，围绕高频事项更新解答内容、丰富解答形式，全面落实"简单咨询留言1个工作日答复"要求，提供智能、及时的政务问答服务的工作要求；山东省在其《2022年山东省政务公开工作要点》中提出，探索建设智能化政策问答平台，围绕各类高频政策咨询事项，以视频、图解、文字等形式予以解答，形成政策问答库并不断更新的智能问答平台建设目标等。各地区政府持续推动政务智能问答系统建设，全面提升公共服务数字化、智能化水平，以更好满足企业和群众多层次、多样化的服务需求。在本次调研抽查的49家较大的市中，有44家市级政府在相关网站上提供了可使用的智能问答系统，其中智能问答系统建设做得较好的城市为：浙江省宁波市、海南省海口市、山东省济南市、浙江省杭州市、江苏省无锡市、广东省广州市（见表7-11）。

表7-11　　　　　智能问答系统建设调研结果　　　　　单位：项

序号	调研对象	便捷性达标率		智能化达标率		应答能力达标率	
1	广东省广州市	11	84.62%	2	50.00%	20	80.00%
2	河北省石家庄市	9	69.23%	2	50.00%	17	68.00%
3	湖南省长沙市	7	53.85%	2	50.00%	20	80.00%
4	吉林省吉林市	7	53.85%	2	50.00%	18	72.00%
5	辽宁省本溪市	7	53.85%	2	50.00%	14	56.00%
6	辽宁省大连市	7	53.85%	2	50.00%	14	56.00%
7	内蒙古自治区包头市	4	30.77%	1	25.00%	22	88.00%
8	山西省大同市	-	-	-	-	-	-
9	山西省太原市	3	23.08%	2	50.00%	11	44.00%
10	新疆维吾尔自治区乌鲁木齐市	-	-	-	-	-	-
11	甘肃省兰州市	-	-	-	-	-	-
12	浙江省宁波市	9	69.23%	2	50.00%	24	96.00%
13	吉林省长春市	9	69.23%	2	50.00%	18	72.00%
14	青海省西宁市	-	-	-	-	-	-
15	陕西省西安市	4	30.77%	2	50.00%	15	60.00%
16	四川省成都市	7	53.85%	3	75.00%	13	52.00%
17	安徽省合肥市	2	15.38%	2	50.00%	21	84.00%
18	黑龙江省齐齐哈尔市	7	53.85%	1	25.00%	18	72.00%
19	广东省汕头市	4	30.77%	2	50.00%	14	56.00%
20	辽宁省抚顺市	2	15.38%	1	25.00%	10	40.00%

续表

序号	调研对象	便捷性达标率		智能化达标率		应答能力达标率	
21	辽宁省沈阳市	7	53.85%	2	50.00%	20	80.00%
22	河北省邯郸市	–	–	–	–	–	–
23	江苏省苏州市	8	61.54%	3	75.00%	13	52.00%
24	湖北省武汉市	4	30.77%	2	50.00%	12	48.00%
25	山东省青岛市	7	53.85%	3	75.00%	18	72.00%
26	西藏自治区拉萨市	9	69.23%	2	50.00%	6	24.00%
27	浙江省杭州市	12	92.31%	2	50.00%	19	76.00%
28	云南省昆明市	6	46.15%	3	75.00%	4	16.00%
29	内蒙古自治区呼和浩特市	8	61.54%	2	50.00%	9	36.00%
30	河南省郑州市	9	69.23%	2	50.00%	13	52.00%
31	广西壮族自治区南宁市	9	69.23%	2	50.00%	10	40.00%
32	江西省南昌市	8	61.54%	2	50.00%	11	44.00%
33	江苏省南京市	9	69.23%	3	75.00%	11	44.00%
34	贵州省贵阳市	9	69.23%	2	50.00%	20	80.00%
35	黑龙江省哈尔滨市	8	61.54%	2	50.00%	16	64.00%
36	河南省洛阳市	9	69.23%	1	25.00%	3	12.00%
37	山东省济南市	12	92.31%	2	50.00%	21	84.00%
38	广东省珠海市	6	46.15%	2	50.00%	22	88.00%
39	江苏省徐州市	6	46.15%	1	25.00%	15	60.00%
40	河北省唐山市	11	84.62%	3	75.00%	16	64.00%
41	海南省海口市	9	69.23%	4	100.00%	23	92.00%
42	宁夏回族自治区银川市	10	76.92%	3	75.00%	11	44.00%
43	安徽省淮南市	9	69.23%	1	25.00%	19	76.00%
44	广东省深圳市	5	38.46%	2	50.00%	23	92.00%
45	山东省淄博市	7	53.85%	1	25.00%	20	80.00%
46	福建省厦门市	7	53.85%	1	25.00%	23	92.00%
47	福建省福州市	5	38.46%	1	25.00%	21	84.00%
48	辽宁省鞍山市	3	23.08%	1	25.00%	15	60.00%
49	江苏省无锡市	10	76.92%	2	50.00%	22	88.00%

（一）各地网站普遍配备智能问答功能

政府网站上配置智能问答功能，是公共服务数字化、智能化的必然要求，对提升办事效率，改善民生福祉，便利人民生活具有重要意义。本次调研的49家较大的市中，有44家市级政府在相关网站上提供了可使用的智能问答系统，占89.80%。此外，值得一提的是，广州市、石家庄市、合肥市、西安市等地区在其官方微信公众号中也设置了智能问答功能入口，充分考虑了时代发展需求，助推政策充分地落实到人民的生活当中去。

（二）部分地区智能问答功能配置全面

本次调研中，部分地区在智能问答功能配置方面总体表现较为全面、均衡。其中建设相对较好且较有代表性的地区为济南市、海口市、宁波市，在全部44个指标中，三个地区的达标率均超过了70%。此外，杭州市、无锡市的达标率也接近70%。

综合来看，济南市在便捷化功能方面建设较好，便捷性建设的15个指标中，有11个指标均较好符合智能问答建设的要求。该地区智能问答系统的入口设置明显且具有特色，容易辨识；进入页面可以精准定位提供服务的地区和部门，极大提升了提供政策咨询的准确性；并且提供了便捷的评价、反馈机制和转人工服务，对于解决不了的问题，也能够有所回应，能为使用者提供便捷化的服务。

智能化建设得分较高的海口市在其智能问答系统中对于每个问题进行了区分，方便针对一个问题进行多次问答，且提供更全方位地进行了相关政策解读；同时，海口市在回答结束后会进行折叠，方便使用者更好浏览其他内容；此外，海口市在每个回答后都会附上相关问题的链接，把关联的政策单独推送，方便公众进行查阅。

在问答能力建设方面，宁波市展现了较好的功能配置水平，从调研中可以看到，宁波市基于其全生命周期"一件事"场景改革的实践，在政务公开方面构建了较为完善的、十分庞大的数据库，覆盖了个人和企业日常生活和运行中可能涉及的多方面的办事服务需求，且其数据库更新速度较为及时，为公众提供了良好的智能问答服务。

(三) 各地区间功能配置差异明显

总体而言，各地区在智能问答系统建设情况方面存在较大差距。智能问答系统建设较好的城市各项指标加总情况远高于智能问答系统建设不佳的城市。从数据角度分析，总达标率在80%以上的城市有4家，占9.09%；总达标率在60%—80%之间的城市有19家，占43.18%；总达标率在40%—60%之间的城市有17家，占38.64%；总达标率不足40%的城市有4家，占9.09%。达标率的各个阶段均有城市分布，但达标率高的城市和低的城市之间存在较大差距，可以看出当前智能问答系统建设在地区间存在明显的差异，建设情况参差不齐。

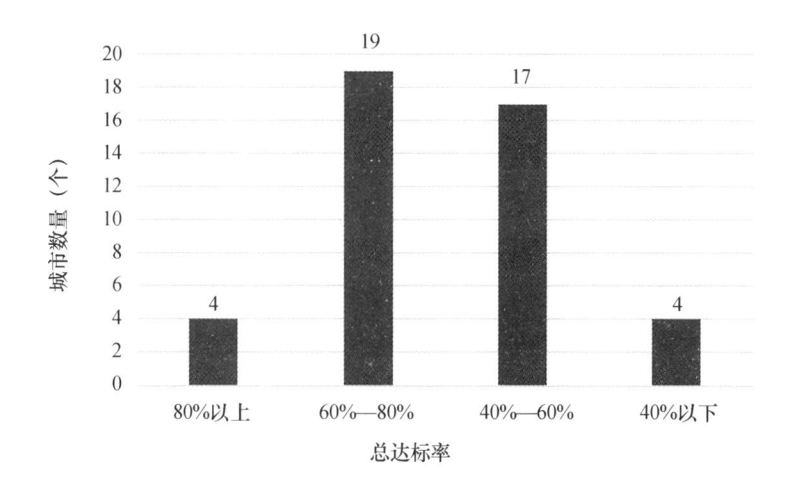

图7-8 调研地区智能问答系统指标达标率情况

此外，不仅不同省份之间的城市在智能问答系统建设方面存在差距，同省份的城市间在智能问答系统建设方面也存在较大差距。调研发现，一些同省份的城市共用省级层面的系统，但不同城市地区的分系统的知识库内容完整度不同，因而表现出应答能力上的差异；一些同省份的城市则是各自自行开发了本城市地区的智能问答系统，从调研结果看，其问答系统的建设水平存在一定程度的差距。总体而言，当前的智能问答系统尚未形成较为统一的系统建设标准和体系，还处于建设探索阶段。

（四）智能问答建设总体状况不佳

从各地区智能问答系统建设完善程度来看，当前各地区的智能问答系统建设远未达到相关政策所提出的智能化、便捷性等要求，普遍存在建设不足的问题。结合数据来看，指标达标率在40%—80%之间的城市占比达81.81%，表明大部分城市均尚未构建较为完善的智能问答系统，当前系统的便捷性、智能化和应答能力仍存在很大的提高空间。

（五）问答系统智能化水平普遍较低

区别于网站具备的传统的检索功能，智能问答系统建设的一大重要意义在于通过提高网站的智能化水平以更好为公众解决相关的问题。但调研发现，智能化水平和应答能力水平并不成正比。一些地区的智能问答系统的智能化程度较好，但其应答能力却远低于其智能化水平，反之也是如此，一些地区的智能问答系统虽然尚不具备较为良好的智能化水平，但对于用户所提出的问题却表现出较好的应答能力。在智能问答系统建设中表现出来的智能化水平和应答能力不成正比的现象，一定程度上表明，当前的智能问答系统建设更多还是依靠预先梳理总结尽量完备的答案库来提高系统的应答能力，而未能将智能化较好地融合进智能问答系统的建设中。

四 智能问答系统功能应用的亮点

（一）系统入口设置醒目，标识具有地方特色

调研发现，大部分地区政府网站的智能问答系统入口设置醒目。从设置的位置上看，31家政府设置在政府网站首页，占70.45%，便于公众在进入政府门户网站第一时间发现该系统。其余地区的入口多设置在政务服务网界面，可以从政务网站首页通过链接跳转到达。从设置的形式上看，30家政府的智能问答系统入口具有特色名称或特色图示，占68.18%。其名称主要结合地名或地方特色，如石家庄市人民政府的智能问答系统为"智能机器人小石"，成都市人民政府的智能问答系统为"智小熊"；图示部分则普遍以机器人样式为主，另有少数地区如成都市人民政府的图示为

当地特色的熊猫图案。广州市等地区的政府主页悬浮显示智能问答图标，故不会因为上下翻查页面而找不到，用户可以在浏览网页的过程中随时进入。

（二）链接可网办政务服务，提升政务服务效率

调研发现，一些较大的市政府在智能问答系统中设置了可直接接入网办政务服务页面的链接选项，提示公众可以在线上直接办理已实现线上办理的政务服务的相关事项。在群众询问相关问题时推送相关线上政务服务选项，有助于方便企业群众办事，有利于缩短业务办理时限、简化办事程序，切实顺应了智慧政府建设的发展方向。此外，浙江省、吉林省、黑龙江省等地区政府网站的智能网站系统设有自动跳转地区的功能，能够自动识别用户所在地区以便精确到相应地区的政策情况和政务服务情况，提升了使用的便捷性。

（三）设置新政策主动推送，促进政策直达快享

调研发现，一些城市在其智能问答系统中设置了新政策主动推送的功能，在对话页面、搜索推荐页面显示与群众相关性较高的政策文件链接。有的城市在推送相关政策的同时还配备了相关政策的讲解视频。新政策主动推送和讲解的功能较好地将政策宣传和解读工作融入智能问答系统中，保障了政策直达快享，有助于增进社会公众对重大决策、重要政策措施的理解和支持，有利于政务公开工作扎实推进，有较大的借鉴意义。大部分地区的政府能进行输入联想，公众仅需输入部分关键词即可联想推荐出常用的问题。

（四）分栏目推送问题及答案，优化政务服务质量

调研发现，一些城市的政府门户网站智能问答页面分级设置了不同栏目的政务知识库，包括证件办理、教育、社保、交通、住房、就业、医疗等诸多一级板块，同时一些城市的系统还提供及时更新的热门事项供查询者选择。部分政府网站的智能问答系统还具有热门服务推送功能，如杭州市智能问答系统直接配有常见的"个人社保如何转单位参保""退休工资查询""离职当月社保如何交"，并可通过"换一批"转换相关的热门

问题。

此外，一些城市的智能系统在回答问题时，会采取分栏目推送答案的模式，从"政务服务""政务公开信息"等方面提供答案，给询问者以清晰的指向。调研认为，分栏目推送问题及答案的做法是值得借鉴的，既有效地回答了人民群众的"政务之问"，也优化其政务服务的质量。

（五）知识库结构多元化，增加智能问答匹配率

调研发现29家地方政府网站智能问答系统的知识库结构多元，内容涵盖了政务服务、政务公开等多个栏目内容，占比65.91%，例如广西壮族自治区南宁市、河南省郑州市等政府网站的回答模式不仅对相关政策进行简单复述，而且会设置跳转链接，将政府网站中的"交流互动""温馨提示""政务事项库""用户留言板"等模块纳入智能问答知识库系统。当用户询问相关问题时，系统根据业务内容进行自动匹配与精准推送，方便用户理解相关问题。

五 智能问答功能普遍面临的问题

（一）语言识别能力较差

调研发现，大部分城市的智能问答系统的语言识别能力较差，表现为以下几个方面。一是文字阅读能力不足。例如，在一句话中提出两个及以上需要回答的问题，则大部分城市的智能问答系统无法识别，无法给出有效的答复。二是欠缺精准识别能力。大多数城市的智能问答系统仅能识别单句话中部分关键词，不能够精准识别语句的完整含义。调研对象中，仅有7家较大的市的智能问答系统能够识别完整的语句。三是同义问题识别存在障碍。调研发现，几乎所有调研对象的智能问答系统均存在同义问题识别障碍的问题。仅较少地区的智能问答系统对于同义问题能够给出相同回答，这反映出多数问答系统的语言识别能力尚存在欠缺。

（二）普遍不具备对话能力

调研发现，大部分城市的智能问答系统不具备对话能力，其智能化功

能欠缺。调研对象中，仅有极少部分地区的智能问答系统能够进行上下文义的承接，绝大多数城市的智能问答系统无法承接上下文而作出有效的回答。例如，询问"办理居住证需要什么材料"后，如再接着询问"去哪里办理"，则系统无法识别后续问题。同时，仅有个别城市的智能问答系统能够进行人性化互动，可以对用户打招呼的内容进行回应，大部分的智能问答系统均欠缺此功能。

（三）基础功能欠缺

大部分地区的智能问答系统建设存在基础功能欠缺的问题。调研发现，具备语音输入搜索能力的问答系统只占6.82%，即仅有3家较大的市的智能问答系统中配备有该功能，而能够识别英文问题的智能问答系统只有2家；此外，一些地区的智能问答系统对于中文输入的问题也无法较好处理，一些如"个税怎么退"等的基础问题会弹出"您输入的内容含有非法参数"的报错提示，反映出部分地区在智能问答系统建设的基础功能方面还存在很多不足之处。

（四）知识库数据不足、更新不及时

问答系统知识库依托网站各板块建设而成，能够基本涵盖站内各个板块的内容，包含政策咨询、政务服务、政务公开等各个方面的内容，能够在本站内容的搜索上起到明显的辅助作用。

但是，部分地区的智能问答仅仅是一些政策、规范的简单呈现，或者是网站搜索功能的重复建设，未能较好满足需求。究其原因主要在以下两个方面。

一是部分地区的知识库数据不足，结构混乱。调研发现，29家较大市的智能问答系统可以做到将本站的知识库全部链入智能问答的知识储备中，占65.91%，但仍有6家较大市的智能问答系统仅仅以单个知识库链入，占13.64%；同时，超过50%的地区其回答仅为相关政策的简单复述。数据库的规模是建设智能问答栏目的基础，同时，有了成规模、成体系的数据库，对其数据的处理也是关键。智能问答的意义在于将复杂、难懂、晦涩的政策法规，以清晰明了的方式传达给群众，而非简单的政策查询，智能问答栏目不仅仅是变换了形式的搜索框。

二是有些地区的知识库更新不及时。调研发现，有11个较大的市的智能问答数据库未能及时更新，甚至会推送出10年前的政策，有的还推送出几年前节假日工作调整通知。究其原因在于，这些地区未对数据库内的数据进行及时更新或者没有根据实际情况变化对既有数据打好标签，而仅仅将搜索框的数据库链入了本栏目当中。智能问答栏目需要的是真正解决问题的办法与及时的政策更新，方能够为公众切实地解决问题，时效性的政策和服务需要及时地更新。

六　展望

加强数字政府建设是适应新一轮科技革命和产业变革趋势、引领驱动数字经济发展和数字社会建设、营造良好数字生态、加快数字化发展的必然要求，是建设网络强国、数字中国的基础性和先导性工程，是创新政府治理理念和方式、形成数字治理新格局、推进国家治理体系和治理能力现代化的重要举措，对加快转变政府职能，建设法治政府、廉洁政府和服务型政府意义重大。在数字政府的建设进程中，政府网站的智能化水平是重要的一环——要推进公开平台智能集约发展，提升政务公开水平。以政府网站集约化平台统一知识问答库为支撑，灵活开展政民互动，以数字化手段感知社会态势，辅助科学决策，及时回应群众关切。

当前，诸如ChatGPT等生成式人工智能正以一种惊人的速度不断突破自身的极限，在各个领域得到广泛应用。从自然语言处理到计算机视觉，ChatGPT等模型已经在众多任务中表现出了无可比拟的优势。相应地，国务院办公厅在《全国一体化政务服务平台移动端建设指南》中也明确提出：优化搜索服务和智能客服，需要运用人工智能等技术，优化政务服务平台移动端搜索服务功能，在移动端实现政务服务事项和应用的统一检索，提升搜索服务便捷度和智慧化水平。各地区政府网站的智能问答系统也应当充分利用人工智能技术的优势，不断提升自身的智能化水平和服务质量，为公众带来更加高效、便捷和可信赖的政府服务。

智能问答系统的设立旨在以系统答疑的形式解决用户常问的政务问题，既可满足用户咨询需求，又能缓解人工客服压力。但是调研发现，目前我国政务服务智能问答机器人在整体上还处于起步和摸索阶段,距离"智能"还有较大差距,仍无法满足用户的大多数需求。为将政府网站中的智能客服真正地打造成解放人工、便利用户的问答系统,政府需要有针对性地将资金投入到现存问题的优化改进中去。

应搭建统一的智能问答机器人应用标准。2019年4月,国务院办公厅秘书局发布了《政府网站与政务新媒体检查指标、监管工作年度考核指标》,在其文件中指出将"实时智能问答"作为加分项进行考核。但是具体的考核标准并不明晰,导致很多地方政府并未重视起来。所以相关部门应结合目前各政府门户网站智能问答系统的现状,结合人民群众的需求,出台智能问答系统建设的统一标准,明确智能问答系统应具备的各项功能,来进一步促进政府网站在智能问答栏目的积极创新,快速发展,为人民群众提供更好、更优化的实时互动功能,同时更精准、更有效地对接市民需求。

注意增强政府网站智能问答系统的问题解决能力。调研发现,问答系统知识库储备不足且语义理解能力特别弱,答非所问的情况时有发生。针对以上情况,首先,需要丰富以及及时更新系统后台的数据库。第一,系统建设者应将公众高频办理事项,例如社保、医疗、教育等领域的相关政策和细则纳入数据库中。第二,可以通过监控用户的搜索和浏览行为,将浏览次数较多的问题进行整理汇编,形成固定格式文本后录入数据库之中。第三,政府相关部门之间应当实现数据共享,将各自拥有的信息汇聚在一起形成不同的模块,从而为智能问答系统提供更多丰富的信息资源。其次,应该注意到,无论系统知识库多么丰富,若其语义理解能力弱,那么问答系统的有效性和便捷性将大大被削弱,无法满足人民群众的使用需求。故应从技术方面入手,充分运用自然语言处理技术、多轮对话技术、标签关联等技术,实现用户问题与知识库问题的精准匹配,知识库问题与答案的精准匹配,使系统能准确理解用户输入的语义,实现高质量对话,切实解决用户需求。

另外,注意加强政府网站智能问答系统的基础功能建设。首先,政府智能问答系统应该注重用户体验,从用户角度出发,设计清晰、易用、优雅的界面和交互方式,帮助用户快速找到自己需要的信息。其次,根据调研发现,尽管有一些地区的问答系统与省级政府的问答系统相连接,但就内容来看，无论是与省级政府智能问答系统相连接的市级政府的智能问答系统还是单独开发的市级智能问答系统，大多数较大的市都是参照本市的标准进行系统建设和信息库录入的，不同市之间差距大，内容完善程度参差不齐。所以问答系统应尽快出台省级乃至更高级别的建设标准，统一进行平台建设，使各个地区的用户都能精准而全面地找到其所属辖区的相关政策。最后，在系统建设时需要考虑到部分特殊用户的体验。比如针对老年群体及残障群体，应为其增设语音识别和播报功能。针对国际用户，政府智能问答系统应该支持多种语言的输入和输出，这样可以为海外华侨、外籍人士等提供更加便捷、高效的服务。

信息技术的发展是"互联网+政务服务"的重要驱动力。政务服务与政务公开工作贴近民情民生，更紧贴时代脉搏。随着大数据、云计算，甚至是生成式人工智能等新技术的不断涌现，政务网站智能问答系统建设将持续优化升级。坚持以人民为中心，以新技术为驱动，加强数字政府建设，优化政府治理效能，方能更好实现便民惠民的目标。

后　记

多年来，中国社会科学院国家法治指数研究中心、中国社会科学院法学研究所法治指数创新工程项目组持续关注中国政府透明度的制度设计和贯彻落实，通过对政务公开工作开展评估、总结并进行深入分析，以公开透明的方式推进政府职能转变、简政放权深化、监管方式创新。本书是项目组编辑出版的第六本年度性报告，呈现了2022年全国政务公开工作的评估和调研成果。

公开透明是法治政府的基本特征。2022年，党的二十大胜利召开，中国踏上全面建设社会主义现代化国家新征程、向第二个百年奋斗目标进军的开局之年。法治政府建设是全面依法治国的重点任务和主体工程，是推进国家治理体系和治理能力现代化的重要支撑。本书收录了2022年中国政务公开第三方评估报告、自由贸易试验区政务透明度指数报告以及地方政府债务信息公开情况研究报告；此外还包含部分地方政府对推进政务公开与政务服务深度融合、以政务公开助力放管服改革、推进新时代基层政务公开及各领域政务公开工作的探索与实践。本书全方位、多角度总结了在法治政府建设过程与基层政务公开工作实践探索中当前各地方政府部门在政务公开工作中取得的创新进展与实践成效，同时对政务公开工作面临的问题提出了改进建议。

《中国政务公开发展报告（2023）》在编撰过程中得到了全国各地专家学者和实务部门的关注和支持，并始终得到中国社会科学出版社社长赵剑英先生、原副总编辑王茵女士和重大项目出版中心张潜主任的关心和帮助。中国社会科学院国家法治指数研究中心学术助理丁晨妤、车宇婷、刘海啸、杜文杰、李玥、李自旺、曾小玲、詹雨青（按照姓氏笔画排序）

协助对本书书稿进行了校对。我们对此深表感谢。

衷心欢迎各界朋友继续关心和支持这份报告！

编　者

2023 年 8 月